인도네시아 소설의 이해

야콥 수마르조 지음
김장겸 옮김

한국외국어대학교 출판부

역자 서문

이 책은 Jakob Sumarjo, KONTEKS SOSIAL NOVEL INDONESIA 1920-1977, PENERBIT ALUMNI, 1999의 번역이다.

야콥 수마르죠는 현재 생존해 있는 인도네시아의 소설 비평가로, 오늘날 인도네시아 문학비평에 가장 영향력 있는 인물이다. 1939년 인도네시아의 중부자바 끌라텐에서 태어난 그는 사나따 다르마 사범대학과 반둥 국립사범대학에서 수학하고, 반둥 앙을라 고등학교에서 교편을 잡은 적이 있으며, 욕야까르타의 사나따 다르마 사범대학과 반둥 국립사범대학에서 강의를 하였다. 그 후 인도네시아 예술학교의 연극학과장, 인도네시아 예술대학 교수로 활동하였다.

야콥 수마르죠의 연구관심은 춤, 연극, 소설, 사회 등 광범위한 주제에 이르며, 그의 수많은 저작은 특히 문학분야에 큰 영향을 끼치고 있다. 대표적인 저서로는 『인도네시아 사회와 문학(Sastra dan Masyarakat Indonesia)』(1979), 『인도네시아 대중소설(Novel Populer Indonesia)』(1981), 『사회학적 측면에서의 인도네시아 소설(Segi Sosiologis Novel Indonesia)』(1980), 『인도네시아 소설 입문(Pengantar Novel Indonesia)』(1984) 등이 있다. 이러한 그의 저작들은 모두 사회의 거울로서 소설의 의미를 밝힘으로써, 역으로 소설을 통하여 사회의 상황을 이해하고 설명하려는 그의 일관된 관심을 반영하고 있다.

『인도네시아 소설의 이해 1920-1977』는 모두 4장으로 구성되어 있는 책으로, 제1장 서론에는 인도네시아의 문학세계를 다루면서 문학의 쟁점, 문학과 사회와의 관계, 해석학 등에 관해 일목요연하게 정리하고 있다. 제2장 인도네시아 소설의 내재적 요인에서는 인도네시아 소설의 인물, 배경, 주제를 식민시대, 전환시대, 독립 이후 등 각 시기별로 나누어 조명함으로써, 인물, 배경, 그리고 주제의 상관관계를 분석하고 있다. 제3장 인도네시아 소설의 외재적 요인에서는 인도네시아의 작가, 소설의 출판, 소설의 독자 등을 동일한 시기로 구분하여 작가, 독자, 그리고 출판이 서로 어떤 관련성을 가지고 있는지를 밝히고 있다. 제4장 인도네시아 소설의 사회적 향방에서는 인도네시아 사회와 문학, 사회 거울로서의 소설, 그리고 소설에 나타나는 몇 가지 쟁점을 저자의 안목으로 예리하게 분석하고 있다.

이 『인도네시아 소설의 이해 1920-1977』 원서는 역자가 인도네시아 사회와 문학을 강의하면서 사용한 텍스트이다. 이 책을 번역하면서 수강생들이 번역한 과제물의 도움을 받았지만 역자가 처음부터 끝까지 번역을 마무리하였다. 본 저서는 화란어, 자바어, 중국어, 순다어 등 외국어와 지방어가 많아 오역과 어색한 표현이 많이 발견되리라고 생각된다. 이런 부분들은 후에라도 독자들의 조언을 받아 수정할 수 있는 기회가 있기를 바란다. 만일 번역에 오류가 발견된다면 그것은 전적으로 역자의 능력 부족과 책임이다. 역자 자신에게도 지금의 번역상태가 썩 만족스러운 것이 아님에도 불구하고 시간에 쫓기어 완전한 교정과 문장을 다듬지 못했고 또한 용어의 정확성에 대해 심사숙고하지 못하고 출판하게 되어 마음이 무거움을 고백하지 않을 수 없다. 원문대로 읽을 때의 분위기와 뉘앙스를 우리말로 옮길 때 나타나는 미묘함 때문에 역자는 가능한 원어표기를 병기하였다.

마지막으로 힘든 번역작업의 과정 중에 언제나 용기와 힘을 주었던 가족에게 감사드리며, 부족한 원고를 좋은 책으로 탈바꿈시켜 주신 한국외국어대학교 출판부 직원 선생님들께 감사한 마음을 전한다.

2009년 4월 28일

옮긴이 김 장 겸

서 문

1976년에 자카르타의 언어발전연구센터에 의해 실행된 프로젝트를 수행하기 위해 필요한 인도네시아의 소설자료들을 조사해 달라는 사빠르디 죠코 다모노(Sapardi Djoko Damono)의 부탁을 받았다.

약 10여 명의 연구 참여자들과 함께, 우리는 문학작품을 대중소설과 싸구려 소설 등으로 분류하면서 인도네시아 소설들에 대한 자료를 수집했다.

우리의 자료 발굴은 대부분 그 당시에 디뽀네고로 가(Jalan Diponegoro)에 위치한 야신(H. B. Jassin)자료센터와 물얀또(D. S. Moeljanto)문학 자료센터에서 이루어졌다.

우리는 두 자료센터에서 180편의 소설자료들을 수집하였고, 그 소설 자료들의 원본, 작가, 출판사 등으로 선별하여 분류하였다.

소설의 중심인물과 관련된 기술은 주인공의 연령, 성, 사회계층에 중점을 두었다. 그리고 소설의 보조인물, 소설의 이야기 배경과 시대 상황에 관한 자료도 기술하였다.

마지막으로 소설의 주제와 작가의 출신지, 교육, 직업, 종교, 출판시기 등을 기술하였고, 뒤이어 소설의 출판업자와 관련된 자료도 다루었다.

소설에 관한 자료는 상대적으로 얻기가 수월하였지만 소설의 주제에 대한 분류는 여전히 논쟁거리를 불러일으켰다. 그리고 작가와 출판업자에 관련된 자료는 전체를 수집하지 못했다.

그렇기 때문에 몇몇 부분은 똑같은 비중으로 소개할 수 없었다. 또한 각 소설의 재출판에 관한 기록이 분명치 않은 결과로 인해 몇몇 소설들이 연구원에 의해 임의로 연도가 잘못 표기된 경우가 있었다. 그러나 그와 같은 경우는 2편 혹은 3편의 소설에 불과하다. 주제에 관한 자료는 하나의 소설이 어느 주제의 범주에 포함되는 지를 분류하는 것이 매우 난해하고 어렵기 때문에 종종 반복해서 사용된 경우가 있다.

1976년 분석 작업의 결과로 마침내 소설의 내재적 요인과 외재적 요인에 관한 모든 자료를 만들었다. 이 자료는 어떤 연구보고서에서도 사용된 적이 없었다.

18년이 지난 이후 문학텍스트와 자료더미에서 90페이지 분량의 자료를 선별하여, 마침내 그에 대한 해석을 시도하였다. 이 자료들은 1976년까지 출판된 소설을 포함하고 있으며, 1980년대 소설들은 별도로 자료들을 수집하였다.

1977년부터 현재까지, 즉 1999년에만 이미 수십 편의 소설이 인도네시아에서 출판되었다. 이 기간에 출판된 소설의 총 수는 이 책에서 언급된 총 소설의 절반에 가까울 정도로 많았다.

물론 초기에 이 책에 언급된 새로운 자료들을 추가하고 싶었지만, 그렇게 할 경우, 자료에 대한 성격의 기준도 바뀌어야하고, 또한 책의 내용 전체가 재구성되어야만 되었다.

1977년 이후에 출판된 소설들이 같은 연구방법과 자료 분석으로 조사되었다면, 그 결과 인도네시아 소설의 배경 및 전체 소설의 성격을 파악하고 분석하는 데 매우 혼란스러웠을 것이다.

이 자료들을 준비하는 중에 나는 이 책에서 사용된 것과 같은 방법으로 1977년 이후 출판된 인도네시아 소설들에 대해 독자적으로 연구를 진행할 것이다.

이를 위해 나는 "인도네시아 소설의 이해(1978~1999)" 이라는 제목으로 책을 저술할 계획이고, 출판사가 이 책을 출판하고자 원한다면 허가를 해줄 것이다.

이번 기회를 통하여 인도네시아 소설의 사회 배경에 대해 세분화된 연구를 반복할 수 있고, 또한 최신 자료들은 인도네시아 소설의 사회 배경에 대한 연구를 업데이트와 보충할 수도 있을 것이다.

나는 이 책의 기술 방법을 설명하고자 한다. 이 책은 적지 않은 인건비를 통해 수집된 자료들이 헛되지 않도록 하기 위해 쓰여졌다. 비록 이 자료들이 더 이상 "최신의 것이 아닌"이라는 평가를 받을 지라도, 문학은 특정한 시기를 바탕으로 어떤 문학현상에 관해 연구할 수 있다는 것은 여전히 유효하다.

완전한 한 권의 문학서로서 이 원고에는 "인도네시아 소설의 이해: 1920~1977"라는 제목이 붙게 되었다. 물론, 더 최근의 연구와 전체의 연구가 필요하기 때문에, 그 이후 시대를 포함하는 두 번째 연구 프로젝트가 필요하다.

이 책에서 나는 집필 구성 형식을 함께 결정한 팀원에 의해 수집된 자료들을 해석한 사람에 불과하다. 그와 같은 연구 작업은 위험을 초래할 수 있다. 왜냐하면 연구팀원이 연구팀 책임자의 의도를 제대로 이해할 수 없기 때문이며, 그가 읽은 소설에 대해 자신의 해석을 적용할 수도 있기 때문이다.

자료수집 및 분류작업에 대한 책임을 져야한다는 의미에서 더 믿을 수 있는 연구는 필자 자신에 의해 수행되어야한다는 점이다. 그러나 이것은 인력, 비용, 시간 등이 많이 소요되는 큰 작업인 만큼 재정 지원 없이는 시행되기 어렵다.

인도네시아 소설의 이해에 관한 두 번째 연구가 연도에 구애 받지 않는 "인도네시아 소설의 이해"라는 더 새로운 제목으로 신속히 진행될 수 있기를 기대한다.

설명을 덧붙일 필요가 있는 것은 이 책의 제4장에서 나는 1990년대에 존재했던 사람의 입장에서 인도네시아 소설 자료들에 대한 전반적인 해석을 수행했다는 점이다.

이 장에서는 이미 지난 소설의 자료들을 사용하였지만 사용된 자료 이후에 존재한 인간으로서 그 자료에 대한 해석을 수행했다.

과연, 이런 해석 방법이 허용될 수 있는 문제인지 아니면 허용될 수 없는 문제인지 견해차이가 있을 수 있다.

사실 이 장은 기존의 자료를 바탕으로 내가 경험한 것을 해석함으로써 인도네시아 문학사회가 직면한 문제를 탐색한 성격을 띠고 있다.

여기에 연구의 범주를 벗어난 몇몇 자료를 언급함으로써 그 문제의 핵심을 강조하고 싶었다.

그렇기 때문에, 수집된 전체 자료에 대한 해석은 이미 내가 적절한 방식으로 제3장까지 수행하였다.

사회학 성격을 띤 이 연구는 문학의 미적 가치들을 문제 삼지 않았다. 이것은 일종의 인도네시아 사회에서 소설 세계에 대한 연구로서: 작가가 누구이며, 그 소설의 성공요인은 무엇이며, 그 소설이 어떻게 출판되었는가 등이다.

이 모두는 아마도 인도네시아 소설의 상황을 전반적으로 알기 위해 중요하다.

이 집필과정에서 고려해야 할 사항들을 제대로 다루지 않아서 발생할 수 있는 가장 큰 가능성은 결론이 일치하지 않다는 점일 것이다. 이 점에 대해 나는 용서를 구하고자 한다.

만약 이런 문제가 발생한다면, 내가 자료를 조작하고 부정한 짓을 해서가 아니라 단지 인간이라는 이유 때문일 것이다.

누가 연구의 헛점으로부터 벗어날 수 있겠는가?

이를 위해 나는 독자들로부터 잘못된 사항에 대해 비평과 수정을 요청했다.

이 글이 인도네시아 문학세계, 특히 소설분야를 이해하는데 유용하기를 기원해 마지않는다.

1999년 6월 4일, 반둥에서
야콥 수마르죠

목 차

부 록

제1장 서론

인도네시아 문학 세계

제 1 장

서 론

인도네시아 문학 세계

1. 문학 쟁점

문학작품은 한 작가에 의해 탄생한다. 모든 인간이 고립된 섬에서 살고 있지 않은 것처럼, 작가 역시 사회에서 인간과 함께 공유하며 살고 있다. 작가 개인의 발전은 사회 환경에 의해 큰 영향을 받는다. 또한 작가는 사회로부터 작가가 되는 것을 배운다. 사회의 환경과 문화는 작가의 사고 형성과 작품의 표현 방식에 영향을 끼치며 작가는 기존의 사회에 존재하고 있는 문학작품들을 기반으로 문학작품을 쓴다. 이는 작가가 문학작품을 쓸 때 사회에서 사용되고 있는 문학의 형식들을 모방할 수도 있고 또한 그러한 사회 형식이 새로운 모티브를 줄 수도 있음을 의미한다. 뿐만 아니라 작가는 기존의 사회양식에서 벗어난 새로운 문학의 형식을 추구하기도 한다.

문학의 형태에서 하나의 문학작품은 생명력을 지니지 못한 사물(artefak)에 불과하다. 문학작품은 독자들이 읽어야만 비로소 생명력을 지니게 되기 때문이다. 다시 말해, 문학작품이 독자와 같은 사회 구성원들에 의해 읽혀져야만이 생명력을 지닌 진정한 문학작품으로 탄생된다는 것이다. 문학작품은 작가가 존재하는 사회의 사고방식과 문화 환경에 바탕을 두고 있기 때문에 독자가 작가와 같은 사회에 존재할 경우 그 문학작품을 통하여 작가와 독자 사이에 의사소통이 발생하게 된다. 의사소통은 독자가 문학작품 속에서 문학적 가치들을 발견하게 될 때에 비로소 원활하게 일어난다.

문학작품의 가치들은 작가의 사회와 문화로부터 발생한 미적 창조와 표현의 결과물이다. 이러한 가치들은 문학의 내재적 가치와 외재적 가치로 이루어진다. 문학의 내재적 가치는 문학 재료, 즉 언어에 의해 형성된다. 문학의 내재적 가치인 언어의 잠재력은 작가의 생각을 표현하기 위해 사용되는 것이다. 언어의 잠재력은 언어의 리듬과 이미지를 형성하는 말들의 결합, 말의 소리, 말의 의미를 담고 있다. 언어의 잠재력은 작가가 그의 견해를 표현하기 위해 선택한 문학의 형태, 문학의 장르, 그리고 문학의 방식과 종류에 달려 있다. 여기서 말하는 내재적 가치는 문학작품 자체의 요소에만 관심을 두는 것이고, 외재적 가치는 작품 외부의 요소, 즉 작가, 현실, 독자 등의 요인들에 초점을 맞춘 것이라고 할 수 있다.

소설은 문학의 체계적인 한 형식이다. 이 형식은 각각의 구성요소들의 형태와 기능으로 이루어져 있다. 소설의 구조는 이야기의 등장인물, 플롯, 사건배경, 시대상황 등으로 구성된다. 이 구성요소들은 언어의 재료를 통하여 표현되는 소설의 구조로 형성된다. 이것이 바로 소설 문학의 내재적 측면이다.

외재적 측면은 사회와 문화 환경에 대한 작가의 반응이다. 외재적 측면은 문화에 대한 작가의 인식과 작가 개인의 삶의 철학적 가치를 포함한다. 만약 한 작가가 "대표이사"라는 단어를 썼다고 예를 들어보자, 독자는 이 "대표이사"의 의미가 무엇인지 이미 이해하고 있을 것이다. 왜냐하면 작가와 독자는 같은 문화 환경에 살고 있기 때문이다.

그러나 만약 작가가 "이글루(igloo)"라는 단어를 사용했다면, 독자는 이 단어의 의미가 무엇인지 물어볼 것이다. 작가는 에스키모인들이 사는 얼음으로 만든 집이라고 반드시 설명을 해야 한다. 왜냐하면 "이글루"는 작가와 독자가 살고 있는 사회에서 발견할 수 없는 문화의 요소이자 의미이기 때문이다.

작가의 이념적 가치는 삶의 가치 즉, 도덕적 가치, 종교적 가치, 정치 · 사회적 가치 측면에 대한 당위성을 띠고 있다. 사실 작가의 이념적 가치는 그의 작품에 두드러지게 나타날 수 있다. 작가는 자신의 이념적 가치 속에서 사회와 문화를 자신의 시각에서 보게 된다. 이것이 문제의식이다. 이 문제의식은 바로 작가가 문학의 형태로 표현이 되는데, 즉 소설로써 표현이 된다. 그 문제의식은 이야기라는 소설의 형태를 통하여 나타난다.

문학작품의 내재적 가치뿐만 아니라 외재적 가치들을 찾아낼 능력을 지닌 독자는 "미적 경험(pengalaman estetik)"이라는 사건을 경험하게 된다. 독자는 문학작품에 반영되어 있는 작가의 내면에 자신의 내면을 녹아들게 할 수도 있는 반면, 독자는 작가가 의도한 가치들을 알지 못할 수도 있다. 게다가, 독자는 작가가 기대하지 않은 다른 가치를 볼 수도 있다.

결국, 앞서 언급한 문학의 사건은 문학작품에 내재된 가치들을 만나는 것이다. 작가가 의도한 것처럼 문학예술이 문학적 가치를 지니고 있지 않다고 독자들이 생각할 수도 있다. 그 반대로 작가에 의한 문학 형태는 처음에 문학작품으로서 의도된 것이 아니라 문학 가치를 접하는 독자의 의도에 의한 것일 수도 있다.

문학의 사건은 독자가 사회 · 문화적 배경을 이해할 때 비로소 일어나게 된다. 그리고 그 사회는 다양한 계층을 가지고 있다. 사람은 다양한 견해를 바탕으로 사회를 계층화할 수 있다. 이러한 상황은 학문(지식)의 배경과 삶의 필요성에 기초하여 사회의 계층을 나눌 수가 있다.

2. 기반, 구조, 이념

모든 사회계층은 유사한 지식, 가치, 사고방식을 소유하고 또한 선택된 정치 · 사회적 구조와 기초적인 하부 구조에 상응하는 견해와 태도를 지닌다. 그러므로 미적 감정을 표현하는 그들의 방식은 앞서 언급한 사회의 이데올로기에 부합하기도 한다.

인도네시아의 사회기반은 인도네시아 민족의 경제, 기후, 지리적 위치, 인종에 의해 결정된다. 인도네시아인들은 농업을 기반으로 살아왔고, 그 후에 상거래와 산업을 기반으로 삼았다. 역사적으로 인도네시아 사회의 삶의 기반은 잇따른 문화체계와 정치 · 사회구조를 탄생시켰다. 초기에 다양한 종족으로 구성된 인도네시아 사회는 논과 밭을 이용한 농업이 주를 이루었다. 사회 시스템은 농촌 사회를 형성한 "단순한" 형태라고 말할 수 있다. 사회 시스템은 농촌사회의 구조와 거의 같다. 즉 사회구조는 농촌의 지배자와 피지배자로 구성된다. 두 요소 사이의 문화적 차이는 매우 적은 편이다. 농촌의 지배계층의 지식과 이데올로기 시스템은 거의 농촌 주민들과 같다고 할 수 있다. "미적 표현(Ekspresi estetik)" 역시 이와 같다.

이러한 농촌사회가 외부로부터 이데올로기의 영향을 받게 되었을 때, 그 사회구조가 변화하게 된다. 왕국 체제가 등장했고, 더불어 특정한 사회기능으로 사회계층이 출현했다. 바로 이것이 봉건사회였다. 중앙에는 왕족으로 구성된 지배계층이 있었고, 지방에는 왕의 친족관계에 따른 지배계층이 있었다. 또한 지배계층에 봉사하며 생활하는 계층들이 있었는데, 그들은 군대, 궁중 지식인, 왕국의 전문가, 기타 등등의 집단이었다. 그리고 그들 계층 밑에 평민계층이 있었다. 이러한 사회 계층은 점점 더 다양해졌고 또한 넓게 확대되었다. 사회계층 간의 관계 또한 벌어졌다. 이로 인해 각 계층의 문화시스템이 형성되었고, 대부분은 왕족문화와 서민문화로 구분되었다. 각 계층은 그들의 문학을 통해 사회를 표현하는 것 이외에도 다른 예술체계를 가지게 되었다.

왕국들이 화란의 식민정부에 의해 멸망당했을 때 , 인도네시아 사회기반이 크게 바뀌었다. 농업 중심의 경제에서 상업 및 공업 중심의 경제로 바뀌었다. 그 중심지는 도시들이었고, 도시들은 무역과 산업, 그리고 통치 활동의 중심지가 되었다. 이로 인해 인도네시아 사회구조는 변하게 되었다. 도시사회, 지방사회, 농촌사회 등으로 나뉘어졌다. 농촌사회는 여전히 고대 사회의 삶의 방식과 문화유산을 간직하고 있었고, 도시사회는 현대화되어 갔다. 도시사회의 생활은 상업과 공업 사회로 인해 공헌에 따른 대가로 생활하는 사회가 되었다. 그들이 바로 그 이전 왕국사회에서의 전문가 집단에 해당된다고 볼 수 있다.

궁중의 전문가 사회에서처럼 도시 전문가 사회는 그 사회에서 역할을 수행할 수 있는 전문지식, 즉 숙련가를 필요로 하였다. 예컨대, 자신의 능력을 파는 것이었다. 이로 인하여 이 사회에서는 "교육"이 매우 중요해졌다. 교육 수준이 높을수록 사회에 대한 기여도가 컸다. 교육은 농촌에서 농부가 소유한 토지에 비유할 수 있다. 땅이 넓을수록 농부의 생계가 보장되는 것과 같은 이치였다. 도시에서의 전문가 집단도 마찬가지였다. 어떤 사람의 가치는 교육수준과 전문가로서의 위치에 의해 결정되었다. 지식과 기술은 그들 삶의 무기가 되었다. 이러한 조건하에서 이 계층은 지식의 가치에 매우 순종하게 되었다. 그렇기 때문에 예술에서도 그들은 동일한 가치를 원했다. 즉, 내재적이든 외재적이든 지적 수준을 높일 수 있는 가치는 평가되어질 수밖에 없었다. 새로운 표현 형태와 더불어 새로운 발견들은 매우 높은 가치를 지닌다.

또 다른 도시의 사회계층은 상인과 공업 종사자들이다. 이들이 추구하는 가치는 바로 돈과 이윤이다. 이들의 삶의 최고 가치는 돈을 많이 소유하는 것이다. 상업과 공업 종사자들에게 있어 돈은 농부의 토지와 같은 것이다. 농촌에서 토지는 자본이며, 또한 명예의 상징이자 그들의 삶의 기본적 욕망이다.

도시의 자본가들에게 돈은 높은 가치이고, 권력이고, 문화의 중심이고, 그들의 삶 자체이다. 그와 같은 자본과 물질을 추구하는 사회집단에서 지식체계와 문화표현은 외면당한다. 그들은 예술조차도 단지 선호하는 소비재로 여긴다. 예술은 지적인 필요가 아니다. 왜냐하면 지적인 능력은 정부 관료와 자본가들을 위해 일하는 많은 도시 전문가들로부터 살 수 있기 때문이다. 자본가 집단의 지원을 받는 지식인 집단은 예술을 단지 지적 필요성으로서가 아니라, 자본가들의 쾌락을 만족시키기 위한 수단으로 사용하고 있다. 그들의 지적 추구는 학문서적과 같은 전문성의 형태로 표현된다.

큰 맥락의 도시사회에서는 문화에 기반을 둔 두 계층이 발견되어진다. 그 사회 시스템은 개방된 특성 때문에 위의 두 문화주체 사이에 변화와 혼합이 일어난다. 도시사회의 계층분화는 사회기반을 엿 볼 수 있다는 의미로 해석될 수 있다. 이 도시 사회기반은 다양한 사회 구조를 형성하였고, 그 사회 구조에는 문화라는 요소가 추가되었음을 알 수 있다.

3. 사회와 문학

각 사회계층은 관련지식과 서로 다른 문화의 특성을 가지고 있어서, 예술의 표현 또한 다르다. 인도네시아 도시 사회의 예술 시스템은 그들의 교육시스템을 통하여 서구사회의 예술 시스템을 받아들였다. 서구의 예술 시스템은 외재적인 측면보다 내재적인 측면이 더 강하게 나타난다. 도시사회의 문학에서도 이 새로운 문학 시스템을 알고 있다. 문학(teks, artefak)[1]은 독자들을 위해 작가의 지식, 유희, 미학, 지식, 경험 등의 표현 기능을 작품을 통해 탐색하게 될 때 비로소 문학적 가치를 가지고 된다.

이러한 문학의 기능들은 부유층에 기반을 둔 도시 사회뿐만 아니라 지식인 계층에 기반을 둔 도시사회에서 반드시 존재한다. 부유층 사회에서는 문학작품, 특히 소설에 있어서 경험표현, 지식, 유희, 미학 등이 주로 추구되어졌다. 그들의 문학은 내재적 가치뿐만 아니라 외재적 가치를 소유한 문학이었다. 문학의 유희적 가치는 소모되는 부분이지만, 이 유희는 마치 선물처럼 아름다운 경험과 생각을 가져다주는 가치이다. 이러한 지식의 가치는 그들이 이미 알고 있는 지식이었으며, 바로 이것이 그들 부유층 사회의 문화로서 그들은 지적경험 없이 도덕적 가치, 철학, 사회, 종교 등을 알고 있었다. 그들은 삶의 가치에 관하여 또는 문학의 내재적 측면에서의 지식에 관하여 이들을 문학 또는 예술에서 찾는 것이 아니라, 종교적 가르침 혹은 과학과 같은 외재적 요인에서 찾고자 하였다.

이에 반해 학문에 바탕을 둔 지식인 사회와 지식인으로서의 삶의 가

---

1 문학(teks, artefak)-문학은 그 자체로서 생명력을 가지는 것이 아니라 독자가 문학작품을 읽었을 때 비로소 생명력을 가지게 된다.

치는 그들의 문화와 부합하는 다른 종류의 문학을 필요로 하게 된다. 그들의 지식과 경험을 표현하는 기능은 그들의 지적 호기심을 향상시킬 수 있다. 이 분야에서 그들은 새롭고, 신선하고, 독창적인 것을 원하게 된다.

내재적 요소의 반복뿐만 아니라 외재적 요소의 반복도 그들에게는 가치가 없었다. 문학의 유희적 가치는 소모적 유희가 아니라 작품의 의미를 만드는 활동이 수반된 창조적 유희이다. 도덕, 종교, 철학 등의 형태를 띤 가치들은 이미 되어 있는 것을 원하는 것이 아니라 새로운 문제를 포함하고 있는 것을 말한다. 이것이 바로 물질적으로 풍요로운 부유층 문화에 바탕을 둔 도시 사회계층의 문학의 특징이었다.

부유층과 지식인층 간의 문학구조에는 차이점이 거의 없다. 단지 차이점이라면 도시에서 그들의 삶의 기반과 부합되는 내재 · 외재적 가치이다. 인도네시아 부유층의 문학은 저급문학, 유희문학, 대중문학 등으로 언급되는 반면, 지식인층 문학은 순수문학, 엘리트문학 등으로 언급된다.

문학은 가치문제이기 때문에 지식인 사회 계층의 문학은 어렵고 또한 지루한 것으로 인식되었고, 그래서 부유층 사회계층에게는 그다지 매력이 없었다. 그러나 지식인 계층의 문학작품만 존재했던 것이 아니라 부유층 사회의 요구만을 충족시키는 문학작품 또한 존재하였다. 그렇게 지식인 계층 사회에서는 부유층 문학작품이 너무 쉽고, 깊이가 없기 때문에 지식인 계층의 관심을 끌 수 없었을 뿐만 아니라 "문학이 아니다"라고 평가하기도 하였다. 그럼에도 불구하고, 부유층의 몇몇 문학작품은 지식인 계층 사회에 의해서도 "문학"으로서 인정을 받기도 하였다.

서로 다른 성향을 가진 두 사회는 각자의 가치를 소유하고 있었다. 지식인 계층의 문학을 위한 대작이 있었고, 또한 부유층에 기반을 둔 대작이 있었다. 첫 출판에서 멈춘 작품들도 있었다.

어떤 문학작품이든 각각의 사회계층에 의해 기대되는 가치들을 포함하는 것이 있지만, 문학작품을 생산한 사회만을 위한 가치를 지닌 것 또한 존재한다.

4. 사회와 소설

소설문학 형태는 다른 문학 형태보다도 가장 많이 읽혀지고 있다는 것을 이번 조사 자료는 보여주고 있다. 소설인 『그릇된 교육(Salah Asuhan)』은 50년 동안 11번 재출판되었고, 『시띠 누루바야(Siti Nurbaya)』는 57년 동안 12번 재출판되었다. 특히, 대중소설은 가장 많이 재출판되었다. 이끄 수뽀모(Ike Soepomo)의 소설인 『주황장미(Mawar Jingga)』는 1년에 5번 재출판되었다. 소설 『까르밀라(Karmila)』는 반년 만에 3번이나 재출판되었다. 소설처럼 자주 재출판된 것은 아니지만 시(詩)의 경우에는 유명한 시인만이 시집을 재출판할 수 있었다. 시집 「냐니 수늬(Nyanyi Sunyi)」는 50년 동안 10번이나 재출판되었으며, 시집인 「가장 사랑하는 사람들의 발라드(Ballada Orang-orang Tercinta)」는 26년 동안 5번 재출판되었다. 하지만 다른 시인들은 가장 많이 재판된 것이 2~3번에 불과하였다. 또한 10년 동안 한 번도 재판해 보지 못한 경우가 더 흔했다.

소설은 인간이 어렸을 때부터 즐겨온 이야기이다. 매일 일상 속에서 인간은 사실을 말하기 위해 혹은 상상하기 위해 혹은 즐거움을 위하여 이야기한다. 소설의 언어 또한 약간 이중적인 의미와 긴밀한 수준의 명시적인 언어이다. 그래서 소설은 쉽게 읽혀지고 감상되어진다. 또한 많은 소설이 독자에게 호기심을 유발시킬 수 있는 긴장감을 내포하고 있다.

소설은 18세기 영국의 부르주아 계층에서 등장한 유럽문학의 한 장르이다. 소설은 충분한 시간과 공간을 가지고 있는 지식인, 부자, 유지들이 거주하는 도시사회에서 생산된다. 인도네시아에서는 1970년대에 소설이 발전하기 시작하였다. 이 시기에는 중상층의 여성 지식인이 충분히 형성되었다.

소설은 여성잡지에 의해 먼저 발전되었고, 많은 소설들이 잡지들을 통해 출간되었다. 인도네시아 여러 도시에서 지식인 사회가 점차 발전하면서 소설 또한 함께 발전할 수 있었다. 더욱이 1970년대는 10년 전과 비교하였을 때 혼란한 정치 환경으로부터 상대적으로 평화로운 시대였으며, 비즈니스 세계가 발전하던 시기였다.

여기에서 비 지적 소설의 발전을 위한 기초가 형성될 수 있었다. 비지적소설이 문학작품으로서의 수준이 낮다는 의미가 아니라, 종교, 사회, 도덕 등의 삶의 가치와 같은 외재적 측면과 그 외재적 측면에서의 지적인 문제에 대하여 덜 흥미를 가졌다는 것이다. 그럼에도 불구하고, 외재적 측면의 인식과 내재적 측면의 인식은 지적 수준을 보여준다. 이것은 상당한 지적수준을 필요로 한 제임스(P.D. James), 스탠리 가드너(Stanley Gardner), 아가타 크리스티(Agatha Christie) 등의 탐정소설에 대해 지식인 집단이 매우 열광하였음을 알 수 있다. 그들의 대중소설에 대한 관심은 결코 지적 수준을 떨어뜨리는 것이 아니었지만 한 가지 아쉬운 점이 있다면 인도네시아 대중소설 작가들 중 그 수준에 이를 만한 작가가 아직 발견되지 않는다는 것이다.

대중 소설에 관한 연구는 "그들이 읽는 것" 에 더 관심이 있다. 사실 인도네시아 지식인층의 대중 소설 감상 수준은 충분히 높은 편이다. 그러나 대중소설 작가의 수준은 아직 답보 상태에 머물러 있다. 그 동안 적당한 글 솜씨로 쓰여진 중 · 상류층 사회의 애정 소설이 새롭게 발전하였다. 이 분야에서는 "소설의 주기성"(짧은 시간에 특정한 종류의 대중 소설이 발전)의 특징을 제외하면 때때로 작가집단에서 지적 의도를 갖고 쓴 소설이 나타난다. 바로 엔하디니(Nh Dini)의 소설이 인기를 끄는 이유이기도 하다. 그는 유행하고 있는 테마를 잘 사용하였기 때문에 여성대중소설의 대표작가가 될 수 있었다.

인도네시아에서 심도 있는 추리소설 작가 한 명이 새롭게 탄생하였다. 그의 작품은 기대에 어긋나지 않았다. 그가 바로 에스. 마라 게데(S. Mara Gd)였다. 그는 소설을 통하여 삶의 문제를 찾으려는 성향을 보여주기 보다는 지식인을 위한 지적 오락성을 추구하였다. 이 소설은 손에 땀을 쥐게 하는 긴장감과 추리력 때문에 인기를 끌었다. 수준 높은 과학과 판단력을 담고 있는 대중소설은 인도네시아에서 아직 등장하지 않았다. 거대 기업과 종의 기원에 대한 세부 지식을 기초로 한 『쥬라기 공원(Jurassic Park)』과 『농장(The Firm)』 같은 소설은 번역된 형태로 여전히 미국에서 수입되고 있다.

이 모든 것은 대중소설이 임의로 창조된 것이 아니라 부유층에 기반을 둔 지식인층의 관심으로 이루어졌다는 것을 보여준다. 비록 이와 같은 소설들이 문학연구에서 논의된 적이 없다 할지라도 학문분야에서 경험을 축적한 전문가가 연구할 필요성이 제기되고 있다.

문학 소설에 관한 연구는 "그들이 쓰는 것이 무엇인지" 에 대해서 분석하기를 좋아한다. 이런 종류의 소설들은 그들의 사회적 관심사에 관해 쓰여졌다. 때때로 내용과 형식, 내재적 요소와 외재적 요소 사이의 부조화가 발견되지만, 그들의 삶에 관하여 이야기하는 성향이 있다. 성공한 문학작품에서 독자는 형식과 내용의 차이점을 발견할 수 없다. 다시 말하여, 이는 형식이 내용이고, 내용이 형식이기 때문이다. 그럼에도 불구하고, 내용과 형식의 차이가 발생했을 경우이다. 그 예로서, 그 소설의 메시지 혹은 내용은 좋지만 글쓰기가 매끄럽지 못할 때, 차이에 의한 약점을 발견하게 된다. 반면, 성공한 대중 소설에 대해 지적 비평가는 그 소설은 훌륭하고, 아무런 문제점도 발견할 수 없지만 좋은 소설이란 대중소설의 독자 의해 좋은 평판을 받아야 된다고 말할 것이다.

인도네시아에서 문학에 대한 지식인들의 관심은 아직도 매우 부족한 편이다. 이것은 위에서 설명한 것과 같이 문학작품의 내재적 질적 수준에 의한 것이다. 그렇다면 문학에 관한 비평은 존재하지 않는 것인가? 인도네시아 문학 작품들에 대한 수준 높은 비평과 인도네시아 소설 작품에 대한 불만족한 비평을 보여주는 몇몇 기사들이 있다. 그들은 외국어로 된 외국 소설을 읽는다. 아마도 그들은 인도네시아 소설보다 외국 소설을 더 많이 읽었을 것이다. 이 경우는 더 길게 연구될 필요성이 있다. 그러나 분명한 것은 대중소설과 비교하여 단편소설에 대한 사회의 관심이다. 인도네시아에서 대중소설은 출판에서의 "위기"가 있었던 것이 아니라, 오히려 소설의 집필에서 발생 하였다.

5. 인과관계의 해석

참여소설은 지적인 의도와 관심으로 쓰여진 것이다. 지식인층의 특징 중 하나는 그들의 삶의 문제들에 관심을 갖는다는 것이다. 그 참여소설 작가의 사회, 교육, 직업 등을 고려한다면 그가 왜 사회를 위해 특정한 문제를 관찰하는지의 배경을 설명할 수 있다. 바로 이것이 동일 시대의 작가들이 비슷한 주제와 문체를 선택하는지를 설명할 수 있는 인과관계이다. 비록 제한된 독자환경을 가지고 있을 지라도 참여소설에 쓰여 있는 것들은 문학의 역사에 있어서 매우 중요하다.

반면, 대중소설은 그들의 삶의 문제에 연관되는 것을 거부하려는 경향을 보이고 있다. 사회 · 정치상황이 어떻든 간에 만약 추리소설이나 연애소설이 사랑 받는다면 그것을 주제로 글을 쓰는 것이다. 이 부분에서 사회학적으로 관심을 끄는 것은 작가들에 의해 쓰여진 것이 무엇인가가 아니라 바로 독자들의 독서 행위이다. 왜 사회는 그러한 소설에 열광하는 것일까?

인과관계 접근은 사회와 문학작품의 관계에 대한 일반적인 현상을 설명할 수 있을 뿐이다. 좀 더 상세한 인과관계는 심리학적으로 이해가 가능하다. 특정한 시기에 성장배경을 가진 작가가 특정한 사회 계층에 대해 쓰는 이유는 무엇인가? 압둘 무이스(Abdul Muis)의 성장배경과 그가 소설을 쓸 때의 사회 환경을 알고 있다면『그릇된 교육(Salah Asuhan)』은 "그 사회를 반영하는" 소설로 이해 될 것이다.

인과관계 접근을 통하여 왜 전쟁 전의「발레이 뿌스따까」시대 소설가들이 특정한 주제를 썼는지를 설명할 수 있으며, 또한 그들의 시대정신이 어떻게 소설들 속에 반영되어 있는지를 알 수 있다.

리차드 울헤임 (Richard Wollheim)의 이론 또한 표현적 접근에 대해서 설명했다. 예술작품은 그 예술가의 출신지역의 사회 상황을 반영한다.

우리는 문학작품들을 통해서 사회 상황을 엿볼 수 있다. 참여문학을 통한 사회의 "초상"에서 소설의 기능을 읽어 내야 한다. 소설은 사회상을 묘사할 수도 있고, 또한 사회의 이상을 그릴 수도 있다. 게다가, 사회에 대한 예리한 비평도 가할 수도 있다.

이러한 이론은 제한적인 인도네시아의 문학에 대한 연구의 바탕으로 사용될 수 있다. 이 이론에서 대중소설이 사회와의 지적인 연관성이 풍부한 사회의 거울로 해석되기는 어렵다. 내·외재적 측면에서 대중소설의 내용은 사회의 시대상황을 그리는 참여소설의 내용과 비교했을 때 사회의식이 부족한 편이다. 그 작가가 어느 사회출신이건 간에 사회 이상을 반영하는 참여소설과 대중소설은 거리가 가장 멀다고 볼 수 있다.

10센트짜리(싸구려) 메단 소설시대부터 1970년대까지의 인도네시아의 대중소설은 그 당시의 문화에서 출생한 독자와 작가사회의 이상을 반영한다. 대중소설의 주제나 내용은 사회의 문제를 항상 묘사할 수 없었기 때문에 그다지 중요하지 않게 여겨졌다. 그러나 그 당시에 독자들이 원하는 것을 보여 준다는 취지에서 그들의 일상적인 삶에 대한 묘사는 매우 상세하게 이루어졌다.

6. 사회적 해석

소설과 사회와의 관계에 관한 연구는 아마도 단지 문학 작품에만 기초를 두고 행해지는 것은 아니다. 문학작품의 내용에는 반드시 역사와 사회의 지식이 더해져야 한다. 그러기 위해서는 역사학과 사회학의 도움이 필요하다. 특히, 인류학도 마찬가지이다. 소설이 정확히 어떤 상황을 묘사하고 있는지, 어떤 상황을 갈망하고 있는지, 어떤 사회상황을 거부하고 있는 지에 대한 소설의 기능은 앞서 언급한 학문으로부터 영향을 받는다. 그러므로 우리는 소설을 통하여 시대적 문제에 직면한 작가의 정신과 태도를 알 수 있고, 그 사회에서 작가들이 행했던 역할을 알 수 있다.

문학을 통한 넓은 학문 세계 내에서 우리는 한 시대의 사회에 존재하고 있는 지식인의 삶의 역할을 알 수 있다. 지식인을 대표하는 작가가 행했던 역할이나, 그 시대상황을 앎으로써 우리는 좀 더 정확히 그의 작품을 평가할 수 있다. 모든 문학작품이 형식상 동일한 가치로 평가될 수 있는 것은 결코 아니다. 이는 시대의 상황이나 작가의 상황이 동일하지 않기 때문이다. 삶과 죽음이 결정되는 암흙기에 검열을 거쳐 등장한 문학작품은 자유롭고, 평화로운 상황에서 쓰였던 작품과는 다른 가치를 인정받게 될 것이다. 수준 높은 문학작품의 질은 사회학적 지식이 더해진 더 많은 가치를 얻게 될 것이다.

진정한 문학작품은 사회의 질적 수준을 높이려고 노력하는 작가의 고뇌와 관련성이 있다. 단지 자기 자신에게만 관심을 두는 작가는 없다. 물론 작가 자신의 영혼을 치료하는 기능을 지닌 문학작품도 있을 것이다. 그러나 이것은 매우 드문 경우이고, 문학작품이 사회에 기반을 두고 있거나 깊은 관련성을 가지고 있고, 그리고 그것이 "사회"를 위한 가치를 지니고 있다면, 그러한 문학작품은 확실히 더 큰 가치를 가지고 있는 것이다.

대부분의 대중소설 작가는 지적 책임감이 부족하다. 그 소설은 지적인 방법으로 쓰일 수 있지만 그 기능은 지적이지 않다. 잠시 미적 경험을 주기는 하지만, 소설을 읽은 후에 더 이상의 무엇인가를 생각할 수 있도록 독자를 권유하려는 의도는 가지고 있지 않다. 이런 문제에서의 대중소설의 위치는 소비재를 파는 식당과 닮은 꼴이다. 이유는 대중소설의 가치는 단지 그 출판의 횟수와 판매량으로 결정이 되기 때문이다. 상업과 산업에 의해 대중 소설은 쉽게 영향을 받는다. 이런 대중소설이 갖고 있는 문제는 작품의 질적인 것이 아니라 독자에 의한 선호도이다. 그리고 독자의 욕망은 심각한 문제들과 관련될 가능성이 없다. 왜냐하면 그들에게 문학의 기능은 단지 즐거움, 휴식을 위한 것이고, 삶의 스트레스로부터 스스로 벗어나기 위한 것이다. 만약 그들이 삶의 주변 문제에 대해 이해하고 싶다면(예, 가난 등) 그들은 그 문제에 대한 학문서적을 보는 것이 더 나을 것이다. 그들에게 문학은 지적인 표현물이 아니다.

인도네시아에서의 대중소설은 미국이나 유럽처럼 그리 큰 산업으로 자리 잡지 못했다. 대중소설 제작은 주기적이며 소규모 자본의 가정 산업 성격을 띠고 있다. 작가들 또한 대중소설의 기능과 위치를 제대로 파악하고 있지도 못하다. 그들 중에는 사회 참여소설에 기반을 두었던 작가이거나, 대중소설을 쓰기 위해 사회소설에서 의도적으로

"건너온" 작가도 있다. 그 결과 작품의 종류에서 혼란을 겪고 있다. 인도네시아의 대중소설은 사회 참여소설의 2분의 1 또는 4분의 1 정도이며, 독자들의 "미학의 욕망"에 봉사하는 정도에 불과하다. 이것이 바로 종종 참여소설 보다 질이 떨어지는 작품이라고 평가 받는 이유이며, 다른 말로 대중소설은 실패한 사회 참여 소설이라 불린다.

만약 독자들이 아가타 크리스티(Agatha Christie), 스탠리 가드너(Stanley Gardner), 제임스(P. D. James)의 추리소설류와 시드니 셸던(Sidney Sheldon)의 로맨스 스릴러, 잭키 콜린스(Jackie Collins)의 로맨스 제트 셋(jet set)[2] 소설 등 최근의 번역 된 대중소설들을 받아들인다면, 후에 인도네시아 작가들에 의해 대중소설이 채워지더라도 대중소설이 실패한 참여소설이 아닌 것으로 보여 질 것이다.

대중소설은 참여소설과는 다른 세계이다. 대중소설과 참여소설 모두 동등한 창의력, 지성, 지식을 필요로 하지만, 사회에서 각자의 기능에는 차이가 있다.

비록 방법에서는 차이가 있지만 학문과 철학 작품과는 거의 동등한 참여문학의 지적 기능은 늘 신봉자가 제한적이고 또한 대중 독자 수준에 맞추기도 어렵다. 지식인 계층 이외에 일반대중에게는 너무 수준이 높아서 팔리기도 힘들다. 탁월한 미학(미적 감각)을 지녔다고 평가 받는 참여문학이 독자의 관심을 받을 수 있는 가능성이 완전히 닫혀 있는 것은 아니다.

지적인 작품의 궁극적인 목적은 진리의 탐구이지만, 대중 예술의 궁극적인 목적은 소비자를 감동시키는 것이다.

지금 미국에서는 참여문학과 대중문학의 경계가 사라지는 추세이

2 제트 셋(jet set-제트기로 날아다니며 유람하는 부자들, 일명 제트 족)

고, 이는 언급한 대중 문학이 참여 문학과 같은 종류로 분류되는 것이 확실해지고 있다. 대중 문학과 참여 문학 간의 경계가 사라지고 있는 것은 앤디 워홀(Andy Wharhol)의 팝 형태의 예술에 의해 생겨난 현상이다. 그러나 아직 인도네시아에서는 마르가 떼(Marga T.)와 미라 웨(Mira W.)를 제외하고는 그 경계가 분명하다. 인도네시아 현대 문학의 발전은 미국 문학의 발전과 똑같지 않다.

제2장 인도네시아 소설의 내재적 요인

인도네시아 소설의 인물
인도네시아 소설의 배경
인도네시아 소설의 주제

제 2 장

인도네시아 소설의 내재적 요인

인도네시아 소설의 인물

1. 서론

본 장에서는 1920년부터 1970년대까지 출간된 인도네시아 소설 180편의 조사 결과를 분석하였다. 이 기간에 출판된 모든 소설들에 대한 자료를 조사하지는 못하였다. 소설자료들은 문학작품의 질을 고려하지 않고 객관적인 방식으로 추출하였다. 이 조사는 많은 인도네시아 작가들에 의해 쓰여진 소설들이 실은 그들 자신들이 인식하지 못한 경향을 띠고 있다고 생각할 가능성이 있다. 여기서 제시하고자 하는 것은 소설 내용의 일반적 경향으로서, 특히 이야기의 인물, 배경, 그리고 주제이다. 이 조사로부터 1920년대부터 1970년대인 약 60년 동안의 인도네시아 소설의 모습에 대한 일반적인 현상을 살펴볼 수 있기를 기대한다. 이 연구는 각 소설의 개별적인 내용에 집중하기보다 개괄적이며 일반적인 현상에 초점을 맞출 것이다. 따라서 일반적이며 개괄적인 인도네시아 소설의 주제, 배경, 그리고 인물 묘사와 선택이 어떻게 이루어졌는지를 알아보고자 한다.

일반적으로 소설들에 관한 자료는 인도네시아 문학사 측면에서 시기구분을 위해 논의 될 뿐만 아니라 소설의 장르 구분을 위해서도 활용되고 있다. 또한 인도네시아 소설들은 대중소설, 참여소설, 10센트의 소설(novel picisan)[3]로 분류되어 부른다.

전반적으로 문학 소설[4]의 자료는 10센트의 소설보다 그 양적인 측면에서 규모가 더 방대할 뿐만 아니라 질적인 측면에서도 더 가치가 높다고 할 수 있다.

연대순에 따른 설명은 한 세대와 다른 세대 사이의 성장을 쉽게 비교해 볼 수 있는 기술 방법이다. 우리는 다음과 같이 정치 · 사회의 상황에 기초한 시대구분을 할 것이다.

첫째, 제2차 세계대전 이전인 화란식민시대(1920~1930년대)의 소설들; 둘째, 일본 식민시대와 혁명시대(1940년대)에 출판된 소설들; 셋째, 독립전쟁 이후와 독립 이후(1950~1960~1970년대)에 출판된 소설들; 넷째, 아직 자료가 충분히 확보되지 않은 1980~90년대 소설 등으로 나누어 살펴볼 것이다.

이 같은 단순한 시기 구분에 의한 조사는 인도네시아 소설을 통해서 드러난 사회 현상을 관찰할 의도를 가지고 있다. 인도네시아의 문학 중 특히 소설에 반영된 사회 현상으로서 전반적인 소설 내용에 대한 개괄적인 이해에 도움이 되기를 바란다.

---

3 10센트의 소설(novel picisan)은 대중소설의 형태를 띠고 있으면서 가격이 매우 저렴한 소설이며, 일명 싸구려 소설로 알려져 있다. 이 소설은 주로 메단에서 출판되었기 때문에 일명 메단 소설로 유명하다.

4 여기서 문학소설이라 함은 10센트의 소설을 제외한 대중소설, 참여소설, 순수소설 등을 통괄하는 용어로서 사용된 것이며, 보통 문학적 가치인 미적 가치를 지닌 문학을 일컫는다.

2. 식민시대 소설의 인물 묘사(1920~1930년대)

1920년대에는 15편의 소설이, 1930년대에는 38편의 소설이 출판되었다. 1920년대 소설에는 총 15편의 작품 중에 11편 작품의 주인공이 남성인 반면, 4편 작품의 주인공이 여성이었다. 여성이 주인공인 소설은 인도네시아 문학사에서도 중요한 위치를 차지한다. 그들의 작품들은 『고통과 비애(Azab dan Sengsara)』, 『시띠 누루바야(Sitti Nurbaya)』, 『아쩨를 방문하다(Jeumpa Aceh)』, 『어찌하랴 여자인 것을(Apa dayaku karena aku perempuan)』 등이다. 이 작품들은 비록 여성이 주인공으로 등장하지만 남성 작가에 의해 쓰여졌다.

1930년대 소설에서는 여성이 주인공으로 나오는 소설이 35%로 증가하였다. 14편의 작품에서 여성 주인공이 등장하고 그중 3편의 작품은 여성작가에 의해 쓰여졌다. 이들 소설은 『행운이 없다면(Kalau tak untung)』, 『영향력(Pengaruh keadaan)』 등이다. 위의 두 소설은 슬라시(Selasih)가 썼고, 『잃어버린 사랑(Kehilangan Mestika)』은 하미다(Hamidah)가 썼다. 상기 소설들을 제외한 이 시대의 중요한 소설로는 『펼쳐진 돛(Layar terkembang)』, 『배우자와의 조우(Pertemuan Jodoh)』, 『발리의 소녀 숙레니(Sukreni Gadis Bali)』, 『니 라윗(Ni Rawit) 』 등이 있다.

제2차 세계대전 이전에 여성주인공이 등장한 소설은 35% 밖에 되지 않지만 매우 성공적인 작품들이었다.

이 주인공들은 대부분 사랑을 주제로 이야기를 전개시켜 나간다. 이러한 현상은 작가들 중 65%가 20대로 그들의 성향을 이해할 수 있다. 더욱이 『잃어버린 사랑(Kehilangan Mestika)』 이란 작품은 작가 하미다(Hamidah)가 17살에 쓴 작품이다. 소설의 사건들은 여러 가지 사랑의 갈등을 발전시키고 있다. 이는 인도네시아 소설 주제가 등장인물들의 심리와 영혼, 그리고 내면적인 삶과 연관되어 있기 때문이다. 반면, 사회문제들은 내적 주제와 관련하여 발생하거나 등장 인물들 간의 갈등에서 발생한다.

연애소설은 사실 이야기에 등장하는 조연 인물을 통해서 더욱 잘 이해된다. 1920년대의 소설에서 조연 인물이 남성인 경우는 7편의 소설에서 나타났고, 1930년대 소설에서는 조연 인물이 남성인 경우가 16편의 소설로 나타났다. 이런 남성 조연이 증가했음에도 불구하고, 이 시기의 소설에서는 남성 조연의 소설보다 여성 조연의 소설이 55%에 이를 정도로 더 많았음을 알 수 있다. 이것은 남성 주인공이 많기 때문에 상대적으로 여성 조연이 많다는 것을 의미한다.

비록 등장 인물의 연령대를 정확히 수치화하기 힘들지만 보통 주인공과 조연 인물 대부분이 아직 학교를 다니는 젊은이거나 학교를 갓 졸업한 젊은이로 나타나 있다.

전쟁 이전 소설의 인물들은 어떤 사회계층의 남성들이었을까? 53편의 소설 중 25편의 작품에는 중류층이 차지하고 있다. 1920년대와 1930년대를 비교하면 흥미 있는 사실을 발견할 수 있는데, 즉 1920년대에는 상류층이 33%였고, 하류층이 23%였던 반면, 1930년대에는 상류층이 25%였고 하류층이 36%였다.

그래서 전쟁 이전 소설 주인공의 대부분은 경제적으로 중류층이라고 할 수 있는 학교 선생, 회사원, 학생, 마을 이장의 아들 등이었다. 그러나 1930년대의 소설에는 하류층의 인물을 주인공으로 삼은 소설이 더 많이 나타나는 경향을 보여주고 있다.

일반적으로 전쟁 이전 소설들은 식민시대의 중류층 남자를 주인공으로 삼았다. 또한 인도네시아 소설이 처음 발전하기 시작한 1920년대에는 상류층의 인물을 주인공으로 한 소설이 많았던 반면, 1930년대에는 하류층이 주인공으로 등장한 소설이 더 많았다.

3. 전환시대 소설의 인물(1940년대)

이 시기에는 15편의 소설이 발견되었다. 이 기간에는 1942년에서 19445년의 일본 식민지배와 1945년에서 1950년의 독립전쟁시기를 포함하고 있다. 이 시기 대부분의 소설은 시대 상황을 반영한 『무신론자(Atheis)』와 『할아버지(Aki)』을 제외하고는 식민시대 작가의 표현물의 형태를 띠고 있다. 시대 상황을 반영한 두 작품인 『사랑하는 조국(Cinta Tanah Air)』과 『작물(Palawija)』은 일본식민시대의 선전소설로서 알려져 있다. 그 외에도 소설『족쇄(Belenggu)』가 있는데, 이 소설은 1930년대에 출판되지 못했다. 그 이유는「발레이 뿌스따까」출판사로부터 출판이 거부되었기 때문이다. 명백한 사실은 모든 소설이 시대를 반영하는 거울과 같은 목적으로 출판되었다는 것은 아니다. 언급된 소설『족쇄(Belenggu)』에 대한 사회의 반응이 부정적이었고 또한 사회의 윤리를 해치고 병들게 할 수 있다는 이유로「발레이 뿌스따까」는 이 소설의 출판을 금지시켰다. 주로 출판사의 출판거부로 인해 출간이 늦어진 소설들은 대부분 1940년대의 전환기에 들어와서 빛을 볼 수 있게 되었다. 이 소설들은 대부분 1940년대 10년 동안의 사회와 정치의 변화를 주제로 삼았다.

1940년대 전환시대 소설의 주인공은 누구였을까? 중류층의 남성이(67%) 대부분을 차지했던 1920~1930년대인 식민시대와 크게 차이가 없었다. 반면, 상류층의 인물은 1920년대의 상황과 같은 33%에 이를 정도로 이 시기에 다시 증가하였다. 이러한 현상은 과거 왕들의 이야기와 관련된 4편의 소설에서 발견된다. 그 소설들은 『진주(Mutiara)』, 『수라빠띠(Surapati)』, 『헌장(Tambera)』, 『부디만 왕자(Putera Budiman)』등이다.

여성이 주인공인 소설은 33%에 해당하는 5편만이 존재하지만, 대부분이 중요한 소설로 평가받지 못했다. 예컨대, 『사랑과 책임(Cinta dan Kewajiban)』, 『젊은이의 모반(Andang Taruna)』, 『진주(Mutiara)』, 『악당소굴의 처녀(Anak perawan di sarang penyamun)』 등의 소설들이다. 여성이 조연으로 등장하는 소설은 60%에 달하고 있으며, 식민시대 소설과 같이 여전히 사랑문제에 대한 호기심을 제공하는 역할을 담당하고 있다. 이러한 경향은 1940년대의 소설들이 대부분 식민시대에서부터 전래되어온 것이고 식민시대의 성격을 그대로 가지고 있었기 때문이다.

4. 독립 이후의 소설 인물 (1950년 ~1970년)

이 시기의 소설을 알아보기 위하여 1950년대에 33편, 1960년대에 43편, 그리고 1970년대에 36편의 소설 자료를 활용하였다. 이 시대의 소설 자료들을 보면 남성이 소설 주인공인 경우 1950년대에는 85%, 1960년대에는 82%로 인도네시아 소설 역사상 가장 많이 차지하고 있다. 1970년대에는 남자가 주인공인 소설이 70%로 다시 감소하고 있는데, 이는 이 기간(10년) 동안 여성작가들의 수가 상대적으로 증가했기 때문이다.

1950년대에 들어서는 조연의 성비가 남성 42%, 여성 56%로 비슷했으며 또한 조연이 없는 경우도 생겨났다. 이것으로 볼 때 소설의 주제가 사랑에서 점점 탈피하고 있음을 알 수 있다. 소설의 주제가 점점 사회문제에 집중되는 소설(57%)이 등장하였고, 이러한 경향이 인도네시아 역사소설에서 가장 두드러진 주제를 띠게 되었다. 1950년대와 1960년대의 소설에 선택된 남성 주인공들은 동시대의 중류층의 문제를 다루는 경향을 보여주었다. 이는 사회문제에 있어서 중류층의 문제가 가장 큰 관심사였음을 알 수 있다.

주인공들의 원래 사회계층은 50% 이상이 중류층이었으며, 주인공의 24~28%는 하류층이었다. 그래서 1950년대와 1960년대의 소설의 90%이상이 중류층이거나 하류층 출신의 남성 주인공이었다. 그래서 이 시기에 등장한 소설의 주인공들이 사회 · 정치적 문제를 비판하는 것은 놀라운 일이 아니다. 왜냐하면 이 시기의 작가들이 이전의 식민시대보다 교육 수준이 높아졌기 때문에 정치 · 사회의식의 수준도 더불어 향상되었기 때문이다. 1950년대와 1960년대의 불안정한 인도네시아 정치 · 사회적인 상황이 아직 완숙하지 못한 자유주의를 통해 갈등을 경험하고 있었고, 이런 갈등의 경험들이 정당과 공무원 사회에서 부정과 부패, 그리고 다양한 대립과 폭동을 일으키는 결과를 초래하였다.

1950년대의 소설 중 12편에서 남성주인공이 독립전쟁의 투사로 등장한다. 그래서 새로운 혁명기에 대한 많은 소설이 1950년대에 출판되었고, 그 기간은 독립투쟁(1945~1949년)이 발생한 이후 대략 5~10년의 기간이었다. 이 20년(1940년대와 1950년대) 기간은 인도네시아 소설사에서 "남성 인물의 시대"라고 부를 수 있다.

1960년대 소설에서 남성주인공이 지배적으로 등장한 이유는 남성작가들이 관심을 끌었던 사랑과 관능적인 묘사에 초점을 맞춘 대중소설들을 많이 출간하였기 때문이었다. 1960년대 작품들 중 3분의 1이 모띵고 부셰(Montingo Busye)와 다리모 아리오(Darimo Ario)가 쓴 대중소설이다.

1970년대에 들어서면서 소설의 여성주인공의 비율이 1950년대의 15%에서 30%까지 증가하였다. 그럼에도 불구하고, 남성주인공의 비율이 훨씬 많았다. 주인공의 사회적 계층도 대부분 중류층이었으나 1950년대와 1960년대의 9%에서 1970년대 22%로 신분 상승을 경험한 상류층이 뚜렷한 증가를 보였다. 이러한 원인은 여성작가들이 이 시기에 많이 등장했기 때문이다. 모든 여성 작가들이 작품을 많이 생산하였고, 그들의 많은 소설들이 출간되었다. 여성 작가들은 대부분 상류층이었던 것으로 추측된다. 상류층의 삶을 제대로 알고 있는 그들은 비행기를 타고 쉽게 해외를 들락날락하는 여행이야기를 쉽게 소재로 삼았다. 이것은 1970년대의 소설에서 해외를 배경으로 이야기가 많이 나오는 원인이 되었다.

하류층 출신의 소설 인물은 12%에 불과했는데, 이는 1940년대 전환기 이후 가장 낮은 수치였다.

이전의 중류층 주인공들의 교육수준은 적절한 수준이었으나 1970년대 소설에서는 교육수준이 상승하기 시작했다. 이런 현상은 소설의 인물 선택이 원래 중 · 상류 계층에 기반을 두고 있었음을 알 수 있다. 이 문제는 중 · 하류층의 남성을 소설의 인물로 선정한 1950년대와 1960년대 소설 상황과는 아주 대조적이었다.

1970년대 여성 소설의 인물은 1930년대와 1940년대에 각각 35%, 33%로 오히려 소설 편수의 비율이 감소했지만 그 원인은 아마도 다르다. 1940년대의 소설은 대부분 식민시대 「발레이 뿌스따까」의 편집자들에 의해 장악되었던 1930년대에 출판되지 못하고 있다가 뒤늦게 출판되었다. 그리고 1930년대와 1940년대에는 대부분 작가가 남성이었고, 여성작가는 2~3명에 불과했다.

1930년대와 1940년대에 여성이 주인공인 소설은 감성적인 경향을 띠고 있다. 슬픔, 고통, 인내, 사랑 등이 모든 등장인물들을 움직이게 만든 동기가 되었다. 1930년대 여성 계층의 사회참여와 사회운동을 조명한『펼쳐진 돛(Layar Terkembang)』 소설에서 발견되는 것과 같은 여성인물을 그 당시의 다른 소설에서 찾기는 매우 힘들다.

이에 반해 1970년대 여성작가들에 의해 쓰여진 작품에서 여성 주인공의 수가 더 많이 등장하고 있는데, 그 여성 주인공은 『펼쳐진 돛(Layar Terkembang)』의 뚜띠(Tuti)와 같이 사회운동을 하는 인물이다.

이것은 1970년대의 모든 여성작가들의 교육과 사회적 위치가 향상됨으로써 1930년대의 수딴 딱띠르 알리샤바나(Takdir Alisjahbana)처럼 여성작가들이 사회문제와 현상에 대해 더 많은 관심을 가진 것으로 이해될 수 있다.

5. 결론

1920년대에서 1970년대까지의 180편의 소설을 살펴보면, 소설 주인공의 4분의 3인 74% 중에 중류층 남성이 64%이고 하류층 남성이 23%이다. 나머지 작품들은 상류층 출신의 여성이 주인공이었다.

중・하류층의 남성이 주인공으로 선택되었다는 것은 인도네시아 사회의 중・하류층의 이데올로기 문제에 대해 87%에 달하는 남성 작가들이 관심을 가장 많이 가지고 있었다는 것을 알 수 있다. 이것은 심리적인 문제와 사회적인 문제들 사이에서 증감의 결과를 초래하였다. 특정한 시기에 사회문제에 현저한 관심을 보인 주인공이 나타나는 작품이 1920년대(53%)와 1950년대(57%)이다. 1920년대 작품의 주인공들은 하류층의 출신보다는 상류층이 더 많았다. 그 이유는 마스 마르코(Mas Marco)처럼 사회계층의 소설이 등장했기 때문이었다. 그러나 1950년대에 사회적인 문제가 중・하류층에 의해 더 많이 다루어졌다. 1950년대와 1960년대 소설들은 전반적으로 인도네시아 소설의 표준이 된다고 할 수 있는데, 즉 중・하류층의 남성 주인공을 다룬 소설이 그 시대의 사회적인 문제를 다루었기 때문이다.

제 2 장

인도네시아 소설의 내재적 요인

인도네시아 소설의 배경

1. 서론

일반적으로 문학에 대한 논의는 작품에 간직된 가치와 관련이 있다. 특정한 측면으로부터 관찰된 문학작품의 내·외재적 측면의 디적가치의 평가는 그 평가 기준이 객관적이고 타당하며 분명해야한다. 문학은 작품이 담고 있는 모든 가치들을 풀어내는 예술작품이고, 인간이 문학작품에서 그 가치를 발견하려고 노력할 때 진정한 평가를 받을 수 있다.

그러나 아래의 논의는 그와 같지 않다. 우리는 단지 소설의 요소에 관해 일반적이고 널리 알려진 방식으로 이야기의 배경에 관해 기술할 것이다. 1920년부터 1970년까지 인도네시아 소설의 역사에서 이야기의 배경에 관한 분석을 통해 인도네시아 문학의 사회 현상을 살펴볼 것이다. 이 조사를 통하여 인도네시아 소설에서 발견되는 일반적인 경향들을 볼 수 있기를 기대한다. 즉, 인도네시아 소설은 어디서든지 지속되고 또한 발전되고 있기 때문이다. 이 경우에 소설작품들이 대작(besar)이든 졸작(picisan)이든 차별을 두지 않는다.

이를 위해 1920년대부터 1970년대까지 출판된 약 180편의 소설을 관찰하였다. 이 소설들은 1920년대, 1930년대, 1940년대 소설들의 자료처럼 각각 10년 단위로 자료들을 분류하여 취합하였다. 위와 같은 방법으로 얻은 소설 배경 자료는 다분히 정치 · 사회적인 상황을 띤 시대와 일치시킬 필요성이 있다. 이와 같은 방법을 통하여 1920년대, 1930년대의 소설 배경에 대한 논의는 화란 식민시대에 출판된 소설들에 적용될 수 있다. 반면, 1940년대의 자료는 전환시대 소설로서 인도네시아의 일본 식민시대(1942~1945)와 인도네시아 혁명시대(1945~1950)를 포함한다. 반면, 1950년대 소설들은 인도네시아 자유민주주의가 진행되던 시대에 출판된 것이고, 1960년대는 교도 민주주의 시대에 출판된 소설들이며, 1970년대에는 신질서 시대에 출간된 소설들이다.

이런 소설 배경에 대한 논의들은 10년 단위의 연대기 순으로 발전과정을 살펴보고 또한 다른 연대의 자료와 비교하여 볼 수 있는 자료로 활용 될 수도 있다. 그 결과 전반적인 소설의 배경에 관한 결론을 도출할 수 있게 될 것이다.

2. 1920년대 소설의 배경

이 시기에는 동시대의 배경을 가진 15편의 소설이 관찰되는데, 즉 작가가 존재한 시대와 전후를 배경으로 한 이야기이다. 작가와의 동시대를 배경으로 한 소설이 총 8편 (53%) 이고, 이전 시대를 배경으로 한 소설은 7편이다. 이러한 시대적 배경은 1922년에 출판된 『시티 누르바야(Siti Nurbaya)』를 예로 들 수 있는데, 이 소설이 실제 집필된 시기는 1890년대이다. 이는 작가가 자신의 생존시기인 1920년대의 배경만을 쓰는 것이 아니라 시간적으로 접촉해 보지 않거나 살아보지 않은 이전의 배경을 쓰기도 한다. 비록 작가는 1889년 빠당(Padang)에서 출생했음에도 불구하고 소설의 시간적 배경에 대해 잘 알고 있고, 이야기 전개에 사용된 11년의 시간들을 잘 활용하고 있다.

역사소설의 의미에서 작가가 살고 있는 시대 이전의 시대를 배경으로 한 소설은 이 10년 기간에는 출판된 적이 없었다. 비록 실제 시간의 배경이 사실 인도네시아의 문학의 일반적인 특징을 띠고 있지만, 1920년대를 회상하는 시간적 배경은 그리 오래되지 않은 시대 배경을 사용한 47%의 1960년대 소설들과 비슷한 경향을 보여주고 있다. 1960년대에는 1945년에서 1950년 사이에 일어난 혁명투쟁에 관한 이야기의 소설들이 대거 출판되었기 때문이다.

이와 함께 1920년대에는 낭만적인 색채를 띤 소설들도 등장했다. 『끊이지 않는 불행(Tak Putus Dirundung Malang)』, 『고통과 비애(Azab dan Sengsara)』, 『자민과 조한(Si Jamin dan Si Johan)』 등과 같은 소설들은 감성적인 특징을 지녔다.

반면, 『히죠 학생(Student hijo)』, 『독립심(Rasa Merdeka)』, 『그릇된 교육(Salah Asuhan)』등과 같은 소설들은 작가의 시대와 관련성이 매우 짙은 사실적인 경향을 보인 소설들이다.

1920년대의 소설의 주요 무대인 사회적 배경은 인도네시아 소설의 일반적인 특징처럼 중류층이었다. 이 시기에는 하류층 사회를 배경으로 한 것과 비교했을 때 상류층 사회를 배경으로 한 경우가 더 많았다. 이 문제는 또한 주인공 선택에 있어서, 중류층에서 소설의 주인공이 선택되었으며 하위 계층은 중류층에 이어 두 번째이었다. 이러한 상류층 인물의 사회적 배경 선택은 제2차 세계대전 이전 소설들의 특징이라고 말할 수 있다. 독립 이후의 소설들은 상류층보다는 하류층 사회를 더 묘사하는 경향을 보여주고 있다. 전쟁 이전의 인도네시아 소설의 사회적 배경은 평균적으로 중 · 상류층이었던 반면, 독립 이후에는 중 · 하류층이 지배적이었다.

1920년대 소설 배경 즉 도시 및 시골의 범위는 어디까지였을까? 대부분의 소설들이 도시를 배경으로 다루었고, 대략 40%의 소설들만이 농촌을 배경으로 다루었다. 1920년대의 소설에 가장 많이 등장하는 배경의 도시와 시골지역은 서부 수마트라(7편), 자카르타(4편), 서부자바(2편), 그리고 아쩨 순이었다. 물론 한 소설의 배경으로서 한정된 도시나 농촌지역만을 다루는 것이 쉽지는 않다. 한 소설의 지역 배경으로 여러 지역을 대상으로 삼고 있다. 여기서는 오직 이야기의 사건들이 발생한 주요 장소의 배경을 말한 것이다.

1920년대의 배경 묘사는 대부분 이야기의 현 시점에 관한 이야기로서 서부 수마트라나 자카르타와 같은 주요 도시에서 발생한 사건을 다루고 있다. 자카르타는 인도네시아 소설의 이야기 배경으로 매우 오랜 역사를 가지고 있으며 그 빈도는 매 10년마다 다르다. 인도네시아 소설에서 자카르타를 배경으로 한 절정기는 1950년대와 1960년대였다. 이 시기에 자카르타는 인도네시아의 정치 · 사회 · 경제의 중심지로서 인도네시아 소설의 주요 배경이 되었고, 다른 도시들과 지역들은 배경에서 점차 사라지는 현상을 보여주었다.

1930년대의 시간적 배경으로 "현재"의 시점이 1920년대 52%에서 1930년대에는 68%로 증가하였고, 특히 역사소설에서 그 증가가 두드러졌다. 인도네시아의 문학사에서 역사소설은 1930년대와 1940년대에 가장 많이 출판되었으나, 독립 후에는 점차 퇴보되었다. 과거 시대에 대한 관심은 아마도 지난 시대의 민족의 번영을 돌아보며 민족주의와 통일을 그리워하는 지식인 계층의 영향을 받았을 것이다. 독립 이후 그 꿈이 현실로 나타났을 때 지식인 계층의 관심은 이전 시대의 낭만적인 생각보다는 현실적인 생각으로 변하였다. 사회적 배경은 상류층을 따르는 중류층이 지배적이었다. 하류층에 대한 관심은 여전히 적었다. 상류층의 배경에는 왕족들과 귀족들을 주로 다룬 역사 소설들이 등장하게 되었다.

대중소설은 대부분 대도시를 배경으로 쓰여졌지만, 1970년대에 시골을 배경으로 한 소설 역시 존재하였다.

자카르타는 서부 수마트라의 도시에 이어 두 번째 소설의 배경으로서 자리 잡았다. 이런 발리, 남부 수마트라, 북부 술라웨시, 중부 자바 등과 같은 지역적 배경의 유입으로 증가하기 시작했다. 1920년대와 1930년대의 도시와 시골을 배경으로 한 소설작품이 서부 수마트라에서 가장 많이 등장하였는데, 그 시기의 작가들은 대부분이 서부 수마트라 출신이었기 때문이었다. 예컨대, 1920년대 서부 수마트라 출신 작가의 비율이 60%이었으며, 1930년대에는 51%에 달했다.

그럼에도 불구하고, 이 서부 수마트라 출신 작가들은 모든 소설의 배경을 미낭까바우 지역으로만 국한시키지 않고 자카르타도 포함시켰다. 그들이 자카르타로 이주하여 그곳에서 생활하면서 자카르타를 소설의 배경으로 썼는지 아니면 서부 수마트라에서 거주하면서 자카르타를 배경으로 썼는지는 좀 더 연구할 필요성이 있다.

이처럼 식민시대 소설의 사회적 배경은 작가 자신이 살았던 시대를 배경으로 한 작품이 대부분을 차지하였고, 중 · 상류층의 도시 배경을 묘사하였다. 이들 대부분 소설은 서부 수마트라의 도시와 농촌들을 배경으로 삼았고, 그 다음으로 자카르타를 배경으로 삼았다.

3. 전환시대 소설의 배경(1940년대)

일본식민시기와 독립전쟁시기에는 1920년대와 비슷한 15편의 소설이 발견되었다. 대부분의 소설은 당대나 시기적으로 그리 오래되지 않은 시대의 문제를 주로 다루었다. 시대의 문제를 다룬 역사 소설의 출판이 증가했다. 이것은 1930년대 또는 그 이전 시대인 1920년대에는 식민정부의 방해로 소설을 출판할 수 있는 기회가 없었기 때문에 1940년대에 이르러 많은 소설들이 비로소 출판되었기 때문이다. 또한 이 시기에 『진주(Mutiara)』, 『헌장(Tambera)』, 『수라빠띠(Surapati)』, 『부디만 왕자(Putera Budiman)』와 같은 민족의 자부심을 나타낸 소설 또한 출판되었다.

비록 시골을 묘사한 소설이 존재하였지만 도시를 배경으로 한 소설이 지배적이었다. 사회계층은 여전히 중 · 상류층이 주류를 이루었으며, 특히 소설작품의 배경으로는 왕궁을 대상으로 하였다. 서부 수마트라의 배경이 점차 감소하는 추세였지만 자카르타는 소설 배경으로 가장 인기가 있었다. 1930년대부터 중부 자바가 배경으로 등장하기 시작하여 1940년대에 점차 증가했다. 서부 자바는 자카르타와 서부 수마트라처럼 1920년대부터 소설의 배경으로 등장하였고 1940년대에는 이미 그 위치를 어느 정도 확보하고 있었다. 다른 지역의 배경 또한 1930년대와 비슷하였다.

이전에 서부 수마트라 출신의 작가들이 가장 큰 비율을 차지했었기 때문에 1940년대 소설에서 서부 수마트라를 배경으로 한 소설이 점차 사라진 것은 놀랄만한 일이다. 계속해서 1940년대에 서부 자바와 자카르타가 소설의 배경으로 등장하면서 서부 수마트라출신 작가들조차 서부 자바와 자카르타를 그들의 이야기 배경으로 삼았다. 이 문제는 1920년대와 1930년대부터 이미 자바 출신 작가의 자료에서 보여주고 있지만 중부 자바는 1930년, 1940년대가 되어서야 소설의 배경으로 등장하기 시작했다. 자카르타는 1920년대부터 마치 인도네시아 여러 지역 출신 문학가들의 "파리(Paris)"가 된 것 같았다.

자카르타는 여러 지역 출신의 문학가들에게 "제2의 고향"이 되었다. 1940년대의 소설 배경을 총체적으로 요약하자면, 자카르타, 서부 자바, 중부 자바, 발리와 그 외의 도시들의 중 · 상류층을 사회 배경으로 한 이야기와 당대에서 얼마 지나지 않은 시대에 대한 이야기(비록 1949년 가 출판되었지만, 일본식민시대에 관한 이야기인 『무신론자(Atheis)』와 같은 역사소설(다른 시대와 비교하였을 때 가장 많음))이 있다.

4. 독립 이후 소설 배경(1950년대 ~1970년대)

독립 이후 1950년대의 소설 중 72%는 그 당대인 1950년대를 이야기하고 있다. 이 가운데 절반은 당대를 배경으로 하고 있는 반면, 그 나머지 절반은 당대로부터 얼마 지나지 않은 혁명 시대를 배경으로 하였다. 역사소설은 수가 매우 적은 편이었는데, 즉 식민시대에 압둘 무이스(Abdul Muis)가 쓴 『수라빠띠(Surapati)』 소설의 일부였던 『수라빠띠의 아들 로버트(Robert anak Surpati)』라는 소설 1편에 불과했다. 이렇듯 1950년대에는 인도네시아 소설이 역사에 대한 관심이 그리 크지 않았다. 그 시대의 문제가 우선적인 소설의 소재가 되었다. 소설의 경향도 1930년대의 로맨틱에서 멀어져 리얼리즘으로 기울었다.

사회 배경 역시 여전히 중류층에 대한 배경이 가장 높았지만 점차 상류사회에서 하류사회로 변화되고 있었다. 그래서 1950년대 소설의 사회배경은 중류층과 하류층으로 바뀌게 되었다.

거의 80%의 소설이 도시를 배경으로 삼고 있는데, 특히 자카르타를 배경으로 한 것이 대부분을 차지하고 있다. 예컨대, 33편의 소설 중에 15편이 자카르타를 배경으로 하고 있다. 중부 자바를 배경으로 삼은 소설이 두 번째를 차지하고 있었고, 서부 자바와 북부 수마트라가 그 뒤를 이었다. 만약 소설의 일반적인 주제를 본다면 57%가 사회 · 정치적인 성향을 띠었다.

1950년대 소설 배경의 뚜렷한 특징은 자카르타의 중 · 하류층이었고, 사회 · 정치적 문제가 혼합되어 있다는 점이다. 중부 자바의 배경이 서부 수마트라를 뚜렷이 대체하기 시작했다. 그 시기에 중부 자바 출신 작가의 수가 가장 많았다. 서부 수마트라 출신의 작가 숫자는 자바 다음으로 두 번째였다. 이것은 자바와 서부 수마트라 작가들이 그 당시의 하류층과 중류층에서 발생한 민족문제들의 배경으로 자카르타를 더 많이 이야기하고 있음을 보여주고 있는 것이다.

정치 구조로 교도 민주주의 시대였던 1960년대에는 동시대에 대한 소설의 관심이 가장 큰 비중을 차지하였고(53%), 그 이전 시대를 배경으로 삼은 소설도 등장했다(48%). 이것이 바로 『철조망(Pagar Kawat)』, 『가시(Berduri)』, 『무명(Tanpa Nama)』, 『애착의 땅(Tanah Kesayangan)』 등과 같이 혁명에 관한 이야기를 다룬 소설들이 출판된 이유였다. 그러나 역사소설은 여전히 적었다. 역사소설에 대한 관심은 1930년대와 같은 번영을 맞이 해 본적이 없었다.

이 시기에 배경으로 등장한 사회계층은 주로 중류층이(58%)이고 그 다음이 하류층 (31%)이었다.

1950년대처럼 도시를 배경으로 삼은 소설이 출판된 소설의 80%에 이르렀다. 그리고 수도인 자카르타는 여전히 인도네시아 소설의 이야기 배경으로서 가장 인기를 끌었다. 그리고 자카르타는 인도네시아 소설에 있어서 중부 자바에 있는 도시들에 이어서 급부상하기 시작하여, 1970년대의 10년 동안에는 최고조에 이르렀다. 즉 중부 자바는 소설의 지역적 배경으로 가장 많이 등장하였다.

1960년대 인도네시아 소설의 주요무대였던 자카르타는 소설의 주요 배경으로 요지부동이었다. 특히 대중소설들인 다르모 아리오(Darmo Ario)와 모띵고 부세(Monting Busye)의 대중 소설 작품들이 이를 뒷받침한다.

그 시기의 대중소설들은 호텔과 술집 바들의 중 · 상류층을 배경으로 한 "황금시대" 에 이르렀다. 그리고 자카르타는 그 시기에 대중소설의 배경으로서 인기 있는 소설이 되기 위한 관능적인 쾌락주의를 숭배하였고 또한 그 시대의 "도덕적 위기" 의 묘사를 가장 적절하게 표현할 수 있는 배경이 되었다.

그리고 1970년대에는 80%의 소설이 당대의 배경을 다루었고, 나머지는 오래 지나지 않은 시기를 다루었다. 역사소설은 거의 사라졌다.

일반적인 소설의 배경으로서 중류층과 하류층을 주로 다르었음에도 불구하고 상류층을 배경으로 한 작품도 증가되었다.

외국과 시골을 배경으로 한 작품도 증가하기 시작했다. 외국을 배경으로 한 소설작품들은 1960년대부터 등장하기 시작했다. 그리고 이야기를 전개하기 위해 선택된 지역은 서부 자바와 자카르타에 이어 중부 자바로 확대되었다. 이 문제는 자바출신의 작가들이 증가했음을 보여주는 명백한 단서였다. 1950년대 이후로 자바출신의 작가들이 지배적이고 1960년대와 1970년대에 최고조에 이르렀다. 더 두드러진 현상은 북부 수마트라 출신의 작가들이 자바(중부 자바와 동부 자바)작가들에 이어서 두 번째로 많은 수를 차지할 정도로 증가했음을 보여준다.

5. 결론

전체적으로 보면, 인도네시아 소설의 배경은 당대를 배경으로 다루고 있는 것이 66%, 당대로부터 얼마 지나지 않은 시대적 배경을 다루고 있는 것이 34%인 반면, 역사소설은 10편에 불과했다.

사회적 배경 가운데 59%가 중류층의 삶을 다루고 있으며, 23%가 하류층을 그리고 나머지가 상류층을 다루고 있다. 그리고 76%의 소설이 인도네시아 도시를 배경으로 하고 있는데, 특히 자카르타를 배경으로 한 것이 가장 많다. 예컨대, 자카르타를 배경으로 한 소설이 180편 중에 55편을 차지하고 있으며, 뒤를 이어 중부 자바를 배경으로 한 소설이 33편, 서부 수마트라를 배경으로 한 소설이 23편, 그리고 서부 자바를 배경으로 한 소설이 16편이었다.

위에서 언급한 것처럼 비록 작가들이 자카르타 출신은 아니지만, 대부분이 자카르타의 정치, 경제, 사회, 문화 등과 관련된 사회학적 측면에서 묘사하고 있음을 확실히 알 수 있다. 전체적으로 인도네시아 작가들의 출신 지역을 살펴보면, 위에서 언급된 180편의 소설과 일치하는데, 중부 자바와 동부 자바 출신이 57명(31.6%), 서부 수마트라 출신이 55명(30.5%), 그리고 뒤를 이어 북부 수마트라 출신이 19명(10.5%)과 서부 자바 출신이 13명(7,2%)이다. 언급된 작가들은 자카르타를 소설의 배경으로 삼고 있지만 "다른 큰 세 지역", 즉 동부 자바와 중부 자바를 배경으로 삼고 있는 것이 33편이고, 서부 수마트라를 배경으로 한 작품이 23편, 순다를 배경으로 한 작품이 16편, 그리고 바딱지역을 배경으로 한 작품이 11편이다. 이러한 소설에서의 인도네시아 사회 묘사는 사실 수도인 자카르타에 살고 있는 하류층과 중류층의 삶의 모습을 이야기하고 있고, 동부 자바, 중부 자바, 서부 수마트라, 서부 자바 그리고 북부 수마트라 도시를 배경으로 하고 있다.

제 2 장

인도네시아 소설의 내재적 요인

인도네시아 소설의 주제

1. 서론

소설 작품의 주요 요소 중 하나는 바로 주제이다. 즉, 주제는 줄거리를 통해 작가가 독자에게 전달하고자 하는 중심 생각이라고 말할 수 있다. 이 주제는 한 소설작품이 작가의 문화 표현 형태 중에 하나가 될 수 있게 해준다. 좋은 소설은 가치 없는 생각을 전달하지 않는다. 예술은 하나의 의미나 생각을 형성하는 감각적 묘사나 이미지 형태 속에 담긴 이상(생각)이라고 할 수 있다. 피상적이거나 왜곡된 생각과 이상으로만 채워진 소설은 다만 흥미 위주의 이야기 측면을 제외하곤 문화적인 측면에서 평가받기 어렵다. 이런 소설들은 새로운 이상에 대한 주제를 담고 있지 못해서 그저 가벼운 위안거리로 평가받기 십상이다. 그와 같은 소설들은 일반적으로 어떤 시대에 운 좋게 대중 독자들이 매우 선호하는 이야기 방식을 모방하거나 반복하는 경향을 띠게 된다.

독자가 작가의 중심 생각 혹은 주제를 찾아내기란 쉽지 않다. 한 소설의 내용이나 주제가 독자들에게는 서로 다른 의미로 받아들여질 가능성이 매우 크다. 이것은 소설에 대한 독자들의 수용이 매우 개방적이기 때문에 생기는 문제이다. 작가는 플롯을 통해서 생각을 구체화시키는데, 즉 활력과 증진을 포함하는 하나의 서사 이야기이다. 모든 독자로 하여금 이야기의 구조를 스스로 구성해서 특정한 의미를 얻을 수 있도록 안내하는 것이 바로 이야기 형태 속에서의 주제이다. 성공적인 예술작품은 하나의 "역동적인 형태", 또는 "살아 있는 형태"이다. 소설 속의 이야기 형태는 이야기 요소들 사이에 움직임과 활력을 간직하고 있다. 방금 언급된 요소들 사이의 활력은 특정한 관계 구조 속에서 독자에 의해 찾아낼 수 있다. 그래서 이야기 요소들은 스스로 새로운 형태로 거듭나게 된다. "새로운 형태" 이것이 바로 언급된 소설에 대한 특정한 의미를 탄생시키는 것이다. 이런 이유로 인해 성공한 소설은 항상 많은 의미를 만들어 낼 수 있다. 이상의 형태를 가진 의미는 활력적인 이야기 요소를 가진 소설 형태에 대해서 새로운 구조를 부여한 결과라고 할 수 있다. 작가가 전하고 싶은 이상이나 의미에 일치하고, 그 자체가 하나의 의미를 갖게 됨으로 해서 그 형태의 구조가 매우 견고한 소설은 그 이야기 요소들 사이에서 새로운 의미의 공간을 창출하기가 매우 어렵게 된다.

소설의 주제를 찾기 위한 제한은 소설의 주제에 대한 결론 도출에 객관성을 유지하기가 어렵다.

하나의 소설은 서로 다른 내용이나 상반된 내용으로 주제가 공식화 될 수도 있다. 그것을 위해 사람들은 어떤 사람이 갖고 있는 주제 의미 구조에 쉽게 동의하지 않거나 스스로 그 구조 속으로 들어가려 하지 않는다. 이러한 관점에서 볼 때 실제로 틀린 주제와 맞는 주제의 공식은 존재하지 않는다. 이 두 주제 모두 유효하다고 할 수 있는데, 이것은 사람들이 어떠한 측면에 동의하는지에 달려 있다. 만약 전문가가

한 소설의 의미구조에 대해 가치가 있다고 말한다면 그 소설의 이야기도 가치를 가질 것이 분명하다. 그 모든 것은 한 소설의 의미 구조를 만들기 위한 평가자의 예리한 관찰에 달려 있다. 그리고 소설구조의 "재창조" 역시 평가자의 견해, 의견, 태도에 의해서도 결정된다고 할 수 있다.

그 다음으로 인도네시아 소설 창작의 특징이 되는 질적인 주제들에 대하여 살펴볼 것이다. 소설의 이야기를 전개하기 위해 많은 인도네시아 작가들이 선호하는 소설의 주제들은 무엇일까? 특정 시기에 소설 창작의 일반적인 흐름이 되는 특정한 개념이나 주제를 분석하는 일은 막연하게 보인다. 하지만 작가가 특정한 정치, 사회 상황에서 특정한 문화 환경을 가지고, 특정한 교육을 받은 사회의 일원이기 때문에 그의 사고방식 역시 언급된 사회의 요소들에 의해 영향을 받을 것이다. 작가의 심리적인 요소도 그의 소설에서 특정한 주제를 선호하는 경향을 나타낼 것이다. 또한 성별, 나이, 종교, 민족, 출신 등의 요소도 소설을 통해 이상을 표현하는데 있어 소홀히 할 수 없는 것들이다.

이 연구에는 180여 편의 소설의 자료가 있다. 모든 소설들은 작가가 나타내려는 주제나 개념을 담고 있다. 이 자료의 사용이 주제의 공식화에 스스로 관여하게 되는 것이라고 볼 수 있는데, 그 이유는 한 작가가 홀로 소설의 주제를 정할 수 없는 일이기 때문이다. 이와 같이 자료에 대한 믿음과 소설 독자들의 믿음이 이 소설 자료들의 주제를 결정하게 되는 것이다.

이 자료에 대한 분석은 1920년대부터 1970년대까지 각 10년 단위로 이루어졌다. 각 10년 마다 소설의 표본은 인도네시아 문학사에서 소설작품으로 공식 인정된 소설들과 10센트(값싼 또는 싸구려) 소설로 범주화된 소설들 중에서 선택되었다. 그러나 문학 소설(10센트의 소설을 제외한 소설)의 표본이 여전히 지배적이다.

자료의 분석은 각 10년을 절대적인 분류 단위로서 실행되지 않았다. 또한 특정한 시대의 배경에 앞서 언급한 시대 구분을 각 10년 단위로 나누어 자료를 분류한바 있다. 예컨대, 1920년대와 1930년대의 각 10년은 내가 "화란 식민시대"라고 언급한 하나의 시대 단위로 이야기될 것이다. 1940년대는 인도네시아가 독립을 맞이한 "전환 시대"로서 인도네시아 사회의 기반이 된 커다란 정치 · 사회적 변화가 지속된 시기를 일컫는다.

이 시대에는 일본의 식민통치시대(1942~1945)와 독립혁명시대(1945~1949)를 포함하고 있다. 그 후 1950년대와 1960년대의 각 10년은 자유민주주의를 시대배경으로 논의 될 수 있다. 그리고 1970년대의 10년은 인도네시아의 신질서(Orde Baru)시대를 배경으로 설정될 수 있다.

이 특정한 정치 · 사회적 구조의 시대로서 10년간의 배경은 작가마다 특정시대의 사회 구성원이기 때문에 그 사회의 고정관념이 자신의 고정관념으로 반영될 수 있다는 점을 보여 준다. 사회적 창조물로서의 인간은 독립적인 개체이다. 그러나 그 독립이 절대적인 것은 아니다. 각 개인은 그 시대의 사회 환경에 의해 길러지거나 형성된다고 볼 수 있다. 작가의 생각과 행동 유형은 문화 환경에 의해서 매우 큰 영향을 받는다. 작가들은 때때로 그 당시 사회 환경에 의해 형성된 사고방식에 동의하지 않으며 그것을 변화시키기를 원한다. 그러나 어쨌든 작가의 저항의 출발점은 그 사회일 수밖에 없으며, 그것이 작품에 반영될 것이다. 저항을 가능케 하기 위해 작가는 사회가 어떻게 변화될 것인지에 대한 태도와 사고방식을 인식해야한다.

문제는 특정시대의 작가들이 갖고 있는 생각(이상)이 토론의 주제가 될 수 있느냐하는 문제이다. 한 시대는 특정한 정치 · 사회 구조를 가지고 있고 또한 특정한 사회형태를 만들어낸다. 이 소설의 조사 기간 동안 인도네시아 정치 · 사회구조의 변화가 매우 빠르고 다양하게 진행되었기 때문에 1920년부터 1970년까지의 시기는 정치 · 사회적 구조 또한 이전과는 매우 다른 모습을 띤 시대였다.

1920년부터 1977년까지 약 60년 동안은 사실상 정치 · 사회의 변화 시대였다. 그 60년 기간은 이전과는 매우 다르며, 대략 1900년에서 1942년까지 지속되던 화란 패권(Pax Neerlandica) 시대를 돌이켜 보더라도 알 수 있다. 그것은 사회 · 정치 구조가 상대적으로 더 오랫동안 지속되었던 식민 시대였다.

그 정치 · 사회의 변화들이 인도네시아 소설가들의 사고에 반영되었을까? 이를 위해서는 인도네시아 소설의 주제에 대한 더 심도 있는 연구가 필요하다. 이 문제 속에서 나는 개별적인 방식보다도 개괄적인 방식으로 주제를 다룰 것이고 이를 단순화시켜 보여줄 것이다. 그와 같은 단순화는 차후에 주제의 옳고 그름의 진위여부를 증명할 수 있는 가설들을 만드는 데 유용성을 제공하게 될 것이다.

이러한 종류의 연구는 주제에 대한 정확한 일반화 내지 공식화가 아닌 가설을 만들어 낼 것이다. 또한 이 연구가 긴 역사 속에서 인도네시아 소설의 주제에 관한 문제를 다루기 위한 최초의 시도가 될 것이다.

2. 소설 주제의 범주

소설의 핵심 주제를 결정하는 것이 논쟁을 유발시킬 수 있다는 것을 이미 설명하였다. 소설의 주제는 소설에 의해 제시된 목적과 구별되어야 한다. 대부분의 인도네시아 소설은 사랑에 대한 이야기라고 할 수 있지만 모든 소설들이 사랑을 주제로 하고 있다고 할 수는 없다. 『시띠 누루바야(Sitti Nurbaya)』는 삼술바리(Samsulbahri)와 주인공의 사랑에 관한 이야기이지만 실질적인 것인 부모에 대한 누루바야

(Nurbaya)의 희생적 가치이다. 누루바야(Nurbaya)는 사업실패의 결과 빚더미에 빠진 아버지를 구하기 위해 자신의 사랑을 포기했다. 그 밖에도 다뚝 마링기(Datuk Maringgih)라는 인물의 내면에 자리 잡고 있는 악함, 이기주의, 비열함 등의 인간의 성격 문제를 다루고 있다.

그와 마찬가지로 소설 『그릇된 교육(Salah Asuhan)』은 하나피(Hanafi)와 코리(Corrie)의 사랑 이야기를 다루고 있지만 실질적인 문제는 화란 식민시대의 사회계층과 문화적인 차이, 그리고 인종차별이었다. 소설 『아쩨를 방문하다(Jeumpa Aceh)』와 『고통과 비애(Azab dan Sengsara)』도 표면적으로 여인 사이의 열정적인 사랑을 이야기하고 있지만 사랑이 주제가 아니라 부와 귀족과의 결혼을 통한 신분 상승만을 생각하는 부모의 그릇된 결혼관이 결국 자녀의 사랑을 실패하게 만든다는 내용이다. 소설들에서 문제로 제시되는 것은 바로 부모의 유물론적 성향인 것이다.

다른 문학작품에서도 역시 중요한 예술의 문제인 주제(어떤 것이 중요한 주제인지)를 결정하는데 있어서는 차이가 있다. 사람은 낡은 신발 한 켤레를 그릴 수 있지만 중요한 것은 눈으로 보이는 신발이 아니라 신발에 관한 생각이다. 전에 한 켤레의 신발을 소유했던 화가만이 가난한 인류의 고통과 비애의 문제를 전달할 수 있는 것이다. 화가 아판디(Affandi)는 "죽은 돼지"를 그렸을 때, 그는 오직 그 돼지 문제를 이야기한 것이 아니라 인류에 대한 경고로서 삶의 무상함을 그림에 의미화 한 것이다.

이와 같이 예술가의 생각은 사회관찰을 통해 소설 주제의 자료를 선택하게 된다. 이 주제의 논의를 명료하게 하기 위해서는 주제의 범주가 반드시 필요하다. 소설의 주제 범주에 대한 것 역시 매우 어려운 문제이다. 주제의 범주에는 끝이 없다. 워렌(Warren)과 웰렉(Wellek)은 문학의 주제를 크게 5개의 주제로 나누었다. 즉, 운명, 종교, 자연, 인류, 그리고 사회이다. 반면, 파커(De Witt Parker)는 흥미 있는 주제와 흥미 없는 주제로 나누었다. 그 후 에드윈 머리(Edwin Muri)는 주제를 인간의 내적 주제와 인간의 외적 주제로 나누었다. 이 주제 분류의 기준은 소설 주제의 범주를 내적 주제와 사회 주제라는 관점에 기반을 두고 있다. 또한 에드윈 머리(Muir)는 자연과 인간, 사회와 인간, 인간과 다른 인간 사이의 문제를 포함하는 인간 자신의 외부 문제와 인간 자신의 내부 문제를 강조하고 있다.

내적 주제는 인간의 느낌, 생각, 소원 등의 내적 요소에 더 초점을 맞춘다. 이것에 심리적 문제, 신념의 동요, 사람의 운명 등등의 문제가 포함된다. 한편, 사회 주제는 사회, 정치, 관습, 종족 등 인류학적 문제 같은 인간 외적인 문제와 관련되어 있다. 예컨대, 『히죠 학생(Student Hidjo)』은 화란 소녀와 대학생 히죠(Hidjo)와의 사랑을 이야기하고 있지만 이 소설의 기본 논점은 실제로 부로주아와 식민사회의 부정직한 정신을 나타내고 있다. 그러므로 이러한 소설은 사회 주제의 범주에 속한다. 『펼쳐진 돛(Layar Terkembang)』 역시 뚜띠(Tuti)라는 인물의 내적 문제보다는 여성의 사회참여와 여성의 사회운동에 관련된 사회 문제에 더 가까운 경향을 보이고 있다.

내면적인 것을 주제로 다루는 소설이 좀 더 보편적이다. 왜냐하면 다양한 삶의 문제에 직면한 인간의 심리 상황을 묘사하는 것이 더 많이 시도되기 때문이다. 이 이야기의 배경은 아마도 사건의 배경일 것이다. 내적 주제는 보편적인 개인으로서의 인간의 삶에 대한 명상과 좀 더 힘을 가진 다른 사람에 대한 힘없는 인간의 저항, 그리고 사회계층 및 제도, 사람의 야심과 욕망에 대한 문제를 내포하고 있다. 행복한 삶을 추구하려는 인간의 이상과 희망에 관한 것도 내포되어 있으며, 또한 인간의 보편적 욕구, 충절, 존경, 영웅주의, 희생, 욕심, 나쁨, 과대망상 등도 역시 포함되어 있다.

사회 주제를 다루는 소설들은 사건의 전후 배경에 더 큰 가치를 둔다. 동 시대의 사회 문제는 소설의 주제가 되었다. 이것은 일반적으로 인류의 행복에 반한 가치를 지닌 사회 상황에 관한 반응들이다. 부정부패, 지도자의 정신, 사회집단의 특성, 후진성, 어리석음, 가난 등에 대한 주제들은 그 시대 상황과 관련된 것들이다. 이와 같이 소설들은 때와 장소에 상관없이 인류 집단의 근본 문제에 도달하고자 하거나 근본 문제들을 파헤치고자 할 때 보편적인 특성을 지닌다고 볼 수 있다.

특정한 주제를 추구하는 경향은 이 관찰을 통하여 밝혀질 것이다. 왜 특정한 기간(10년)에는 사회 성향을 주제로 하는 소설들이 좀 더 인기를 끌고 있는 것일까? 왜 다른 기간(10년)에는 이 같은 종류의 주제가 사라지는 것일까? 왜 내적 주제가 소설작가에게 많은 관심을 불러일으키는 것일까? 그리고 인도네시아에서 문학사회의 삶에 있어서 과연 이 증상들의 의미는 무엇일까?

3. 식민시대 소설의 주제

「발레이 뿌스따까」 소설이 처음 출판되었던 1920년대에는 「발레이 뿌스따까」 이외에도 마스 마르코 까르또디끄로모(Mas Marco Kartodikromo)가 지은 2편(히죠 학생(Student Hidjo), 독립심(Rasa Merdeka)을 포함하여 총 15편의 소설이 수집되었다. 이 중 9편의 소설이 사회 주제의 소설이고 6편이 내적 주제의 소설이다.

여기서 내적 주제의 범주에 속한 소설에는 아버지 사업의 실패와 좋은 명성(효)을 위해 희생한 누루바야(Nurbaya)에 대한 이야기인 『시띠 누루바야(Sitti Nurbaya)』, 사고와 자살로 죽을 때까지 고통을 겪어야 했던 두 자매들에게 불어 닥친 신의 재앙과 운명을 다룬 소설작품인 『끊이지 않는 불행(Tak Putus Dirudung Malang)』, 자신보다 더 많은 장점을 지닌 인간을 질투하는 내용의 소설인 『즐거움을 동반한 고통(Sengsara Membawa Nikmat)』, 책임지지 않는 부모의 행동의 결과로 빚어진 두 아이의 불행한 운명에 관한 소설인 『자민과 조한(Si Jamin dan Si Johan)』, 일반적으로 인도네시아 사회에서 존중되고 있는 도덕적 가치인 부모에 대한 효성을 다룬 『금을 동으로 간주하다(Emas Disangka Loyang)』, 유랑하며 삶의 경험과 의미를 찾아가는 이야기인 『젊은 청년(Muda Teruna)』 등 6편의 소설이 이에 속한다.

이 중 『시띠 누루바야(Sitti Nurbaya)』만이 높은 문학적 가치를 지닌 소설로 평가되고 있는 반면, 다른 내적 주제의 소설들은 문학적 가치가 다소 떨어지는 것으로 평가되고 있다.

높은 문학 수준에 이르지 못한 소설은 대다수 인간의 내적 삶의 주제인 인간의 질투, 악덕, 불운 등을 다루면서 인간의 내면과 심리에서 깊이의 취약성을 보여주고 있다. 이는 초등학교만을 마친 대다수 작가의 교육수준 때문이다. 그와 같은 주제의 선택은 식민정부의 출판사로부터 전혀 방해를 받지 않았다. 사실 「발레이 뿌스따까」는 학성들을 위한 윤리교육에 적극적이었다. 이는 대부분의 소설과는 다르게 주제를 사랑이야기로 삼고 있지 않은 두 소설인 『젊은 청년(Muda Taruna)』과 『자민과 조한 (Si Jamin dan Si Johan)』을 통해 알 수 있다. 『끊이지 않는 불행(Tak Pustaka Dirudung Malang)』 소설에서는 주인공인 젊은 아이들의 비도덕적인 사건을 다루고 있다.

사회 주제는 인도네시아 소설의 핵심을 이룬다. 공식적으로 인도네시아어로 쓰여진 최초의 소설 『고통과 비애(Azab dan Sengsara)』는 사회적 신분과 부를 중요시 여기는 부모의 태도로 사랑에 실패하는 마리아민(Mariamin)에 관한 이야기이다. 같은 주제의 소설인 『아쩨를 방문하다(Jeumpa Aceh)』도 있다. 이 소설들의 두 주인공은 여자이고, 둘 다 부에 대한 부모의 야심에 의해 사랑에 실패한다. 이는 아이들의 행복을 보장하는 것이 마치 부(재산)나 사회의 신분이 높은 귀족층의 배우자를 만나는 것이라고 생각하는 부모들의 그릇된 욕망에 대한 사회 비판적 성격을 띠고 있다.

보편적 가치를 지닌 사회에 대한 비평은 아쩨(Aceh)와 서부 수마트라(Sumatra Barat) 사회에서만 등장하는 것이 아니라 인도네시아 전 지역에서 예외 없이 등장하고 있다.

결혼의 행복이 배우자가 높은 사회적 지위와 명성을 지닌 사람이냐 또는 아니냐에 결정된다고 여겨졌다. 이와 같은 문제와 견해는 최근 인도네시아 소설에서 아직도 나타나고 있는 현상이다.

서부 자바와 서부 수마트라를 배경으로 한 아디네고로(Adinegoro)의 두 소설은 1920년대의 지역 관습에 대한 비평을 담고 있다. 이 두 소설 『젊은 혈기(Darah Muda)』와 『위대한 사랑(Asmara Jaya)』은 서로 다른 두 민족의 배우자와의 혼인문제를 다루고 있다. 즉 각 지역의 관습을 고려했을 때 동족과의 혼인만을 허용하는 관습은 다른 풍습을 지닌 종족과의 혼인에 방해가 된다는 점을 이야기 하고 있다. 『젊은 혈기(Darah Muda)』에서는 사랑의 실패로 소녀가 스스로 죽음을 선택하게 된다. 그리고 다른 소설에서는 이 문제가 제3자(화란)의 도움으로 극복된다. 이러한 문제를 다룬 가장 유명한 소설 『그릇된 교육(Salah Asuhan)』은 화란의 관습과 문화와의 차이뿐만 아니라 민족 간의 차별이 여전히 존재하고 있음을 이야기하고 있다. 이런 특수한 문제는 원주민 계층 위에 인도와 화란 계층이 위치한 식민사회구조의 결과로 등장했기 때문에 쉽게 해결될 수 없는 것이었다. 이 소설에서 남자 주인공 하나피(Hanafi)는 단지 "서구학문"을 습득했지만 서구인이 아니었다.

또 다른 관습에 관한 문제는 여성들의 약한 지위와 관련되어 있는데 조혼과 일부다처제, 도박 등에서 엿볼 수 있다. 이처럼 1920년대 서부 수마트라 소설의 30%는 가족의 삶과 사랑 가운데 새로운 사고(현대)를 가진 처녀가 부딪치게 되는 "악습"을 문제화한 것들이다. 그러나 다른 서부 수마트라 소설들은 오직 미낭까바우(Minangkabau) 관습만을 주제로 다루지 않고 또 다른 관습에 대해서도 이야기 하고 있다.

1920년대 소설의 주제로 등장한 것이 "관습 문제"로 일반적으로 일부다처제가 그에 속한다. 부모에게 강요되는 여성의 지위, 종족간의 결혼과 인종차별 등 이 모든 것은 현대적 사고를 지닌 젊은이들의 자발적이고 독립적인 사랑에 방해가 되었다.

「발레이 뿌스따까」가 아닌 외부에서 출판된 마스 마르코(Mas Marco)의 두 소설은 특히 식민사회에 대한 비판적 견해를 담은 것으로서 그 당시 사회적 불평등을 초래하는 식민시대 부로주아에 대한 내용을 주제로 삼았다. 이것은 「발레이 뿌스따까」의 작가들이 비평하는 것과는 주제와 내용면에서 매우 달랐다. 예컨대, 그는 새로운 시대의 특성과 관련된 옛 전통 관습의 문제를 비평하였다.

위에서 간략히 살펴본 바에 의하면, 1920년대 소설에서는 사회 주제가 내적 주제보다 문학에서 더 많이 사용되었을 뿐만 아니라 지배적이었음을 알 수 있다.

1930년대에 접어들면서 「발레이 뿌스따까」와 사립(Swasta)출판사에 의해 많은 소설들이 출간되면서 인도네시아 소설의 "황금기"가 형성되었다. 또한 다양한 종족 출신 작가들에 의해서 점점 다양하고 폭넓은 소설의 배경이 등장한 것 이외에도 1920년대와는 큰 차이를 보이지 않는 사회 주제의 소설이 발간되었다. 비록 전반전으로 외적인 사회 주제를 담은 소설은 33편 중에 8편에 불과하지만 내적(심리적) 주제를 다룬 소설들도 사회계층에 따른 차별 문제와 관련하여 6편의 소설이 있다. 그러므로 약 45%의 소설이 사랑 이야기의 플롯 속에 사회 성격의 문제를 비판하고 있다.

1930년대에는 서부 수마트라 출신의 작가의 수가 매우 지배적이었다. 즉 등록된 작가 51명 중에 20명이었다. 소설 배경 역시 서부 수마트라가 지배적이었고, 인도네시아 소설 배경 선택에 있어서도 가장 많이 사용되었다. 그래서 1930년대를 인도네시아 소설에 있어서 "서부 수마트라의 시대"라고 불리고 있다. 이 조사에서 총 33편의 소설 가운데 24편이 수마트라 출신 작가에 의해 쓰여진 것으로 밝혀졌고, 나머지 9편의 소설은 북부 술라웨시, 자바, 순다, 발리, 말루꾸 출신의 작가들에 의해 쓰여졌다. 물론 모든 수마트라 출신 작가들이 수마트라를 이야기 배경으로 삼은 것은 아니며, 동부 자바, 서부 자바, 자카르타 등도 이야기 배경으로 많이 사용되어졌다.

1920년대 『아쩨를 방문하다(Jeumpa Aceh)』와 『고통과 비애(Azab dan Sengsara)』 소설에서 보여주고 있는 것처럼 사회적 신분이 높거나 부자와 결혼하기 원하는 부모들의 방해로 인해 이루지 못한 순수한 사랑 이야기가 1930년대에도 가장 유행했던 주제였다. 적어도 「발레이 뿌스따까」에서 출판된 소설뿐만 아니라 "삐찌산 메단(Picisan Medan)"에서 발간된 총 33편의 소설 중에 7편이 이러한 사랑의 문제를 다루고 있다. 자신들의 딸을 부자와 결혼시키려는 부모들의 야심이 대부분 "강제결혼" 형태를 띠고 있다. 물론 부유층에서도 젊은 총각이 있었지만 그 수는 매우 적었다. 대부분의 소설에서 강제 결혼이 부유한 집안이나 부자 남편의 부도덕한 성격과 악한 행동 때문에 행복하지 못하고, 결국 불행한 결혼의 모습을 그리고 있다. 부잣집 남편이 좋은 사람으로 그려지는 소설은 매우 드물고, 그들 대부분이 다른 젊은 여자들과 쾌락에 빠지거나 노름에 빠져 생활하는 것이 대부분이다. 그러나 1930년대의 작품에서 부모에 의한 강제결혼 문제에서 소설 『장막의 보호 아래(Di Bawah Lindungan Kaabah)』를 제외하고는 낙관적 측면도 보여 주고 있는데, 그것은 결국 이혼한 미망인이 옛 애인에게로 되돌아간다는 점이다.

"강제결혼"을 주제로 다룬 소설들은 『불멸의 양초(Dian Yang Tak Kunjung Padam)』, 『유괴된 아이를 찾다(Mencari Pencuri Anak Perawan)』, 『운명적인 사랑(Kasih Tak Terlerai)』, 『장막의 보호 아래(Di Bawah Lindungan Kaabah)』, 『배우자와의 조우(Pertemuan Jodoh)』, 그리고 『그에게 내 소식을 전해주오(Sampaikan Salamku Kepadanya)』 등이 있다. 이 소설들의 제목들조차 부모의 사회적 위신과 물질주의에 직면하여 진정한 사랑의 힘이 무엇인지를 보여주고 있다. 그리고 순다지역의 『결혼반지(Cincin Stempel)』라는 소설도 있고, 이야기 배경이 서부 수마트라뿐만 아니라 리아우, 서부 자바, 빨렘방 등에 관한 것도 있다. 분명한 것은 이 "강제결혼"이라는 주제가 서부 수마트라 관습에만 국한된 것이 아니라는 점이다. 이것은 어느 한 지역이나 어느 한 시대에 국한된 것이 아니라 자녀의 배우자에 대한 부모의 생각이 일반화된 문제인 것이다.

소설 『달을 사모하는 난장이(Si Cebol Merindukan Bulan)』에선 부잣집 귀족 젊은이와 자신의 딸이 결혼하길 원하는 가난한 부모의 야심이 결국 그의 딸이 자신의 사랑에 실패하여 지병으로 고생하다 죽음에 이른 모습을 그리고 있다. 이것은 귀족과 부자들이 가지는 야심과 거의 똑같이 평범한 사람들도 자신의 신분 상승에 대한 소원과 신분 추락에 대한 두려움을 가지고 있음을 설명해주고 있다.

그와 같은 부모의 욕망을 비난하는 젊은 층의 견해가 몇몇 수마트라의 소설에서 강하게 제기되고 있다. 다른 지역을 배경으로 한 소설과 비교하는 것도 흥미롭다. 서부 자바를 배경으로 하는 2편의 소설은 수마트라 출신 작가에 의해 쓰여진 것과 비슷한 유물론자 부모의 야심에 대해 비판하는 내용을 담고 있다. 자바와 발리 출신 작가의 의해 쓰여진 소설들과 비교한다면 그 비난은 사실 부자를 겨냥하고 있음을 알 수 있다. 즉, 부가 결혼의 행복을 보장해 주는 것이 아니라는 것이다. 이 주제가 수마트라 출신 작가뿐만 아니라 그 외 지역의 작가들에게서도 널리 사용된 것은 이 주제에 대한 비평을 통해 이 사회 문제에 대한 정확한 해결책을 찾고자 함에 있었다.

소설 『수빠르디의 신앙(Iman Supardi)』에서 발리(Bali)의 루 른따리(Luh Lentari)의 소녀 낀따마니(Kintamani)는 많은 첩을 가진 솔로(Solo) 귀족의 부인이 되었지만 매우 불행하였다. 결국 그녀는 어렵게 생활하는 화가 수다르또(Sudarto)와의 진실한 사랑으로 되돌아간다. 소설 『인신매매업자 니 라윗(Ni Rawit Ceti Penjual Orang)』에서는 부자들이 어떻게 많은 돈을 탕진하며 방탕한 생활을 하고 있는 지를 묘사하고 있다. 또 아스마위낭운(Asmawinangun)에 의해 쓰여진 소설 『함정에 빠진 공작새(Merak Kena Jebak)』는 비록 첩이었을망정 부자 남편의 아내가 되었지만 행복하지 않음을 그리고 있다. 이 소설의 주인공 와르시아(Warsiah)는 결국 부자인 화란인 남편으로부터 벗어나고자 도망친다. 이것은 화란인들이 인도네시아인들을 성적 욕구를 위한 첩으로만 여기는 사회적 문제를 반영한 것이라고 볼 수 있다.

1930년대 수마트라 외부의 지역 소설들 또한 마치 수마트라 작가의 비평을 지지하는 것처럼 부는 결혼의 행복을 보장하지 못한다고 말하고 있다. 사실 부나 사회적 지위가 종종 있는 자들이 칭송받기 어려운 특성을 보이고 있다. 젊은 작가들은 가정을 독립적인 공간으로 설정하고 또한 자발적인 순수한 사랑을 높이 평가했다.

행복한 결혼에 대한 견해에 있어 젊은 세대와 늙은 세대 간의 충돌은 불가피한 현상이다. 늙은 세대들은 결혼이 금전적인 지원 없이 단지 사랑을 주고 받는 것만으로 충분치 않다고 생각하는 반면, 젊은 세대들은 결혼에 있어서 가장 중요한 것은 사랑이고, 돈은 그 다음이라는 견해가 우세하다. 이 문제는 1930년대 작가의 약 60%가 그들의 소설이 출판될 때 20~29살의 연령대를 차지하고 있었기에 가능할 수 있었다.

반면, 관습에 대해 비평을 담고 있던 소설은 소수에 불과했다. 소설 『루스말라 데위(Rusmala Dewi)』에서는 종족 간의 결혼을 반대했다. 그 이유는 친족 간의 근친결혼이 더 좋은 것이란 생각이 잘못되었다는 믿음 때문이었다. 이 소설에서 루스말라(Rusmala)를 사랑하는 자바 젊은이는 미낭(Minang) 집안과 비슷한 수준 또는 어찌 보면 더 잘 사는 집안의 사람이었다. 이 소설은 젊은 층의 의식을 담고 있는데, 비록 루스말라가 이혼녀였지만 그 둘은 진정한 사랑으로 가정을 새롭게 이룰 수 있게 된다는 것이다. 이것은 지금까지 거론되어왔던 문제들에 대해 "절충"을 통한 해결의 실마리를 찾고 있음을 알 수 있다. 예컨대, 젊은이들은 여전히 관습을 존중하지만 진정으로 사랑한다면 이혼녀와도 결혼할 수 있다는 점에서 이전의 관습에 대한 비판을 가하고 있다. 소설 『인연을 끊다(Memutuskan Pertalian)』는 미낭(Minang)사회에서 남편보다 부인이 더 큰 권한을 행사하는 것에 대한 비평을 가하고 있다.

1930년대 소설에서 내세우는 또 다른 사회 문제는 현대의 삶에 대한 젊은 층들의 의견 충돌이다. 여성 작가에 의해 쓰여진 『사라진 보석(Kehilangan Mestika)』은 가족과 사회의 사교 관계에서 현대 교육을 받은 소녀의 어려움을 문제화하였다. 이 현대 여성이 전통 교육을 받고 자란 여성들과의 교제에 있어서 따돌림을 당하는 사회문제를 묘사하고 있다.

소설 『펼쳐진 돛(Layar Terkembang)』은 여성의 본능을 상실하는 것에 대한 불안감을 느끼는 현대 여성의 모습을 명확하게 문제화하고 있다. 이 두 소설은 마치 1930년대 현대 교육을 받는 여성의 처지와 역할에 대해 묻고 있는 듯하다. 현대 교육이 이 사회의 여성들에 대한 심리적 또는 사회적으로 충돌을 빚고 있는 것이 맞습니까? 1920년대 『그릇된 교육(Salah Asuhan)』에서 잘못된 현대 교육의 결과를 문제 삼은 것인데, 이 문제는 1930년대 들어와서도 『배은망덕(Tidak Membalas Guna)』에서 다시 거론되고 있다. 이 소설에서는 자카르타로 학업의 의무를 가지고 떠난 남편의 일탈된 모습을 그리고 있다. 예컨대, 서부 수마트라 젊은이들이 고향과 부인을 떠나 대도시에서 공부하는 동안에 같이 공부하던 여성들과 결혼을 한다는 이야기이다.

1930년대 소설에는 사회적인 주제를 다루지 않은 것들도 있다. 결혼에서 매독의 위험성을 경고하는 『지옥의 세계(Neraka Dunia)』는 교훈적인 성격을 지녔다. 남성들이 미혼일 때 창녀들과의 관계에 대하여 주의를 주는 교육적 가치의 내용이다. 소설 작가인 누루 수딴 이스깐다르(Nur Sutan Iskandar)의 『소가 되고자 하는 개구리(Katak Hendak Menjadi Lembu)』는 무슨 일이든 사실로 받아들일 수 있도록 식민시대 공무원 집단에 대한 교육을 강조하고 있다. 고위 공무원의 지위를 얻고자 하는 인간의 그릇된 생각에 대해서 "야심을 너무 내세우지 마라"라고 훈계하며 이러한 잘못된 생각은 빈곤과 파멸로 이끌 것이라고 경고하고 있다.

부에 대한 야망 속에서 며느리와 아들을 휘어잡고 사는 시부모에 대한 경고의 내용이 담긴 소설 『시부모 때문에(Karena Mertua)』는 결국 시부모의 그릇된 야심이 자신의 아이의 가정을 파괴하는 치명적인 결과를 초래할 수도 있음을 이야기하고 있다.

『어머니의 사랑(Kasih Ibu)』은 자녀의 행복과 번영을 위해 희생당하는 한 어머니의 투쟁에 대한 가치를 보여주고 있다.

제목에 숨겨진 의미처럼 『행운이 없다면(Kalau Tak Untung)』은 비록 두 연인인 라스마니(Rasmani)와 나스룰(Nasrul)이 행운을 위해 운명을 극복하려고 노력하지만 인간의 불행한 운명은 언제든지 일어날 수 있음을 보여주고 있다.

성공한 심리 소설인 환 더 위찍(v. der Wijck)의 『침몰한 배(Tenggelamnya Kapal)』에는 자존심과 진정한 사랑 사이의 갈등을 주제로 삼고 있다. 자존심을 지키려는 완고한 인간의 욕망은 사랑하는 여자뿐만 아니라 자신도 파괴시킬 수 있음을 그리고 있다.

다른 소설들은 역사와 탐정의 성격을 지니고 있었다. 그러나 나는 역사 소설이 상관에게 복종하고 충성하는 가치를 담고 있는 탐정 소설의 범주를 포함하고 있다고 생각한다.

화란 식민시대의 소설들은 사회 비평의 주제가 매우 지배적이었다. 식민 정부가 설립한 출판사 「발레이 뿌스따까」로부터 나온 책에서 최고의 사회 비판은 늙은 세대를 겨냥한 것이었다. 즉, 그들이 가족의 위신을 높이고 자식의 물질적 풍요를 보장할 수 있는 사람과의 결혼을 위해 그들의 아이들을 강요하고 관리하는 것에 대한 비판이었다. 또 부자와 상류층의 사람들은 자식들이 더 높은 사회 계층의 배우자와 결혼하기를 원했다. 모든 작가들의 비평은 일반적으로 더 늙고 나쁜 성격을 지닌 부자와의 강제결혼으로 인한 그들의 딸들이 고통과 불행 속에서 삶을 살아가는 모습을 그리고 있다. 결국 늙은 세대들이 갈망하던 결혼은 실패하고 자식이 떠나거나 혹은 이혼하고 진실한 애인 곁으로 다시 돌아간다는 결말을 제시하는 경우도 있었다. 좀 더 비관적인 작가들은 빗나간 사랑의 고통 속에서 여인들이 죽음을 맞게 되는 경우를 그리고 있다.

수마트라 출신 작가들은 부모의 유물론적 전통방식과 태도를 비평하기를 즐긴 반면, 수마트라 이외의 다른 지역 출신작가들은 여인들의 사랑을 사기위해 부를 이용하는 태도를 비평하는 것을 좋아하였다.

1920년대에서 1930년대에 성장한 현대사회의 삶 속에 중요한 물질적 가치로 자리 잡은 부와 신분의 문제는 모든 인도네시아 지식인 작가들의 표현에 반영되었다. 「발레이 뿌스따까」 소설 뿐만 아니라 「메단 싸구려(Picisan Medan)」 소설들도 이 같은 주제는 크게 다르지 않았다. 단지 자바의 사립 출판기관에서 발간된 마스 마르코(Mas Marco)의 작품에 대한 매우 예리한 사회비평이 등장하였다. 그는 출세만을 바라는 늙은 세대와 부르주아 세대의 태도에 대해선 더 이상 문제 삼지 않았다. 그러나 물질주의와 자본주의의 성격을 띤 식민체제에 대해서는 문제를 삼았다. 하지만 그 당시에 이러한 책들은 출판되지 못하고 식민기관에 의해 "불법 문학"으로 분류된 것은 놀랄만한 것이 아니었다.

이외에 탐정 소설이 있었고, 학생들의 교육 교재로 사용할 목적을 띤 경향 소설도 있었는데, 이런 소설들은 어느 계층에서도 자유롭게 출판이 이루어졌다.

4. 전환시대 소설의 주제

일본군이 인도네시아에서 화란의 지배권을 넘겨 받았던 1942년부터 1949년 11월까지 인도네시아는 급격한 사회 · 정치적 변화를 경험하였다. 1942년부터 1945년까지는 일본의 점령시기였고, 1945년부터 1949년까지는 화란에 저항한 독립전쟁시기(혁명기)였다. 그 두 시기에는 문학작품의 출간이 「발레이 뿌스따까」라는 국영출판기관에 의해 이루어졌고, 사립 출판은 메단(Medan)지역과 서부 수마트라지역에서 주로 이루어졌다. 독립전쟁의 혼란으로 점철되었던 이 시기에 출판된 대부분의 문학작품들은 실제로 식민시대에 출판하지 못한 원고들이었다. 그렇기 때문에 우리는 1940년대에 출판된 작품의 주제들이 1930년대와 비교하여 크게 차이가 나지 않는다는 것을 알 수 있다. 『부디만 왕자(Putera Budiman)』, 『수라빠띠(Surapati)』, 『진주

(Mutiara)』, 『선언(Tambera)』, 『끄루응 삼뽀닛에서(Di Pinggir Krueng Sampoynit)』 등과 같은 역사 소설들이 메단(Medan)의 사립출판업자에 의해 출판되었다. 이들을 제외한 나머지는 관습과 풍습의 문제에 관한 소설들이다. 예컨대, 『사랑과 의무(Cinta dan Kewajiban)』, 『발리를 유람하다(Merantau ke Bali)』, 『젊은이의 모반(Andang Teruna)』, 『아름다운 섬(Nusa Penida)』 등이다. 심리적인 문제를 매우 진솔하게 다룬 소설로는 1930년대에 출판이 거부 되었던 『족쇄(Belenggu)』, 『무신론자(Atheis)』, 그리고 『할아버지(Aki)』 등이 있다. 또한 일본의 침략을 정당화하기 위해 선전했던 2편의 소설이 있는데 즉, 『조국 사랑(Cinta Tanah Air)』과 『작물(Palawija)』 등이다.

1940년대에는 인도네시아의 시대상황을 반영한 소설이 다소 쇠퇴하였다는 것을 알 수 있다. 1940년대에 출판된 순수소설들은 『무신론자(Atheis)』와 『할아버지(Aki)』, 그리고 『조국 사랑(Cinta Tanah Air)』과 『작물(Palawija)』이 있는데, 이것은 15편의 소설 가운데 불과 4편이었다. 이 소설들은 「발레이 뿌스따까」의 출판 조건 때문에 1930년대에 출판되지 못하고 있다가 1940년대 인도네시아가 독립을 맞이하게 되면서 출판이 이루어진 것이다. 따라서 1930년대에 쓰여진 원고들이 1940년대에 와서 세상에 빛을 보게 된 것이었다. 이 원고들의 출판 연기는 그와 같은 작품들의 출판을 허가하지 않은 식민시대의 사회 · 정치 상황 때문이었다. 즉 사회에서 저항을 불러일으킨 『족쇄(Belenggu)』, 민족감정을 불러일으킨 『무신론자(Atheis)』, 그리고 『할아버지(Aki)』가 있다. 『할아버지(Aki)』는 내적 주제의 성격을 띠고 있는 반면, 『무신론자(Atheis)』는 그 시대의 인도네시아인의 이념적 갈등 상황을 반영하고 있다. 위에서 언급했듯이 1940년대 사회에 2편의 일본 선전소설이 출간되었고, 이 출판된 2편의 소설은 독립 이후시대에도 인도네시아인을 대표하고 있다.

첫 번째는 식민시대에 "남겨진 출판물(1930년대에 출판을 하지 못하고 1940년대에 출판한 소설)" 형태를 띠고 있는 소설의 주제에 관해 논의될 것이다. 1930년대 「발레이 뿌스따까」 유형의 소설은 『사랑과 의무(Cinta dan Kewajiban)』, 『발리를 유람하다(Merantau ke Bali)』, 『젊은이의 모반(Andang Taruna)』, 『아름다운 섬(Nusa Penida)』, 『부디만 왕자(Putera Budiman)』,『수라빠띠(Surapati)』, 『진주(Mutiara)』 등이다.

함까(Hamka)의 소설작품인 『발리를 유람하다(Merantau ke Dali)』는 미낭까바우의 전통관습을 현대성과 비교하여 문제시하고 있는데, 그 문제에는 타 종족간의 결혼 문제가 포함되어 있다. 서로 다른 종족간의 결혼, 즉 미낭까바우(Minangkabau)의 남자와 자바의 여자가 결혼하여 처음에는 순조로운 결혼생활이 진행되는 것 같았으나 후에는 파경으로 치닫게 된다는 이야기이다. 이는 타 종족과의 결혼 관습이 얼마나 복잡하고 또한 상이한지를 알 수 있게 된다.

한편, 엘. 와이라따(L. Wairata)의 소설작품인 『사랑과 의무(Cinta dan Kewajiban)』는 부모에 대한 자식의 헌신을 다룬 주제로 독재(diktaktis)의 성격을 가지고 있다. 주인공 안니에(Annie)는 술주정뱅이인 아버지를 보살피고 바른길로 인도하기 위하여 이미 돌아가신 그의 어머니 위치를 대신한다. 가족의 명예를 지키려는 한 소녀의 숭고한 마음이 이 소설의 핵심 주제이다. 말루꾸(Maluku)의 문제는 수마트라와 자바지역의 문제와는 조금 다르다. 이 소설에서 물질과 관습이 중요한 주제를 차지하는 것이 아니라 반드시 지켜야 할 가족의 명예가 그 주제 문제의 중심인 것이다.

수또모 자우하르 아리핀(Soetomo Djauhar Arifin)의 소설작품인 『젊은이의 모반(Andang Taruna)』 역시 내적 심리를 주제로 다루고 있다. 중심주제는 매우 사랑하는 남자 구나디(Goenadi)를 향한 자바소녀인

하르띠니(Hartini)의 변치 않는 사랑과 충절이다 구나디의 사랑이 계속 실패한 후, 마침내 하르띠니는 오랜 기다림 끝에 구나디를 남편으로 맞이하게 된다. 여기에서는 자바의 지식인 사회에 대한 사회 비평이 등장하지 않는다.

한편, 이미 1930년대에 출판된 아르민 빠네(Armijn Pane)의 『족쇄(Belenggu)』는 주제에 대한 뜨거운 논쟁을 불러 일으켰다. 이 소설은 기술적인 이야기 전개 방식뿐만 아니라 내용면에서도 매우 우수한 평가를 받았다. 만약 이 소설을 하나의 주제로 묶는다면 현대(화란식민) 여성의 사회적 지위와 역할에 관한 것으로써 결국 사회 주제로 묶을 수밖에 없다. 이 주제는 수딴 딱띠르 알리샤바나(Sutan Takdir Alisyahbana)의 『펼쳐진 돛(Layar Terkemabang)』과 하나의 주제로 묶을 수 있다. 비록 전통 관습에서 벗어나 자유로운 연애나 사랑에 따른 등장인물의 심리적인 문제가 이 소설들에서 매우 지배적이라고 할지라도 근본적인 문제는 서구 교육을 받은 현대 여성의 사회참여와 역할이라고 볼 수 있다.

『악당소굴의 처녀(Anak Perawan di Sarang Penyamun)』는 사실 1920년대의 작품이다. 이 소설은 「발레이 뿌스따까」에서 출판되었으며, 주제는 바로 낭만적이고 이상적인 성격을 갖고 있는 인간의 순수한 내면 세계를 묘사한 것이다.

나머지는 화란의 식민지배에 저항했던 인도네시아 원주민들의 이야기인 역사 소설이다. 이러한 주제는 식민시대에는 거의 출판되지 못했다. 문학적 가치와 식민지배의 부당성과 애국심을 고취시킨 소설로는 압둘 무이스의 『수라빠띠(Surapati)』를 꼽을 수 있다.

「발레이 뿌스따까」이외에 다른 사회주제는 안자르 아스마라(Andjar Asmara)의 『아름다운 섬(Nusa Penida)』에서 찾아볼 수 있다. 카스트 제도가 남아있는 발리에서 계급에 따라 사랑과 결혼이 차별되는 것에 대해 그 사회 밖의 관점에서 바라 본 것이다. 일반적으로 발리의 힌두 사회에 대해서는 발리지역 출신 작가들이 소설을 썼고, 미낭까바우 사회와 문화에 대해서는 미낭까바우 지역 출신 작가들이 소설을 썼다. 그러나 이 소설은 현대 문화를 바탕으로 타 지역 출신 작가의 시선과 관점에서 쓰여졌다. 그 당시에 이 소설은 크게 부각되지 않았지만, 1990년대에 영화의 시나리오로 구성되자, 비단 내용뿐만 아니라 주제에서도 발리사회로부터 부정적인 의견이 제기되었다. 우뚜이 따땅 손따니(Utuy Tatang Sontani)의 소설작품인 『헌장(Tambera)』은 순다어로 쓰여졌으며, 민족주의가 충돌하는 내용을 담고 있는 역사 이야기이다.

이 시기에서 벗어나 늦게 출판된 "남은 소설들"에 대한 논의는 일본 점령기에 편찬된 두 선전소설인 누루 수딴(Nur Sutan)의 『조국 사랑(Cinta Tanah Air)』과 까림 할림(Karim Halim)의 『작물(Palawija)』이 있다. 이 소설들은 조국의 이해관계를 위하여 몸과 마음을 헌신하고 인도네시아 민족과 인종 간의 조화를 이룰 수 있기를 갈망하고 있다. 비록 명시적으로 일본 정부를 위한 선전은 아니라고 할지라도, 암시적으로 독자들은 그 모든 것이 연합군의 공격으로부터 일본군사정부와 조국 수호를 위해 전쟁에 동참해 줄 것을 권유하는 내용이라는 것을 알 것이다.

이 소설의 목적은 당연히 선전에 있었기 때문에, 그 시대 이후의 독자들은 단지 일상적인 사랑 이야기와 같은 피상적인 것에 대해서만 이해할 뿐 선전이라는 본래의 목적을 확실하게 알지 못했다. 그 시대의 사회상황을 가장 잘 반영한 소설은 아흐디앗 까르따미하르자(Achdiat Kartamihardja)의 소설작품인 『무신론자(Atheis)』였다. 이 소설의 배경은 역시 일본 식민시대이었지만, 실질적인 배경 묘사는 1940년대에 발생한 정신, 사회, 정치, 종교 가치들의 변화에 대한 정신적인 충격의 모습을 띠고 있다.

이 소설에서 "전통적인" 정신세계를 대표하는 인물인 하산(Hasan)은 사회주의 특성을 지닌 새로운 이념들로부터 공격을 받는다. 그 결과 하산(Hasan)은 전통적 사고가 무너지게 되었다. 하산(Hasan)은 지혜롭게 처신하지만 종교적인 측면에서 보면 "배교자"나 다름없었다. 결국 그는 자신의 태도 변화를 후회하게 된다.

이 소설은 현대의 다양한 사상(이데올로기)에 따른 첨예한 이해관계에 직면하게 되고, 또한 새로운 국제환경과 사회양상의 변화에 따른 이해관계의 충격을 경험하게 되는 1940년대 인도네시아인들의 갈등상황을 가장 심도 있게 표현하고 있다.

식민시대에는 지식인 계층에 대한 많은 감시와 조사를 받았다. 그러나 일본 식민시대부터 지식에 대한 감시는 더 이상 존재하지 않았다. 그래서 이 기간에 서구의 현대 사상들이 자유롭게 인도네시아인들에 의해 받아들여졌다.

1940년대 출간된 다른 소설들에 대해 언급 하자면 「인도네시아」 잡지문학을 통해 출간된 이드루스(Idrus)의 『여성과 민족(Perempuan dan Kebangsaan)』이 있다. 문뚜(H.S.D Moentoe)의 『겸손한 마음(Karena Kerendahan Budi)』, 수딴 이스깐다르(Sutan Iskandar)의 『발리의 춤사위(Jangir Bali)』, 바긴도 살레(Bagindo Saleh)의 『그리움을 참는 풍습(Adat Muda Menanggung Rindu)』 등과 같이 1940년대 「발레이 뿌스따까」에서 출판이 거부되거나 "남은(sisa - 발레이 뿌스따까에서 출판이 거부되어 출판되지 못한 소설)" 소설들이 존재하고 있었다.

5. 독립 이후 소설의 주제

독립 이후인 1950~1952년의 소설에서 뚜렷하게 등장했던 주제들은 바로 개혁이었다. 이 시기에 출판된 소설들을 살펴보면, 교훈을 주제로 한 소설은 36편이었고, 개혁을 주제로 한 소설은 11편이었음을 알 수 있다. 이런 주제의 소설들의 대다수가 1950년에 출판되었다. 예컨대, 『내일은 없다(Tak Ada Esok)』, 『하실린다 의사(Dokter Haslinda)』, 『항복한 그녀(Dia yang Menyerah)』, 『게릴야 가족(Keluarga Gerilya)』, 『점령된 욕야(Yogya Diduduki)』, 『몰락과 마음(Kejatuhan dan Hati)』 등이 있다. 그리고 나머지는 1952년에 출간된 『끝없는 길 (Jalan Tak Ada Ujung』과 함께 1951년에 출판된 『버까시 강가에서(Di Tepi Kali Bekasi)』와 『무능해진 그들(Mereka yang Dilumpuhkan)』도 있다. 혁명이 끝나자 마자 새로운 혁명에 대한 논의가 진행되었다. 그리고 뿌라무디아 아난따 뚜르(Pramudya Ananta Toer)에 의해 쓰여진 소설 가운데 무려 5편이 혁명에 관한 것이다. 물론 『사냥(Perburuan)』과 함께 『몰락과 마음(Kejatuhan dan Hati)』처럼 모든 소설이 혁명에 대한 이야기로만 가득 찼던 것은 아니다.

그 후에 새롭게 중편과 장편 소설들이 출간되었다. 이들은 1950년대의 인도네시아 사회와 사람들에 대해 이야기하고 있는 작품들이다. 예컨대, 『야시장이 아니다(Bukan Pasar Malam)』, 『자야위자야(Jayawijaya)』, 『부패(Korupsi)』, 『금니의 소녀 미다(Midah Si Manis Bergigi Emas)』, 『방치된 무덤(Kubur Tak Bertanda)』, 『황폐한 대지(Tanah Gersang)』, 『남부 반뗀의 한 사건(Sekali Peristiwa di Banten Selatan)』, 『신혼여행(Perjalanan Penganten)』, 『상처로 인해 성숙해지다(Mekar Karena Memar)』 등이 있다. 이 소설들은 사회 주제와 내적 주제로 분류된다.

1950년대는 메단(Medan) 소설들의 번영기였는데, 이는 1930년대 말부터 이어져 온 것이었다. 이 조사에서 7편의 소설작품이 발견되었다. 그 소설작품들을 살펴보면, 담후리(A. Damhuri)의 『피의 연못(Telaga Darah)』과 『신비의 주술사(Dukun Mistik)』, 수뽀모(Supcmo)의 『사모드라에서의 좌초(Karam Di Tengah Samodera)』, 머라유 숙마(Merayu Sukma)의 『메카의 애인을 기다리다(Menanti Kekasih Dari Mekah)』, 아바스 하산(Abas Hassan)의 『끝나지 않은 사랑(Kasih Tak Putus)』 등이 있다.

이외에도 「발레이 뿌스따까」를 통해 뒤늦게 출간된 소설들 중에는, 마라 루슬리(Marah Rusli)의 『라 하미(La Hami)』와 마하라죠(Habib St. Maharadjo)의 『운명(Nasib)』 등이 있다. 또한 가뿌라(Gapura)사립 출판사에서 시리즈로 나온 두 소설인 『뿌자니(Pujani)』와 『벙아완 솔로(Bengawan Solo)』가 있다.

위에서 언급한 것처럼 1950년대 소설에서 논의된 중요한 문제는 혁명 자체의 문제뿐만 아니라 그 시대의 사회와 인간에 관한 문제들이 주를 이루었다. 1950년대 소설은 사회의 중 · 하위 계층의 남성이 중심을 이루었고, 이야기의 배경으로는 자카르타가 중심이 되었다. 이것은 아직 상류층으로까지 확산되지 않았던 1950년대의 사회와 혁명의 주제의 해석과 연관 지을 수 있다. 식민시대에 자카르타는 모든 민족주의자들이 독립의 꿈을 실현할 수 있는 중심지였으며 또한 혁명시대에 자카르타는 모든 혁명투사들이 혁명의 꿈을 성취할 수 있는 중심지였다.

"혁명 이야기"로 분류될 수 있는 소설들은 독립시기의 이야기로만 국한된 것이 아니라 일제 식민시대부터 이미 시작되었고 볼 수 있는 경우도 있다. 그렇지만, 그 혁명 이야기에서는 하나의 정세와 정신이 발견된다. 그것은 식민지배에 대한 저항 수단으로 무장투쟁을 벌였던 것이다. 1950년에서 1952년 사이에 새로이 출간된 소설들에 관한 한 가지 명백한 사실은 그 이전인 1940년대 말 무렵에 이미 집필이 이루어졌다는 것이다.

1950년대 소설에서 혁명 이야기들의 대부분은 사회 · 정치적 현상으로써 혁명 자체를 문제시하지 않았다. 혁명은 필연적이고 갈망되었던 역사적인 문제로 받아들였다. 소설에서 다룬 문제는 대부분 인도네시아인들에 대한 혁명의 영향력이었다. 그래서 혁명의 주제들은 인간의 내면, 박애, 정신 등의 주제들로 고정되었다. 쁘라무디아 아난따 뚜르의 소설들에서는 영웅들의 희생과 관련된 가치를 높게 평가하고 있다. 소설 『사냥(Perburuan)』은 일본 식민시대에 발생한 전쟁 상황을 묘사하고 있다. 즉 일본에 저항하는 주인공 하르도(Hardo)와 그의 가족들을 그리고 있다. 저항의 결과 하르도의 가족들은 파괴되었다. 촌장으로서 존경과 안락한 삶이 사라지고 존경받지 못하는 가난한 삶으로 가족이 멸망하는 모습으로 표현되고 있다.

혁명시대를 배경으로 한 『게릴야 가족(Keluarga Gerilya)』은 투쟁의 결과로 파괴된 사아만(Saaman) 게릴라 가족의 이야기를 묘사하고 있다. 그럼에도 불구하고, 이 소설 주제의 가치는 꽤 내면적이고 철학적으로 평가되고 있다. 그 이유는 그가 믿었던 아버지가 배반을 하고, 사아만 스스로 국민과 나라를 지키는데 너무 미약하고 멀게만 느껴졌기 때문이다. 가슴속에서 활활 타오르던 혁명정신이 이제는 몸 하나 움직일 수 없는 처지에 놓였기 때문에 그는 결국 화란의 사수집단에 의하여 처형 되는 것을 받아들인다. 그의 육체는 소멸되어 갔다.

『버까시 강가에서(Di Tepi Kali Bekasi)』라는 소설에서는 독립투쟁에 뛰어들은 젊은이 파리드(Farid)에 관한 이야기로서, 그는 독립투쟁의 과정에서 가까운 친구들과 함께 인도네시아를 지지했던 프랑스계 인도여성이 희생되는 것을 목격하게 된다.

『항복한 그녀(Dia yang menyerah)』라는 소설은 독립투쟁과 관련된 혁명에 대한 것이 아니라, 그 시대에 일어났던 사건에 관한 이야기이다. 즉, 일반 국민들에게 말할 수 없는 고통과 비극을 초래했던 공산당 반란사건이었다

『무능해진 그들(Mereka yang Dilumpuhkan)』이라는 소설에서는 혁명시대에 감옥에서 접한 다양한 인간의 성격에 관한 기록들이었다.

목타르 루비스(Mochtar Lubis)의 두 혁명 소설인 『내일은 없다(Tak Ada Esok)』와 『끝없는 길(Jalan Tak Ada Ujung)』 역시 도시사회와 지방사회에서의 독립전쟁의 결과들을 기록하고 있다. 특히, 『끝없는 길』은 화란군대의 잔인함에 직면했을 때의 인간의 두려움을 심리적인 측면에서 다루고 있다. 예컨대, 주인공인 이사선생은 혁명의 공포 분위기에서 남성으로서의 성기능 장애와 선생으로서의 최소한의 도덕성도 지키지 못하는 연약한 인물로 묘사되고 있다.

『하스린다 의사(Dokter Haslinda)』라는 소설작품은 혁명시대의 참된 투쟁과 부패에 대해 이야기하고 있다.

위의 소설에서는 혁명의 의미에 관한 문제였지만 플롯 자체는 그 문제를 내포하고 있지 않다. 그와 같은 문제들은 소주제로서 등장하였다. 루끼아(S. Rukiah)의 소설 『몰락과 마음(Kejatuhan dan Hati)』에서는 삶의 태도와 미래를 결정하는 데 있어서 한 소녀의 정신적 위기를 주제로 삼고 있지만 소설작품의 시대 배경 역시 혁명시기였기 때문에 이 혁명의 범주에 포함된다고 할 수 있다. 특히, 이 소설 이야기는 후에 1950~1960년대 공산주의 인물의 등장과 관련이 있다. 이 소설은 반자서전 성격을 띠고 있다고 추측할 수 있다. 이 혁명의 문제는 더 많은 연구가 필요하다. 왜냐하면 그 시대를 이야기하는 드라마와 단편소설 형태의 많은 문학 작품들이 존재하기 때문이다. 인도네시아 혁명에 관련된 모든 소설들을 여기서 다루지 못했음을 밝혀두고자 한다.

쁘라무디야(Pramoedya)의 소설작품들은 "시대의 거울"이라고 말

할 수 있다. 예컨대, 『야시장이 아니다(Bukan Pasar Malam)』, 『부패(Korupsi)』, 『금니의 소녀 미다(Midah Si Manis Bergigi Emas)』, 『남부 반뗀의 한 사건(Sekali Peristiwa di Banten Selatan)』 등이 있다. 첫 번째 3편의 소설은 무엇보다 정신적인 것(내면)을 주제로 삼았다. 첫 번째 소설은 혁명 이후 가난 때문에 고통스럽게 살아가는 가족의 상황을 묘사한 것으로, 인간들이 세상을 살아가는 데 있어서 심리적이며 철학적인 삶의 분석을 띠고 있다. 두 번째 소설 역시 국가공무원인 주인공의 부패와 타락을 그린 심리 주제의 성격을 띠고 있다. 가난한 사회가 아직 "부패로 얻은 부" 보다 진실과 정직에 대해 어떤 가치를 매기고 있는지 묘사하고 있다. 그리고 쁘라무디아의 세 번째 소설은 1950년대 인도네시아 하류층 사회의 삶을 조사하는 단체에 대한 이야기를 하고 있다. 한 편, 그의 네 번째 이야기는 사회 주제의 소설인데, 즉 서부자바의 특별 지역(D.I.) 집단의 잔인함을 묘사한 것과 이러한 정치 트라우마로부터 사회를 "치유" 했던 한 촌장의 역할에 대한 이야기이다.

에스. 문딩사리(S. Mundingsari)의 소설작품인 『전승지(Jaya Wilayah)』는 어떤 사람이 인도네시아에서 위대한 작가가 되겠다는 야망을 가진 인물을 그렸다는 점에서 심리소설이라고 볼 수 있다. 아입 로시디(Ayip Rosidi)의 『신혼여행(Perjalanan Pengantin)』은 자서전적인 심리소설임에도 불구하고, 1950년대 사회의 중 · 하위 계층의 모습을 잘 묘사하고 있다. 『상처로 인해 성숙해지다(Mekar Karena Memar)』라는 소설 또한 의학 분야에서 인간의 심리를 묘사하고 있는 심리 주제로 볼 수 있다.

사회 주제를 다룬 소설로 분류되는 목타르 루비스(Mochtar Lubis)의 소설 『황폐한 대지(Tanah Gersang)』는 "지옥의 세계" 라고 불리는 1950년대의 인도네시아 사회구조를 잘 보여주고 있다.

위 소설들은 위기로부터 벗어나려는 인간의 노력과 가난의 고통으로 가득찬 1950년대 인간의 처참한 상황을 잘 묘사하고 있다. 예컨대, 공무원이 되다『무명의 묘지(Kubur Tak Bernama)』, 부패하다『브정부패(Korupsi)』, 강탈하다『약탈(Merampok)』, 유명해지다『전승지(Jaya Wilayah)』, 상부상조하다 『남부 반뗀의 한 사건(Sekali Peristiwa)』 등이 있다.

경제적으로 어려운 중 · 하위계층의 삶의 모습이 소설의 가장 중요한 주제가 되었다. 중 · 상위 계층의 삶은 아직 문학작품에서는 낯선 것이었다. 만약 그것이 묘사되었다면, 그것은 "일탈" 적인 것으로 생각되었다. 이것은 독립한 지 얼마 안 된 국가와 교육받은 중류층의 자화상이었다.

1960년대에 들어서면서 소설의 역사는 오히려 변하였다. 예컨대, 출판된 소설의 수적인 증가를 들 수 있지만 대부분 1950년대 단편소설 작가들의 작품이거나 모띵고 부셰(Montingo Busye)에 의해 선도된 대중소설의 발전이었다. 자료에 의하면, 44편의 소설 가운데 14편의 소설들이 인기를 끌었다고 한다. 그중 6편의 소설이 모띵고(Montingo)에 의해 쓰여 졌고, 나머지는 메단 출신 소설작가들과 함께 다르모 아스바리(Darmo Asbari), 아스바리 누르빠뜨리아 끄리스나(Asbari Nurpatria Krisna), 머라유 숙마(Merayu Sukma), 사이풀. 유. 에스.(Saiful U.S.), 자후하르 아리핀(Djauhar Arfin) 등에 의해 쓰여졌다. 소설 출판이 이제는 전쟁 이전시대와 1950년대처럼 큰 흐름을 더 이상 형성하지 못했다. 그것은 대중적인 사립출판사와 「가뿌라(Gapura)」, 그리고 「발레이 뿌스따까」처럼 거대한 출판사에 의해 출판된다는 의미에서 확인할 수 있다. 1960년대의 소설은 산재되어 있는 소규모 출판업자들에 의해서 출간되었다. 더욱이, 나스자 자민(Nasjah Djamin)의 소설이나 또하 목타르(Toha Mochtar)의 소설들처럼 유명한 출판업자에 의해 출간된 문학작품들 가운데 몇몇 유명 소설이 장르의 '혼란"

을 유발시키기도 하였다.

1960년대 소설은 문학장르에서 조차도 다양한 장르에 걸쳐 있었다. 예컨대, 이완 시마뚜빵(Iwan Simatupang)의 『짙은 빨강(Merahnya Merah)』과 『순례자(Ziarah)』는 선구자적 소설, 그리고 모띵고 부세(Montingo Busye)의 명작 소설, 메단의 남은 소설, 그리고 엔하 디니(Nh. Dini), 트리스노유워노(Trisnoyuwono), 나스자 자민(Nasjah Djamin) 등의 전통 소설들과 함께 다양한 작품들이 혼재 되어 있었다.

이러한 1960년대의 소설들은 빈약한 형태를 띠고 있었다. 1960년대 소설의 주제를 간략히 분류 및 정리하는 것은 쉬운 일이 아니다. 왜냐하면 주제의 종류는 다양하지만, 주제의 종류마다 그 양이 매우 적기 때문이다.

가장 관심을 끄는 부분은 "혁명"을 주제로 다룬 소설이다. 예컨대, 『가시 철조망(Pagar Kawat Berduri)』, 『주인 없는 땅(Daerah Tak Bertuan)』, 『무명(Tanpa Nama)』, 『애착의 대지(Tanah Kesayangan)』 등에서 볼 수 있다. 첫 번째의 세 소설은 독립전쟁기의 투쟁에 관한 내용이고, 마지막 소설은 바딱(Batak)지역에서 일본통치기에 관한 이야기이다. 이미 지난 "과거시대"의 이야기이기 때문에 이 혁명 소설들은 진정한 "영웅"의 의미에 대해 되묻기 시작한다. 이는 뜨리스노유워노(Trisnoyuwono)의 『가시 철조망(Pagar Kawat Berduri)』과 술아르또(B. Sularto)의 『무명(Tanpa Nama)』에서 민족을 위한 진정한 투쟁의 의미가 무엇인지를 되묻고 있다.

그 외에도 개인이나 가족의 문제를 주제로 다룬 단편소설들이 있다. 예컨대, 엔하. 디니(Nh. Dini)의 『평화로운 마음(Hati yang Damai)』, 뜨리스노유워노(Trisnoyuwono)의 『신혼(Bulan Madu)』, 삿야그라하 후립(Satyagraha Hurip)의 『한 쌍의 부부(Sepasang Suami Isteri)』, 나스자 자민 Nasjah Djamin의 『삶과 죽음의 욕망Gairah Untuk Hidup dan Mati』, 『쿠알라룸푸르의 밤(Malam Kualalumpur)』, 에니 수마르고(Enny Sumargo)의 『여자의 마음(Sekeping Hati Perempuan)』, 자밀 수헤르만(Djamil Suherman)의 『천국으로의 여행(Perjalanan Ke Akherat)』, 나스자 자민(Nasjah Djamin)의 『죽은 아이를 잊어 버려라(Hilanglah Si Anak Hilang)』 등이 있다.

한편, 사회를 주제로 한 것은 목타르 루비스(Mochtar Lubis)의 『자카르타의 황혼(Senja di Jakarta)』과 이드루스(Idrus)의 『인간의 심연(Hati Nurani Manusia)』과 같은 소설에서 볼 수 있듯이 1950년대 이후에 등장하기 시작했던 사회문제들을 다루고 있다. 이 시기에 인도네시아 사회에는 생계를 걱정해야 하는 빈민층들이 가난의 굴레에서 벗어나지 못했음에도 불구하고, 국가 지도자들의 부정부패 문제는 자연스럽게 지식인으로서 작가들이 이 가난과 부패 문제에 관심을 가지게 되었다.

또한, 로시한 안와르(Rosihan Anwar)의 『어린 왕자(Raja Kecil)』와 보꼬르 후따수훗(Bokor Hutasuhut)의 『세계의 정복자(Penakluk Ujung Dunia)』와 같은 두 편의 역사소설도 출간되었다.

1960년대의 소설은 가정생활에서 가족 구성원들 간의 갈등에 따른 개인의 심리문제를 가장 잘 다루고 있다. 이는 그 시대에 인도네시아인들의 도덕, 사회, 철학적인 변화가 급격히 일어났고 또한 진행되었기 때문이다.

1960년대에는 실로 혁신적인 소설 작가가 등장했다. 그가 바로 이완 시마뚜빵(Iwan Simatupang)이다. 그의 2편의 주요 소설이 1960년대 말에 출판되었다. 이 소설들은 1960년대의 인도네시아 문학에서 혁신적인 트렌드로 등장하였고 1970년대에 이르러 주목을 받게 되었다.

1960년대에 관심을 끌던 소설의 경향은 남자 작가들에 의해 쓰여진 대중소설들이 많이 등장하였다. 이러한 소설들은 각각 매우 유사한 특징들을 보여주고 있다. 즉, 부유한 사람들의 전유물인 호텔, 바 등의 장소를 전전하는 방랑자적 성격을 띠고 있다는 것과 관능적인 사랑에 관한 묘사를 진지하게 드러내고 있다는 것이다. 물론 이러한 종류의 이야기들은 성인남자인 독자들을 겨냥하여 쓰여진 것이다. 『마르야띠 아주머니(Tante Maryati)』, 『기랑 아주머니(Tante Girang)』, 『의붓 어머니(Cross Mama)』, 『나르띠 아가씨(Mbak Narti)』처럼 여성을 소설작품의 제목으로 삼는 것이 더 이상 놀라운 것이 아니었고, 여성을 성적인 대상으로 암시하는 모습도 자주 발견되었다.

이러한 다양한 대중소설은 1930년대 이미 메단 소설이 출간되었음에도 불구하고, 이 10년 기간 동안에 더 넓고, 더 많은 확산과 출판이 이루어졌다.

1960년대의 참여소설들은 동 시기에 정치변동이 끊이지 않았음에도 불구하고 정신(심리) 문제를 주제로 다루고 있다. 예컨대, "교도 민주주의"(1959~1966)시대가 진행되었고, 인도네시아 공산당의 9월 30일(G-30-S/PKI)반란 사건[5]이 발생했는데, 이는 문화에서의 정치 테러 사건이었다. 그와 같은 급변시대에 정신적 문제를 다룬 소설들은 기하급수적으로 증가하였다.

1970년대의 10년 동안 인도네시아 소설은 새로운 정치 시대로 접어들었다. 즉 국가에서 건설과 안정을 강조하는 "신질서(Orde Baru)" 정부가 등장하였다. 1960년대의 모든 작가들은 유일한 지도자의 태도와 정치적 혼란에 따른 정당 활동의 위험에 의해 혼동의 국면을 맞이한 적이 있었으나, 1967년 이후에는 그들이 갈망했던 "자유, 정의, 진실"

5 정치 · 사회적 혼란 속에 일어난 9 · 30사태는 PKI가 군부의 주도권을 사전에 제압하고, 공산주의에 대한 광범위한 국민적 지지를 받을 수 있는 새로운 정치 세력을 만들어 내려는 의도에서 발생하였다. 대통령 경호부대의 운뚱(Untung) 중령이 PKI의 사주를 받아 일부 좌경 장교와 휘하의 좌익 군부대를 동원한 쿠데타였다.

의 새로운 정치 분위기가 등장하게 되었다.

"새로운 독립" 분위기가 예술가들에 있어서 특별한 창조의 야망을 불러일으켰던 것은 놀랄 만한 일이 아니었다. 특별히 문학세계에서는 새로운 표현방식을 찾아내려는 노력이 활발하게 전개되었다. 이것은 작가들이 그들의 작품에서 선보이기 시작한 것에서 알 수 있다.

새로운 문학의 이념과 표현에 대한 혁신을 보여주는 소설로는 1960년대 이미 시작된 이완 시마뚜빵(Iwan Simatupang)과 뿌뚜 의자야(Putu Wijaya), 부디 다르마(Budi Darma), 꾼또위조요 다나르또(Kuntowijoyo, Danarto) 등이 있다.

이 1960년대에 등장한 이완 시마뚜빵의 소설들은 『가뭄(Kering)』과 『꼬옹(Koong)』이 있다. 뿌뚜 위자야(Putu Wijaya)는 『전보(Telegram)』를, 부디 다르마(Budi Darma)는 『산상에서의 설교(Khotbah Di Atas Bukit)』를 선 보였다. 그들의 소설들은 모방의 성격을 띤 기존의 규범으로부터 벗어났다. 이 소설들은 상징기법으로 이상을 묘사하였다. 그들에게 있어서 소설은 더 이상 설명할 수 없는 시(詩)와 같은 것이었지만 하나의 의미를 내포하고 있었다. 여기에는 독자의 창의력이 높이 평가되고 또한 기대되었다. 이런 이유로 인해 이완 시마뚜빵(Iwan Simatupang)은 이 시기에 그의 문학적 가치를 인정받았다. 그는 인도네시아에서 새로운 형태의 소설의 선구자가 되었다. 사실, 이 상징기법은 1930년대 아르민 빠네(Armijn Pane)의 소설 『족쇄(Belenggu)』에서 이미 시도된 바 있지만 그 소설은 단순히 기존의 소설을 그대로 모방하는 소설 형식을 띠고 있었다.

앞서 말한 새로운 소설들 이외에도, 분명한 다른 특징은 정치 · 사회적 성향을 띈 소설의 수도 증가하였다는 점이다. 36편의 소설들 중에서 11편의 소설이 사회주제를 가진 것으로 나타났다. 특별히 독립 이후 인도네시아 사회의 정치문제를 다룬 소설들로는 『혁명의 진통

(Royan Revolusi)』, 『개방의 길(Jalan Terbuka)』, 『뻰을로프 왕자 이야기(Hikayat Puteri Penelope)』, 『호랑이! 호랑이!(Harimau! Harimau!)』, 『인간의 자유(Manusia Bebas)』 등이 있다.

라마단(Ramadhan K.H)의 『혁명의 진통(Royan Rebolusi)』이라는 소설의 제목 자체가 "혁명의 태동" 이후의 지친 사회 · 정치적인 상황을 암시하고 있음을 알 수 있다. 모든 행위자들의 사회 · 정치적 고통은 인도네시아의 독립에 대한 의미를 되새기도록 만들었다. 알리 아우다(Ali Audah)의 『개방의 길(Jalan Terbuka)』은 국민이 아닌 자기 자신의 안위만을 생각하는 국가 지도자들의 이기심에 대해 이야기 하고 있다. 목타르 루비스의 『호랑이! 호랑이!(Harimau! Harimau!)』는 인도네시아 국가지도자의 리더십 부족과 위선에 따른 자질을 상징적으로 비판하고 있다. 반면, 1940년대에 처음 출간되었던 수와르시 지뿌스삐또(Suwarsih Djipuspito)의 『인간의 자유(Manusia Bebas)』은 1970년대 인도네시아어로 재번역되어 출간되었는데, 이는 식민시대 민족주의자들의 딜레마와 투쟁을 이야기 하고 있다. 한편, 이드루스(Idrus)의 소설인 『뻰을로프 왕자 이야기(Hikayat Puteri Penelope)』는 이웃 국가인 호주의 정치문제를 다루고 있다.

정치 문제에 대한 관심은 독립 이래로 자기중심적인 정치현상을 이미 오랫동안 경험한 모든 작가들에 의해 반영되었다. 그들의 목표는 정치적으로 부정직한 인물들이 자기 자신과 자신이 속한 집단만을 위한 태도에서 벗어나 도덕적인 인물로 변화되어야 함을 강조하는 것이다. 이러한 점은 아직 성숙하지 못한 정치 발전에 대해 만족하지 못하는 개발도상국의 지식인 집단의 전형이라고 볼 수 있다.

정치 주제들 이외에도 인도네시아 소설의 주제 역사를 살펴보면, 사회 문제들도 많이 눈에 띄고 있다. 하르또와르도요(Harijadi S, Hartowardoyo)가 쓴 『버림받은 인간(Orang Buangan)』에서는 국가 발전을 위해 농촌의 교육이 절대적으로 필요하며, 이 농촌의 교육을 통해 균형적인 국가건설이 이루어져야한다는 문제를 이슈화하였다. 야띰(Wildan Yatim)의 『소동(Pergolakan)』에서도 도시인들의 때가 묻지 않은 농촌 발전의 중요성을 강조하였다. 라마단(Ramadhan)의 소설 『삶의 위기(Kemelut Hidup)』에서는 국가 지도자들과 공무원들의 정직과 봉사가 국가 번영의 첩경임을 명심하고, 이들이 물질주의 유혹에 빠지지 않도록 경계하는 것이 매우 중요함을 이야기하고 있다. 뿌뚜 위자야(Putu Wijaya)의 소설인 『공장(Pabric)』에서는 사회규범과 성실성을 통해 사회 발전을 이루려는 정신이 상징화된 소설이라고 할 수 있다.

아스빠르(Aspar)의 소설 『흐름(Arus)』에서는 모든 지도자들이 무력을 통하여 권력투쟁을 벌인 결과로 인해 농촌 사회와 말단 공무원 사회에 심각한 고통을 안겨 주었음을 고발하고 있다. 한편, 수딴 딱따르(Sutan Takdir)의 소설 『그로타 아주라(Grotta azzura)』에서는 인도네시아 근대화의 기반을 거시적으로 분석하고 있다.

이 기간(10여 년간)에 나타난 두드러진 특징으로는 많은 작가들이 소설의 형식을 빌려 국가와 정부의 의무가 무엇인지를 밝히고자 하는 주제들이 대부분을 차지하게 되었다.

또한 여러 소설들이 인간의 내적 문제인 정신문제와 심리문제를 다루었다. 엔하 디니(Nh. Dini)의 『한 척의 배(Pada Sebuah Kapal)』와 라 바르까(La Barka)의 『출발(Keberangkatan)』과 같은 소설은 금이 간 부부관계, 특히 부부간의 갈등에서 여성인 부인의 심리문제를 다루고 있다.

특히, 언급된 소설은 두 조국 사이에서 혼혈인 소녀의 심리 갈등을 다루고 있다. 뜨거운 조국애와 민족의식은 국가와 사회를 돌보지 않으면 안 된다는 것을 일깨워 주고 있다. 디니(Dini)소설들과 같은 유형으로 우마르 까얌(Umar Kayam)의 소설 『스리 수마라와 바욱(Sri Sumarah dan Bawuk)』이 있다. 이 소설은 이념과 정치 변동에 따른 자바 전통 여성의 심리적 태도의 변화와 그로 인해 여성으로서 겪어야 하는 숙명적인 운명을 그리고 있다.

1970년대 소설의 독특한 주제 중 하나는 바로 종교와 불가사의한 힘에 대한 것이다. 모하맏 디뽀네고로(Mohamad Diponegoro)의 『순환(Siklus)』과 하리자디 에스. 하르또와르도요(Harijadi S. Hartowardoyo)의 소설 『죽음과 약속(Perjanjian Dengan Maut)』은 세상에 존재하는 초자연적인 힘과 영적인 세계에 대해 이야기하고 있다. 즉, 초자연적인 재앙, 징조, 영혼의 힘 등이다.

한편, 꾼또위죠요(Kuntowijoyo)의 작품 『선상에서의 설교(Kotbah Di Atas bukit)』는 인류의 안녕을 위해 영적인 삶의 본질을 파헤치려고 노력했다. 앞서 언급한 영혼에 관한 주제는 다른 시대의 경우처럼 1970년대 소설에서도 큰 부분을 차지하였다.

흥미로운 현상은 영적인 초자연적인 소설들이 대중소설과 함께 발전했다는 것이다. 조사된 36편의 소설 가운데 10편의 대중소설을 추출하였다. 이 소설들은 가정이나 학교에서의 젊은이들의 사랑을 주제로 다루었고, 여류작가뿐만 아니라 남성작가에 의해 쓰여졌다. 1960년대 대중소설과의 뚜렷한 차이점은 사랑의 주제에 있어서 공식적인 결혼 이외의 혼전이나 혼외의 성적 일탈 행동을 인정하지 않으려는 중류층의 청교도 정신을 다루고 있다는 점이다. 1960년대 여성작가의 소설에서 관능적인 사랑은 묘사되지 않았다. 성적 묘사는 중 · 상류층의 전통 관습 때문에 다루지 않으려는 경향이 강했으나 1970년대에 들어서면서 서서히 표출되기 시작했다.

이 대중소설은 경제생활의 향상에 따른 신질서 시대의 사회계층의 필요에 의해 더욱 확대발전하였다. 부유층, 젊은이, 지식인들은 품위가 있으면서도 가벼운 소설을 필요로 했다. 신질서에서 교육 및 교양 수준이 높아진 여성 독자층이 증가하면서 대중소설을 필요로 했다고 추측할 수 있다.

이들 작가로는 라 로즈(La Rose)와 마르가 떼(Marga T.), 그리고 아스하디 시레가르(Marga T. Ashadi Siregar)가 있다. 이들은 높은 교육 수준을 갖춘 지식인들이었다. 대중소설의 지적 수준도 지식인들의 교육과 논리 정연한 기술에 의해 향상되었다.

6. 결론

한 소설의 주제를 결정하는 데는 매우 많은 요소들이 영향을 끼친다. 그렇기 때문에, 한 소설의 주제를 명확하게 범주화시키는 것은 매우 어려운 일이다. 이런 한계를 인식한다면 소설의 주제를 정하는데 있어서 특정한 측면만을 강요하는 것은 옳지 않다. 소설의 주제에 대한 독자의 견해에는 내면(정신, 심리) 혹은 사회 관찰에서 차이가 날 수 있다. 그러나 소설의 주제에 대한 조사에서 드러난 결과를 보면, 인도네시아 소설의 52%(94편의 소설)가 내면이나 심리를 주제로 하고 있으며, 나머지 41%가 사회, 정치, 문화 등과 관련된 사회 주제로 나타나고 있다. 이를 제외한 나머지 소설들은 주제를 분류하기가 매우 어렵다고 볼 수 있다.

작가들의 관심을 불러일으킨 것은 인간 개인에 관한 내면 문제였다. 이 개인에 관한 내면 문제는 인간의 보편적인 문제로 발전하였다. 그것은 그 시대의 정치, 사회, 문화적 상황과 관련이 있을 뿐만 아니라 세계와도 연관되어 있었다. 대부분의 소설들은 인간의 내면을 주제로 인간의 행복, 고통, 문제, 꿈 등을 묘사하고 있다. 특히, 거의 모든 내면(정신)적인 소설들은 사회주제를 문제시하였다.

사회주제는 1930년대(53%), 1940년대(47%), 1950년대(57%) 등의 기간(10년) 단위로 나누어 살펴보는 것이 바람직하다. 1970년대의 소설은 사회와 관련된 주제(33%)를 다루고 있음에도 불구하고, 인간의 내면과 심리를 묘사한 대중소설의 수에 의해 크게 부각되지 못하였다.

이 짧은 기간의 조사를 통하여, 우리는 인도네시아 소설 작가들의 삶에 대한 사고의 수준을 짐작할 수 있다. 소설작가들의 삶은 상상력과 창조력의 원천이 된다. 이 작가들은 문화세계로 들어가서 관념을 형성할 수 있고, 이를 통해 인간의 행복, 출생, 내면 등 인간운명의 개선에 매우 큰 관심을 가지게 된다. 이 소설들은 10년 단위로 전개된 상황에 대한 증거를 제시함으로써 인도네시아인들의 내면적인 모습과 사회문제에 대해 이야기하고 있다. 인도네시아 소설은 인간의 가장 깊은 내면에서 울려나오는 목소리이자 외침이다.

제3장 인도네시아 소설의 외재적 요인

인도네시아 작가
인도네시아 소설작품 출판
인도네시아 소설의 독자

제 3 장

인도네시아 소설의 외재적 요인

인도네시아 작가

1. 서론

이번 조사를 통해 얻은 자료를 토대로 1920년부터 1977년까지 등록된 180편의 인도네시아 소설을 쓴 95명의 작가를 살펴보았다. 이 조사에서는 문학의 질적 가치를 지닌 문학소설과 싸구려 소설(Novel Picisan) 간에 질적차이가 나지 않는다. 그렇지만, 문학의 미적 가치를 지닌 문학소설의 수가 여전히 지배적이었음을 알 수 있었다.

이 조사의 목적은 작가의 성별, 종교, 고향, 출생연도(세대분류)와 그들의 소설 집필 시기를 분류한 것이다. 이전에는 이처럼 문학에 관한 전반적인 조사가 이루어진 적이 없었다. 이 조사 자료들을 통해 인도네시아 소설의 창작에 관한 사회적 진실을 살펴보려고 시도하였다. 인도네시아 소설 창작의 배경은 어떻게 형성되었는가? 여기에서는 소설 창작의 사회적 상황에 대해 먼저 알아보려고 한다.

어쨌든 작가 주변의 삶의 객관적인 사실이 창작 활동에 자극을 불러

일으켰으며, 작가는 소설의 형식 속에 그가 관찰과 경험을 통해 얻은 결과를 주관적인 시각을 기반으로 표현하는 것이다. 작가 개인의 삶의 배경을 아는 것은 작가의 창작의도뿐만 아니라 작품의 구성, 주제, 내용 등을 더 정확히 이해하기 위해 매우 중요하다. 또한 모든 작가의 개인 삶의 배경을 살펴보는 것뿐만 아니라 사회 구성원으로서의 작가들을 10년 단위로 나누어 분석 하였다.

이 연구에서는 식민통치기(1920년~1940년), 전환기(1941년~1950년), 그리고 독립 이후기 등으로 구분하고, 정치 · 사회적 배경을 고려하여 살펴볼 것이다. 이 소설자료들은 각 10년 단위로 분류되었다.

2. 작가의 성(性)

대부분의 인도네시아 소설은 남성 작가에 의해 쓰여졌다. 조사된 자료에 의하면, 87%의 소설이 남성 작가로 나타난 반면, 여성 작가의 수는 13%에 불과하였다. 그러나 소설 작가로서 여성은 1920년대 초기부터 존재하고 있었다.

1920년대에는 여성 작가의 소설은 발견되지 않았고, 1930년대에 들어와 3명의 여성 작가의 이름이 처음으로 등장하였다. 그들이 바로 슬라시(Selasih), 하미다(Hamidah), 수와르시 조요뿌스삐또(Suwarsih Djojopuspito) 등이었다.

혁명기인 1940년대에는 2명의 여성 작가가 등장했는데, 그들이 바로 에스. 루끼아(S. Rukiah)와 왈루유야띠 수빵앗(Walujujati Supangat)이다. 그리고 독립 이후에는 2명의 여성 작가가 나타났는데, 1950년대의 엔하 디니(Nh. Dini)와 1960년대의 엔니 수마르고(Enny Sumargo)였다. 1970년대에는 여성작가의 붐이 일어나지만 기록된 이름은 이스까시아 수마르또(Iskasiah Sumarto), 마르가 떼(Marga T.),

라 로즈(Marga T, La Rose), 그리고 나니헤루(Naniheroe)뿐이었다. 1970년대에는 새로운 여성 작가들이 많이 등장하였다. 그 이유는 이 시기의 사회 및 교육 분위기를 고려해 볼 때, 작가이든 독자이든 교육받은 여자의 수가 증가했기 때문이다. 이 자료에서는 여성 작가의 역할이 인도네시아 문학을 발전시키는데 일조했다는 것을 입증하고 있다.

인도네시아 여성 작가의 역할은 다른 문학 장르보다 소설 분야에서 더 두드러졌다. 다른 자료에 의하면, 문학작품으로 성공한 8명의 여성 작가가 등장한다. 그러나 인도네시아 문학사에는 소설 분야에 28명의 여성 작가, 시 분야에 10명의 여성 시인. 단편 소설 분야에 10명의 여성작가, 수필 분야에 2명의 여성 수필가의 이름이 올라 있다. 그 가운데 에세이 분야에 3명의 여성 작가도 발견되었다.

그 밖의 다른 자료에 의하면, 문학 분야에서 인도네시아 여성 작가들의 역할과 공헌을 확인할 수 있다. 식민시대에는 슬라시(Selasih), 하미다(Hamidah), 수와시 조요뿌스삐또(Suwarsih Djojopuspito), 사아다 알림(Saadah Alim) 등의 여성 소설가, 여성 단편 소설가, 여성 번역가의 이름이 발견된다. 전환기인 1940년대에는 여성 시인인 마리아 아민(Maria Amin), 여성 시인이자 단편 소설가인 누르시암수(Nursjamsu), 여성 시인, 소설가, 수필가인 왈루야띠 수빵깟(Walujati Supangkat), 여성 수필가인 이다 나수띠온(Ida Nasution), 여성 시인, 단편 소설가, 소설가인 누라이니(St. Nuraini), 여성시인, 단편 소설가, 소설가인 루끼아(S. Rukiah) 등이 있다. 전환기인 1940년에 문학가로서 활동한 여성 작가들이 더 많이 등장했다는 것을 알 수 있다.

1950년대에는 여성 작가들이 더욱 증가하였다. 예컨대, 여성 단편, 장편 소설가인 엔하. 디니(Nh. Dini), 수르띠닝시(Surtiningsih W.T.), 여성 단편 소설가, 수필가인 얀띠나 베. 수뻬노(Dyantinah B.

Supeno), 여성 단편 소설가인 하르띠니(Hartini), 여성 소설가인 조하나니순 일야스(Johananisoen Iljas), 여성 소설가인 다르마완 쪼끄로꾸수모(Darmawan Tjokrokusumo), 여성 소설가인 루와르쉬 쁘링고디그도(Luwarsih Pringgodigdo), 여성 단편, 장편 소설가인 아르뜨 뿌르바니 일명 히세인 조요디닝랏(Arti Purbani alias Ny. Hiesein Djojodiningrat) 등이 있다.

1960년대에도 여성 작가들의 수는 계속 증가하였다. 즉, 여성 단편, 장편 소설가인 띠띠에 사읻(Titie Said), 여성 단편 소설가인 자히아닝시(S. Tjahjaningsih), 여성 단편 소설가인 수기아르띠 시스와디(Sugiarti Siswadi), 여성 단편 소설가인 에르니시스와띠 후또모(Ernisiswati Hutomo), 여성 단편, 장편 소설가인 띠띠스 바시노(Titis Basino), 여성 소설가인 에니 수마르고(Enny Sumargo), 여성 시인인 수시 아미나 아지즈(Susy Aminah Aziz), 여성 시인인 드위아르띠 마르죠노(Dwiarti Mardjono), 여성 시인인 이스마 사위뜨리(Isma Sawitri) 등이 있다.

1970년대 또한 인도네시아 여성 작가의 수가 급속히 증가했다. 소설 분야에는 마르가 떼(Marga T), 미라 웨(Mira W), 엘에이 토즈(LA Rose), 야띠 마르야띠 위하르자(Yati Maryati Wihardja), 띠띠엑 웨에스(Titiek WS), 마리안네 까또뽀(Marianne Katoppo), 이스까시아 수마르또(Iskasiah Sumarto), 이끄 수뽀모(Ike Supomo) 등이 있으며, 이외에도 이름이 밝혀 지지 않은 많은 여성 작가들이 있다. 시 분야에는 포피 후따갈룽(Poppy Hutagalung), 스리야니 위도도(Sriyani Widodo) 등이 있다.

위에서 언급된 것처럼 인도네시아 여성 작가들은 10년 주기마다 그 수가 증가하고 있다는 것을 알 수 있다. 그들은 드라마 분야를 제외한 거의 모든 문학 장르에서 활동하였다. 이는 드라마가 집밖에서 활동해야하기 때문이지만, 다른 장르의 경우에는 집안에서 자유롭게 집필활동을 할 수 있기 때문이다. 그러나 그들의 두드러진 역할은 이전시대부터 이미 전통으로 자리 잡은 '이야기 꾼' 으로서 였다.

3. 작가의 종교

작가의 종교를 살펴보면, 기독교를 믿는 소설가들로는 파울루스 수삣(Paulus Supit), 엠.에르 다요(M.R Dayoh), 엘. 와이라따(L.Wairata), 알렉산더 토빙(Alexander Tobing), 삿야그라하 후립(Satyagraha Hoerip), 그르슨 뽀익(Gerson Poyk), 마르가 떼(Marga T), 이와산 시마뚜빵(Iwasan Simatupang) 등이 있다. 이들 8명의 기독교 소설가들의 출생지가 대부분 자바 외지역이라는 것은 분명해 보이지만 중국인의 후예 중 한 명인 마르가 떼(Marga T)와 자바지역 출신인 삿야그라하 후립(Satyagraha Hoerip)이 있었다.

만약 기독교의 소설가들이 집필한 소설의 주제를 분석해 보면, 대부분의 이슬람 작가들과의 의미상의 차이는 없다. 이것은 발리 출신의 힌두교 소설가들도 예외가 아니다. 그들 작품의 두드러진 특징은 작가와 동일한 종교사회의 삶을 소설의 배경으로 삼았다는 것이다. 이런 특징은 이슬람 작가들도 마찬가지인데 그들이 추종한 종교의 성격을 띤 주제를 직접 나타내는 경우는 매우 드문 일이다. 다양한 종교를 갖고 있는 인도네시아 작가들의 관심은 인도주의와 인도네시아 사회를 조명한다는 것에 집중되어 있었다. 만약 특정한 종교의 신앙을 다룬 소설이 있다면, 그것은 아흐디앗 까라아미하르쟈(Achdiat Kartamihardja)의 소설작품 『무신론자(Atheis)』이다. 이 소설은 특정한 종교의 중요성에서 벗어나 어떤 종교를 추종하든지 간에 그 종교의 본질을 받아들이려는 시각을 보여준다.

이와 같이 조사된 자료에 의하면, 특정한 종교를 가진 작가는 종교의 중요성과 관련된 소설을 드러나게 보여주지 않는다. 또한 작가의 종교가 그의 소설에 큰 영향을 미치지도 않는다. 이 작가들은 더 보편적인 인간의 가치 아래에 종교적 가치를 두었다. 예컨대, 소설 이외의 분야에서는 나비스(A.A. Navis)의 단편 소설인 『붕괴된 우리의 예배당(Robohnya Surau Kami)』에서처럼 비록 배타적인 종교 생활의 배경을 묘사하고 있지만 진정한 종교의 가치는 신도에 의해 올바르게 받아들여질 때 나타난다고 강조한다.

인도네시아 작가들은 소설작품에서 종교의 의무를 강요하거나 따르라고 이야기한 적이 없다. 종교에 대한 문제는 이야기 전개에 필요한 배경처럼 매우 제한적으로 기술하고 있다. 즉, 작가가 소설의 "지역의 고유한 문화나 색깔"을 드러내기 위해 각자의 지역을 배경으로 삼는 종교와 일치하고 있다. 북 술라웨시의 머나도(Menado)와 말루꾸의 암본(Ambon) 지역의 기독교 작가는 기독교 사회를 기반으로 소설을 쓰고 있다. 그러나 원칙적으로 "이슬람 소설" 또는 "기독교 소설" 또는 "힌두 소설"의 범주로 등장하지 않고 오직 다양한 종족, 인종차별, 종교문화 등으로 결국 "인도네시아 소설"만이 존재한다.

대략 90%의 인도네시아 작가들은 무슬림으로 추정된다. 약 7%가 기독교 작가이며, 나머지는 힌두교 작가이다.

기독교 소설작가의 등장은 1930년대 여성 소설 작가들의 등장과 일치한다. 그 당시에 소설 작품은 서부 수마트라 출신 작가들에 의해 더 이상 지배되지 않았다. 1930년대 기독교 작가인 파울루스 수삣(Paulus Supit)과 다요(M.R. Dayoh)는 북 술라웨시의 머나도(Menado) 출신이다. 그리고 1940년대에는 말라꾸(Maluku) 출신의 와이라타(L. Wairata)가 등장했다.

1950년대에 알렉산더 토빙(Alexander Tobing) 소설가가 등장했다.

1960년대에는 작가 삿야그라하 후립(Satyagraha Hoerip)이 나타났으며, 1970년대에는 1950년 이래로 이미 활동했던 그르손 뽀익(Gerson Poyk), 마르가 떼(Marga T), 이완 시마뚜빵(Iwan Simatupang) 등이 활발히 활동하였다. 이 작가의 종교적 배경은 분명 그들 소설의 주제에 영향을 끼치지 않았다. 그들 또한 무슬림이었지만 그들 소설에는 종교의 색채를 띠지 않았다. 작가의 종교적 믿음은 인도네시아 소설 작품에 큰 영향을 끼친 것으로 보이지 않는다.

4. 작가의 출신지역

180편의 소설을 관찰한 결과, 작가들을 크게 4개의 주요 지역 출신으로 나눌 수 있다. 즉 자바, 서부 수마트라, 북부 수마트라(바딱), 그리고 서부 자바(순다)이다. 더 상세히 이들 지역의 출신 작가들의 수를 살펴보면, 중부 자바(족자까르따 포함) 출신 작가와 동부 자바 출신 작가는 57명(31.6%)이고, 미낭까바우 출신 작가는 55명(30.5%), 바딱 출신 작가는 19명(10.5%), 그리고 순다 출신 작가는 13명(7.2%)의 순이다.

이 자료는 1883년부터 1960년까지 조사된 5,506종류의 자료에 나온 6,890명의 작가들 가운데 653명의 인도네시아 작가들을 모은 자료인 "인도네시아 출신 작가의 통계 자료"에서 나온 것이다. 이 통계 자료는 이유 크라츠(E.U Kratz)의 조사 결과를 인용한 것이다. 통계 자료는 주(州)를 기반으로 조사된 것으로써 이리안 자야를 제외한 대부분 지역을 포함하고 있다. 크라츠(Kratz)의 조사 자료에 따르면, 위에 언급된 4개 주요지역 출신 작가들이 가장 많았는데, 중부 자바 출신 작가 114명, 족자까르따 출신 작가 28명, 동부 자바 출신 작가 86명으로 총 228명이 자바출신 작가였다. 반면, 서부 자바 출신 작가 86명, 서부 수마트라 출신 작가 82명, 북부 수마트라 출신 작가 79명 등이었다. 이처럼 가장 많은 작가들이 이 3개의 섬 출신이었는데, 자바 지역 출신 작가 344명(52%) 수마트라 출신 작가 198명(30%), 술라웨시 출신 작가 32명(16%), 그리고 그 외 지역 출신 작가이며, 자카르타 출신 작가도 34명에 이르고 있다.

이 자료에 따르면 소설 분야에서는 서부 수마트라 출신이 제일 많았고, 두 번째는 자바 출신이라는 결론을 얻었다.

소설 작가의 공헌은 아래에서 제시한 것처럼 각 시기별, 각 지역 출신별로 나누어 살펴볼 수 있다. 1920년대 인도네시아 소설은 서부 수마트라 출신 작가와 북부 수마트라(아쩨와 바딱 포함)출신 작가에 의해 대부분이 쓰여졌다고 할 수 있다. 이 시기에 자바 출신의 작가는 오직 마스 마르코(Mas Marco)뿐이었다. 1920년대에 출판된 60%의 소설이 서부 수마트라 출신에 의해 쓰여졌다. 1930년대에는 서부 수마트라 출신 작가들이 51%인 20명으로 단연 독보적이었지만, 자바(4), 발리(3), 순다(2), 바딱(2), 동부 수마트라(3), 남부 수마트라(2), 북부 술라웨시(2) 등의 출신 작가들의 공헌이 추가되었다. 이처럼 1930년대에 수마트라 출신 작가들이 인도네시아 소설에 가장 크게 기여했다는 것은 분명하다. 일제통치기와 혁명기였던 1940년대에도 여전히 서부 수마트라 출신 작가(60%)가 지배적이었지만 그것은 전쟁 이전의 「발레이 뿌스따까」를 계승한 출판 환경의 결과였다. 다른 지역인 말루꾸(1), 북부 술라웨시(1), 순다(2), 자바(2) 지역도 인도네시아 소설에 기여하였다. 1950년대까지도 서부 수마트라의 작가들에 의해 쓰여진 소설들이 가장 두드러졌다고 할 수 있다.

1950년대에 들어서 서부 수마트라 출신 작가의 역할이 자바 출신 작가들에 비해 조금씩 감소되었다. 이 시기에는 총 33편의 소설 가운데 자바 출신 작가에 의해 쓰인 작품이 15편이었던 반면, 서부 수마트라 작가의 작품은 6편에 불과하였다. 나머지는 동부 수마트라 출신 작가

4편(메단 소설 포함), 바딱 출신 작가 4편, 그리고 순다 출신 작가 3편 등이었다.

1960년대에도 자바 출신 소설 작가의 기여는 1950년대와 큰 차이를 보이지 않았다. 즉 자바 출신 작가 18편, 서부 수마트라 출신 작가 8편, 그리고 나머지는 순다 출신 작가 4편과 동부 수마트라 출신 작가 4편으로 전쟁 이전 "메단 소설" 의 출판을 계승한 모습을 띠고 있었다.

1970년대에는 자바 출신 소설작가의 기여도가 가장 높았고(16편), 그 뒤를 이어 바딱 출신 소설작가(9편), 순다 출신 소설작가(5편), 서부 수마트라 출신 소설작가(2편), 남부 술라웨시 출신 소설작가(2편) 순이었다.

작가의 출신 지역이 소설의 배경에 어떤 영향을 주었을까? 물론 영향을 주었다고 말할 수 있지만 늘 그런 것은 아니었다. 식민시대였던 1920~1930년대에는 많은 소설들이 서부 수마트라 출신 작가에 의해 쓰여 졌고, 그에 따라 서부 수마트라를 배경으로 한 소설들이 많은 것은 사실이다. 그러나 서부 수마트라 소설의 배경 중 두 번째로 많은 것은 자카르타와 서부 자바였다. 따라서 비록 서부 수마트라 출신 작가가 지배적이었지만 분명히 그들은 오직 그들 지역만을 배경으로 쓰지 않았고 자카르타와 서부 자바지역을 배경으로 쓰기도 했다. 이것이 바로 "인도네시아의 정신" 을 발전시켜 나간 원동력이었다.

이렇게 1950년 이후로 자바 출신의 작가가 급속히 증가할 때 자바를 배경으로 한 이야기 가운데는 자카르타를 이야기 배경으로 삼은 소설들이 그리 많지 않았다. 즉 1950년대에는 15편의 소설 중 8편이었고, 1960년대에는 14편의 소설 중 11편이 이러한 모습을 보여주고 있다. 자카르타 지역과 그 주변이 비록 "서부 수마트라 시대" 뿐만 아니라 "자바 시대" 의 작가들에 의해서도 이야기의 배경이 되었다.

5. 소설 작가의 연령

인도네시아 작가들은 대부분 몇 살 때 그들의 작품들을 집필했을까? 1920년부터 1980년까지 총 63편의 인도네시아 소설들이 쓰여 졌고, 작가의 나이가 20세에서 29세 사이에 그들의 작품들이 출판되었다. 이것은 45%의 소설이 20대의 작가에 의해 쓰여졌다는 것을 의미한다. 그 다음으로 30세에서 39세 사이인 30대의 작가들에 의해 출판된 소설이 39편(28%)으로 나타났고, 40세에서 49세 사이인 40대의 작가들에 의해 출판된 소설이 27편이었다. 50세 이후에 출판된 소설이 4%, 60세 이후에 출판된 소설이 2%, 그리고 70세 이후에 출판된 소설이 2% 순이었다.

위에서 살펴본 것처럼 거의 절반의 인도네시아 소설은 20대의 작가에 의해 쓰여졌다. 더 자세히 언급하면, 20대의 작가들은 21세~25세 사이에 34편의 소설을 썼고, 26세~30세 사이에 34편의 소설을 썼다.

20대 작가들은 독창적인 인도네시아 문학 세계를 구축하였다. 이들 20대 작가들은 대부분 남성이었고 미혼이었으며 교육을 받은 사람들이 대부분을 차지하고 있었다. 삶에 대한 그들의 사고가 정열로 가득 차 있었다는 것은 놀라운 사실이 아니다. 인도네시아 소설은 다름 아닌 교육받은 젊은 세대의 사고 수준이었다.

그리고 30세 이후인 성인 작가에 의해 쓰여진 소설이 단지 28%에 지나지 않았다. 반면, 40세 이후에 쓰여진 소설은 20%이었고, 50세에 쓰여진 소설은 5%로서 나이가 들수록 작가의 작품 생산력이 감소하고 있음을 알 수 있다.

비록 작가의 작품 생산력이 20대에 최절정기를 맞이하고 있지만 젊은 작가의 작품이 문학적 가치를 지니고 있는지에 대한 의문을 갖게 될 수도 있다. 이 문제는 20대 작가를 통해서가 아닌 인도네시아 주요

소설 출판 자료를 통해 알 수 있다. 『씨띠 누르바야(Sitti Nurbaya)』는 작가 나이 33세에 집필되었고, 『그릇된 교육(Salah Asuhan)』은 작가 나이 42세, 『족쇄(Belenggu)』는 작가 나이 32세, 『순례자(Ziarah)』와 『짙은 빨강(Merahnya merah)』은 각각 작가 나이 40세와 41세 이었고, 『끝없는 길(Jalan Tak Ada Ujung)』은 작가 나이 30세, 『한 척의 배(Pada Sebuah Kapal)』는 작가 나이 37세, 『스리 수마라와 바욱(Sri Sumarah dan Bawuk)』은 작가 나이 43세, 『장막의 보호아래(Di Bawah Lindungan Kaabah)』 는 작가 나이 30세, 그리고 『무신론자(Atheis)』는 작가 나이 38세에 집필되었다. 그러나 『사냥(Perburuan)』과 『게릴야 가족(Keluarga Gerilya)』은 작가 나이 25세에 쓰여 졌고, 『펼쳐진 돛(Layar Terkembang)』는 작가 나이 29세, 『전보(Telegram)』는 작가 나이 28세, 수만(Suman)의 『전해지지 않은 사랑(Kasih Tak Sampai)』은 작가 나이 25세, 『처녀 유괴범을 찾다(Mencari Pencuri Anak Perawan)』는 작가 나이 28세에 쓰여졌다. 여성 작가들 또한 20대에 작품을 썼다. 예컨대, 슬라시(Selasih)의 『행운이 없다면(Kalau tak untung)』은 작가 나이 24세에 쓰여졌다. 특히, 하미다(Hamidah)의 『잃어버린 보석(Kehilangan Mestika)』은 작가 나이 20세 이전에 쓰여진 것이다. 누르 수딴 이스깐다르(Nur Sutan Iskandar)는 그의 첫 소설 『어찌하랴 여자인 것을(Apa Dayaku Karena Aku Perempuan)』을 29세에 처음 출판한 반면, 나머지 소설은 30세 이후에 쓰여졌다. 분명한 것은 인생에 대한 경험과 깊이를 갖는 30~40세 이후에 쓰여진 소설들은 인도네시아 소설사에서 주목을 받았다는 것이다. 20대에 쓰여진 소설들 중에 가치 있는 소설의 수가 너무 적다는 것은 작가의 집필 연령과 작품의 수준(질) 사이에는 상관관계 있음을 알 수 있다. 20대에 쓰여진 많은 소설 작품들이 문학의 수준에서 보면 두 번째 위치를 차지하고 있다. 그러나 여기서 시와 연극분야는 언급하지 않았다. 아디네고로(Adinegoro)의 『젊은 혈기(Darah Muda)』, 『조야의 사랑(Asmara Joya)』과 같은 종류의 소설들인 『끊이지 않는 불행(Tak Putus Dirundung Malang)』, 『악당소굴의 처녀(Anak Perawan, Di Sarang Penyamun)』, 『처녀 유괴범을 찾다(Mencari Pencuri Anak Perawan)』는 청춘남녀의 감성적인 사랑을 주제로 20대 작가들에 의해 쓰여졌다. 인도네시아 현대소설의 효시로 일컬어지는 소설 『고통과 불행(Azab dan Sengsara)』은 작가 나이 24세에 쓰여졌다.

어떻게 집필 연령을 10년 단위로 나눌 수 있는가? 식민시대였던 1920년과 1930년에는 20대의 작가가 작품 활동을 주도하게 된다. 1920년대에 6편과 1930년대에 15편의 소설이 20대에 의해 쓰여졌다. 30대 이상은 2편과 7편의 소설이 쓰였고 40대 이상은 각각 1편과 4편의 소설이 쓰여졌다. 식민시대에는 20대 이하의 작가에 쓰여진 소설이 2편이나 발견되었다.

일제시대와 독립투쟁기였던 1940년대에는 20대 작가들이 6편의 소설을 씀으로써 여전히 큰 역할을 담당했다. 반면, 30대 이상의 작가들은 3편을 썼고, 40대 이상의 작가들은 2편을 썼고, 그리고 50대의 작가 또한 2편을 썼다.

독립 이후인 1950년대에도 20대 작가의 작품 수가 가장 많았다. 즉 15편의 소설이 20대의 작가에 의해 쓰여졌고, 30대의 작가에 의해 9편이, 40대의 작가에 의해 2편이, 그리고 50대의 작가와 60대의 작가에 의해 각각 1편의 소설이 쓰여졌다. 이 시기에는 아입 로시디(Ajip Rosidi)처럼 20대 이하의 작가에 의해 쓰여진 소설도 발견되었다.

1960년대에도 20대 작가들의 작품 수가 가장 많아서 총 13편이었지만, 30대 작가들은 8편, 그리고 40대 작가들은 9편에 그쳤다.

1970년에는 20대 작가의 작품 수가 감소하여 3위에 그쳤다. 이 시기에는 30대 작가의 작품 수가 최고를 차지하여 10편이나 되었고, 40대의 작가는 9편, 20대의 작가는 8편이었다. 이러한 현상은 인도네시아의 작품 활동 나이가 전문화되고 안정화되고 있음을 보여주고 있다. 즉 그 이전 작가들이 나이가 든 이후에도 계속해서 저술 활동을 하고 있다는 것을 알 수 있다. 더욱이 이 시기에는 70대의 작가들까지도 집필하였다(2편).

비록 고령의 작가들이 집필하고 있지만, 인도네시아 주요 작품들은 30대와 40대 작가들에 의해 주도되었다. 작가의 나이 30세~40세 이후에 등장한 작품도 전성기 때에 뒤지지 않는다. 예컨대, 수딴 딱띠르 알리샤바나(Sutan Takdir Alisjahbana)와 이드루스(Idrus), 그리고 아흐디앗 까르땀하르자(Achdiat Kartamihardja) 등이 있다.

6. 작가의 교육수준

인도네시아 소설작가의 교육수준에 대한 자료는 그 전부를 조사할 수 없었다. 그러나 등록된 자료에 따르면, 제2차 세계대전 이전과 이후의 작가들의 교육수준에는 차이가 있었다. 전환기였던 1940년대 작가들의 소설 작품에 대한 자료들은 대부분 독립전쟁 이전의 것들이었다. 왜냐하면 1940년대는 1920년대와 1930년대 「발레이 뿌스따까」에 의해 출판되지 못한 작품들이 매우 많았기 때문이다. 독립전쟁 이전의 모든 작가의 교육수준에 대한 자료를 살펴보면, 전환기였던 1940년대의 자료는 거의 존재하지 않지만, 독립 이후의 자료는 남아 있는 상태이다.

식민시대의 인도네시아 작가들의 교육 수준은 다음과 같다. 그들은 높은 수준의 교육을 받았다. 예컨대, 의사양성학교(STOVIA), 공무원양성학교(OSVIA), 보고로 수의학교(Sekolah Dokter Hewan Bogor), 법과대학(Sekolah Tinggi Hukum) 등의 교육기관 출신이 6명이었다.

대부분의 작가들은 화란 식민시대에 중등교육을 받았는데, 즉 물로(MULO)중학교, 중등학교(AMS), 초등사범학교(Sekolah Guru), 중등사범학교(Kweekschool), 하급관리양성학교(Klein Ambtenaar) 등의 교육기관 출신이 16명이었고, 이들 중에 5명은 초등교육을 받은 것으로 알려졌다.

위 자료에 따르면, 사실 독립전쟁 이전에 대부분의 소설작가들은 중등학교인 물로(MULO)와 아엠에스(AMS)에서 교육을 받았다. 이미 알고 있는 것처럼 그와 같은 교육을 받은 사람은 화란어, 영어, 불어, 독어 등의 외국어를 구사할 능력이 충분하였고, 그래서 그들은 외국어를 바탕으로 외국문학을 공부할 수 있었다. 그 당시 중등학교 도서관에는 식민정부에 의해 엄선된 문학작품들이 비치되어 있었다. 그렇기 때문에, 세계문학이라고 할지라도 화란어로 번역된 문학서들과 화란어의 문학서들이 많이 보급되었다. 이러한 상황은 독립 이후에도 화란문학뿐만 아니라 다른 외국문학 서적들도 끊임없이 보급되고 확대되었다.

또한 주목을 끄는 것은 단지 화란초등학교 교육을 받은 5명의 작가가 있었다는 점이다. 이것은 20대 작가들이 활동했던 시기와 일치하며, 왜 「발레이 뿌스따까」소설들에서 감성적인(사랑 때문에 죽고 사는) 특징을 보여주고 있는지를 알 수 있다. 독립전쟁 이전의 주요 소설은 대부분 고등교육을 받은 이들에 의해 쓰여졌다. 예컨대, 의사양성학교(STOVIA)를 졸업한 압둘 무이스(Abdul Muis)와 아르민 빠네(Arjmin Pane), 보고르 수의학교(Sekolah Dokter Hewan Bogor)를 졸업한 마라 루슬리(Marah Rusli), 법과대학(Sekolah Tinggi Hukum)을 졸업한 수딴 딱띠르 알리샤바나(Sutan TAktir Alisjahbana), 공무원양성학교(OSVIA)를 졸업한 머멋 사스트라하디쁘라위라(Memed Sastrahadiprawira) 등이다.

전환기인 1940년대의 작가들은 적어도 화란 식민시대에 중등교육을 받았다, 예컨대, 솔로(Solo)의 아엠에스(AMS)를 졸업한 아흐디안 까르따미하르자(Achdiat Kartamihardja), 사범학교(CVO)를 졸업한 에스 루끼아(S. Rukiah), 보고로(Bogor)의 화란고등학교(HBS)를 졸업한 수빵깟(Supangkat) 등이다.

독립 이후 고등교육을 받은 작가들의 수는 점점 늘어나 26명이나 되었다. 그러나 독립전쟁 이전처럼 중등 교육을 받은 작가가 가장 많아 33명이었고, 초등교육을 받은 사람은 6명이었다. 많은 작가들은 평균적으로 식민시대에 중등교육을 받았고, 그들은 1950년대에 이르러 글을 썼다. 또한 혁명으로 인해 그들은 학교에 계속 다닐 수 없었기 때문에 독학으로 공부하였다. 그들은 공식적으로 초등학교를 졸업하는 수준이었거나 독학으로 공부한 수준이었다. 고등교육을 받았던 대부분의 작가들은 1960년대와 1970년대에 들어서 소설을 썼다.

다른 자료에 의하면, 모든 작가들을 포함하여 중등 이하의 교육을 받은 사람들은 72명(35.8%), 고등 교육을 받은 사람은 129명(64.1%)이었다. 고등교육을 받은 사람의 대부분 사회학 전공자로서 46명(35.6%)이었으며, 인문학 전공은 32명(24.8%)이었고, 그리고 자연과학 전공은 16명(12.4%)이었다.

따라서, 사회학을 전공한 작가가 문학을 전공한 작가와 비교했을 때 가장 많은 소설을 집필하였다.

7. 작가의 직업

신문기사를 쓰면서 문학작품을 쓰거나 대중 소설을 쓰는 몇몇 작가를 제외하고 인도네시아의 저술업은 아직 인도네시아에서 주업이 될 수 없었다. 그러나 단지 소설을 쓰는 것만으로 가족의 생계 수단을 삼는 작가의 수가 매우 적었기 때문에 그들은 예외로 할 수 밖에 없다.

일반적으로 인도네시아 작가는 오직 작품 활동만으로는 결코 살 수 없었다.

자료에서 볼 수 있듯이, 작가들은 글 쓰는 일과 가까운 다른 직업을 가지고 생활한다. 즉, 그들은 편집자 혹은 기자로서 신문 잡지분야나 학교 선생님으로 일을 한다. 학교 선생님이라는 직업은 독서할 수 있는 기회를 제공해 주고, 더 나아가 문학의 형식 중에 하나인 경험과 지식을 사용할 수 있는 충분한 기회가 주어진다. 또한 언론 분야에서 기자로서 일하는 것도 매일 글 쓰는 것이 요구된다. 바로 이런 이우 때문에 인도네시아 작가들의 직업이 선생님, 교수, 그리고 기자와 같은 교육 및 언론분야에 종사한 경우가 많았다.

독립전쟁 이전의 27명의 작가에 관한 자료를 모을 수 있었다. 그 자료에서 그들의 직업을 알 수 있었다. 즉 6명은 학교 선생님이었고, 11명은 언론 분야에 종사하고 있었고, 4명은 선생님으로 일하다가 언론 분야로 옮기기도 하였다. 그리고 다른 6명은 식민 행정부의 관료로서 일을 하였고 또한 의사, 수의사, 영화관련 업종, 대중 조직과 믄화 사무실 직원도 있었다. 그러므로 21명의 작가들이 선생님과 언론인으로서 종사하고 있었고, 오직 6명만이 언급된 두 직업 외적인 분야에서 일을 했다. 언급된 자료에 의하면, 많은 작가들이 기자나 편집자로서 일했다, 즉 이들 분야에서 일을 한 사람은 15명이었다. 일반적으로 직업은 선생님에서 언론인으로 직업을 바꾸기도 하였고 동시에 선생과 기자 일을 하기도 했지만 이것은 드문 경우였다. 즉, 처음부터 언론분야나 교육 분야에서부터 일을 시작했다. 그러나 간혹 반대의 상황도 발생했는데, 즉 처음에 언론분야에서 일을 하다가 그 후에 선생이 되는 경우도 있었다.

독립 이후에도 이와 같은 상황은 크게 바뀌지 않았다. 총 39명의 작가들 가운데 15명이 언론분야에 종사하였고, 3명은 언론분야에서 일을 하였지만 이전에 선생님으로 일을 한 경험이 있었고, 11명은 선생님이나 교수로서 일을 하였다. 언급된 두 분야가 아닌 외부에 종사한 사람이 10명이었는데, 그들은 의사(3명)와 비교육기관인 우편, 문화, 스튜어디스, 영화 등의 분야에서 일한 국가 공무원이었다.

전반적으로 최고의 인도네시아 소설 작가의 직업은 기자, 편집자, 출판업자이었다. 즉 총 66명의 작가 중 33명(50%)이었다. 반면, 교육자(선생님, 교수)로 일을 한 작가는 17명(25.7%)이었고, 언론과 교육 분야가 아닌 다른 분야의 종사사가 16명(24.5%)이었으며, 그리고 5명이 의사로 일한 작가였다.

인도네시아의 저술업은 지적인 일과 분리될 수 없음을 알 수 있다. 지적인 일은 교육자로서 그리고 기자와 편집자로서 "읽는 즐거움"과 "쓰는 즐거움"을 추구하는 직업에 속한다. 이것이 바로 인류와 사회의 민감한 국면이 그들의 소설 작품속에 수용되어 나타난다.

물론, 소설의 주제 관련 자료를 보면, 인간과 심리 주제가 인도네시아 소설의 최고의 주제를 차지하고 있으며, 그 다음에 사회주제가 차지한다. 그럼에도 불구하고, 인도네시아 주요 소설은 정신, 심리, 인류애 등의 주제로 범주화 된다는 것은 명백한 사실이다. 그리고 인간의 내면을 주제로 한 소설들은 종종 사회 문화적인 문제들과 연계되어 묘사되고 있다.

그 시대의 사회 문화 주제를 다룬 소설들은 보통 2류의 소설로 취급되었다. 이것 역시 왜 의사의 직업을 가진 많은 작가들이 있었는지를 충분히 이해시켜 준다.

기자가 하는 일처럼 이 의사의 직업역시 매일 인간의 고통을 대하게 된다. 따라서 직업의 환경적 요소가 소설의 형식 속에 농축되고 반영되는 것이다.

8. 결론

인도네시아의 소설 작가들은 누구인가? 제한된 자료로부터 인도네시아 작가들은 대부분 남성이고, 고등교육을 받았으며, 사회학을 전공하였고, 20대~40대의 젊은 연령층이고, 대부분 무슬림이며, 언론 및 교육 분야에서 기자나 교육자로서의 직업을 가지고 있었다는 결론을 얻을 수 있다.

고등교육을 받고 언론 분야에서 종사한다는 것은 그들이 자카르타와 같은 대도시에서 산다는 것을 암시한다. 따라서 많은 인도네시아 소설들이 자카르타를 배경으로 쓰여 졌고, 현대생활에 직면한 문제들을 다루고 있다는 것은 결코 놀라운 일이 아니다.

인도네시아 소설은 민족의 실체에 매우 근접해 있는 지식인 계층의 생각과 감성을 표출한 것이다. 이러한 측면에서 인도네시아 소설은 사실 예민한 레이더로서의 기능을 하며, 문화의 바로미터로서의 기능을 담당하고 있다고 말할 수 있다.

비록 그와 같은 기능을 담당할 수 있는 소설의 질적 수준에는 한계가 있고 드러내고 또한 차이가 존재할 수 있다는 것을 인정해야만 한다.

제 3 장

인도네시아 소설의 외재적 요인

인도네시아 소설작품 출판

1. 서론

소설은 매우 두꺼운 책의 형태로서 꽤 많은 출판 비용을 필요로 한다. 그렇기 때문에 작가가 개인적으로 소설작품을 출판할 수 없다. 대부분 작가 개인이 스스로 출판을 하는 경우는 상대적으로 출판 비용이 적게 드는 시집을 출판하는 시인이 이러한 경우에 속한다.

이런 출판 비용 문제 때문에 작가는 그의 원고를 출판업자가 수정하거나 바꿀지라도 어쩔 수 없이 그 출판업자에게 소설 출판을 위임할 수밖에 없다.

소설의 출판 비용을 부담하는 출판업자는 어떤 원고를 출판할 것인지, 안할 것인지를 결정하기 위해 여러 가지 판단 사항을 가지고 있다. 이 판단은 이상주의 또는 상업주의 특성을 띠고 있다. 이상주의 출판업자는 아마도 예술, 정치, 교육적 이유 때문에 이상주의 목표에 기초하여 판단할 것이다. 그러나 상업주의 출판업자는 이윤추구를 최고의 목적으로 삼기 때문에 소설의 판매에 기초를 둘 것이다. 이 출판업자의 소설 출판의 이유가 예술, 정치, 교육을 위한 목적이 아니기 때문에 간혹 출판될 소설과 갈등이나 충돌을 일으킬 가능성이 있다. 소설 출판 선정의 최고의 목적은 이윤추구에 달려 있기 때문에 출판될 소설이 사회에서 폭 넓게 인기를 끌 수 있느냐 혹은 폭 넓게 읽혀질 수 있느냐가 출판의 기준이 될 수 있다.

이상주의 출판업자라고 할지라도 상업주의를 추구하지만 상업적인 이익의 목표보다는 공공의 목적을 추구한다. 이상주의 출판업자의 상업적 이익은 다른 작품들을 출판하는데 많은 도움을 주며, 또한 보다 폭 넓게 읽혀질 수 있도록 책값을 적정하게 책정한다. 그와 같은 태도 때문에 이상주의 출판업자는 확실히 개인의 출판업자나 상업주의 출판업자와는 구별된다. 이상주의에 맞는 소설을 출판하기 위해서는 적정한 특별 기부금이 반드시 필요하다. 이 기부금은 정부, 사회단체, 특정재단에서 지원되어야한다

이상주의 출판업자는 인도네시아의 소설출판에 매우 유용한 기능을 담당해왔다. 이 출판업자는 중앙정부뿐만 아니라 지방정부의 출판 지원 예산에 의존한다. 현재 이런 형태로 지원되는 두 출판업자는 「발레이 뿌스따까」와 「뿌스따까 자야」이다. 「발레이 뿌스따까」는 식민시대부터 출판 활동을 시작하여 현재에 이르고 있고, 「뿌스따까 자야」는 1970년대 이후부터 현재까지 출판 활동을 담당하고 있다.

2. 식민시대의 소설 출판

제2차 세계대전 이전의 시대(식민시대)의 소설 출판 자료에 의하면, 「발레이 뿌스따까」에서 42편의 소설을 출판하였고, 사립출판사에서 7편을 출판하여 총 49편의 소설이 출판되었음을 알 수 있다. 「발레이

뿌스따까」의 출판업자는 독점적으로 화란식민시대에 학생들에게 읽을거리를 제공해 주었다. 이 출판업자가 출판한 "양서" 혹은 문학이라는 것이 무엇일까? 「발레이 뿌스따까」 출판사를 설립하려는 최초의 생각은 하져우(G.A.J.Hazeu) 박사가 원주민 독서준비위원회(Commiissie voor de Inlandsche School en Volkslectuur)를 설립한 1908년에 시작되었다. 그러나 그 결실은 1910년에 이르러 링꺼스(D.A.Rinkes) 박사의 지도력 하에서 비로소 이루어졌다고 할 수 있다. 그는 다음과 같이 「발레이 뿌스따까」의 설립 목적에 대해 언급했다. "그는 인도네시아 원주민들이 독서를 통하여 지식과 사고의 능력을 키우는 것을 억제하고자 하였다. 그 이유는 인도네시아 원주민들이 교육과 독서를 통하여 얻은 지식이 오히려 식민통치에 방해가 될 것을 우려했기 때문이다." 이에 대해 주버르 우스만(Zuber Usman)은 「우리의 책(Buku Kita)」이라는 잡지에 기고한 "발레이 뿌스따까의 역사와 희망"이라는 기사에서 링꺼스의 견해에 대해 "화란식민정부는 인도네시아 민족의 배움을 억제하고 읽을거리를 통제하여 식민통치의 장애물을 제거하려고 했다"라고 주장하였다. 이런 우여곡절을 통해 1917년에 국민독서위원회(Commissie voor de Volkslectuur)가 「발레이 뿌스따까」 출판사로 바뀌게 되었다.

1848년부터 화란식민정부는 인도네시아인들에게 제한적으로나마 서구교육을 시행하였고, 20세기 초에 이르러 인도네시아인들에게 제한을 두지 않고 서구교육을 시킴으로써 인도네시아 국민을 위한 학교들이 발전하게 되었다. 학생들의 수가 증가하면서 읽을거리가 더욱 필요하게 되었고, 이를 아랍 혼혈인과 중국 혼혈인들에 의해 운영된 사립출판업자들이 제공하게 되었다. 게다가, 운동단체도 출판사를 소유하기 시작하였다. 그들은 도서, 신문, 잡지 등의 출판사를 설립하였다. 이 출판사는 정부의 감독을 받지 않았다. 중국 혼혈집단에서는 이미 오랫동안 저급 멀라유어로 소설이나 비소설을 발전시켜왔다. 이 읽을거리는 인도네시아의 식자층에 의해 소비되었다. 또한 부디 우또모(Budi Utomo)와 이슬람연합과 같은 단체들도 출판사를 소유하게 되었다. 이와 같은 상황이 "국가 안전"을 위험에 빠트릴 수 있다고 생각한 화란식민정부는 "국민의 독서 통제"를 주도적으로 시행하게 된 계기가 되었다.

화란식민정부가 분명한 목적을 가지고 「발레이 뿌스따까」를 세운 것임은 확실하다. 그렇기 때문에 식민정부는 「발레이 뿌스따까」 운영과 관리를 위해 특별기금을 준비하였다. 매년 25,000굴덴(f)의 큰 기금이 준비되었다. 빠문짝(K.St. Pamoentjak)이 쓴 「발레이 뿌스따까」의 실체(Sewajarnya)라는 책에는 1921년부터 1941년까지 「발레이 뿌스따까」의 수입과 지출에 관한 명세서가 나와 있다. 지출 예산이 수입보다 항상 많았음이 밝혀졌다. 1921년의 지출과 수입의 차이는 450,000 굴덴(f)에 이르지만, 1941년에는 그 차이가 60,000굴덴(f)으로 감소하였다. 이것은 식민정부가 「발레이 뿌스따까」의 존속을 위해 항상 기부금을 준비하고 있었다는 것을 의미한다. 왜 식민 정부는 「발레이 뿌스따까」를 위한 기부금을 준비했을까? 화란식민정부는 정치적인 고려 때문에 국민의 읽을거리를 통제하고자 한 것이다. 그리고 「발레이 뿌스따까」의 책들이 국민의 손에 바로 쥐어질 수 있도록 책 가격을 저렴하게 책정하였다. 그 이외에도 책의 유통 또한 행정부에 의해 관리되었다. 초기에 책 분배는 정부체계를 따라 마을의 장(長)을 거쳐서 보급되었다. 그러나 그 결과는 기대에 못 미쳤다. 그 후 학교장을 통한 유통은 좋은 결과를 얻었다. 그 외에도, 분배는 대부분 중국인이 소유한 서점에서 판매를 통해 이루어졌고, 비록 판매가격의 25% 이익을 서점에 제공해 주었지만 그 책 가격은 거의 2배 이상 올랐다.

식민정부는 "질서를 보호하고 국민을 교육하기" 위한 지출이 너무 크지 않도록 노력하였다. 이것이 바로 "효율적인 시스템"을 시행한 이유인데 즉, 많은 양의 종이(원부자재)를 구매하여 직접 재단공장으로 보내고, 재단공장에서 규격에 맞게 잘라 「발레이 뿌스따까」 출판사로 보내면, 그곳에서 종이를 분배시켰다. 이는 책값을 안정시키기 위한 조치로서 서점에서 몇 배의 비싼 가격으로 받는 것을 막기 위해 모든 책에 책값을 인쇄하도록 하였다.

그렇게 함으로써 「발레이 뿌스따까」의 책들은 사립 출판사의 책들에 비해 가격 경쟁력을 가지게 되었고, 국민에게 "값싼 읽을거리"를 제공할 수 있었으며, 이외에도 「발레이 뿌스따까」는 국민과 학교의 중요성을 고려하여 학교에 도서관을 세웠다. 또한 "이동 도서차량(mobil pustaka keliling)"도 준비되었다.

이 정치적 이상주의는 「발레이 뿌스따까」에 의해 출판될 수 있는 소설에 대한 규정과 조건도 뒤따랐다. 1937년 「발레이 뿌스따까」의 "글쓰기 경쟁"에서 이야기의 기본 조건이 정해졌다. 작품의 조건은 자유롭게 이야기의 주제를 선택할 수 있다는 것이다. 그 의미는 민감한 종교와 정치문제들을 다루지 않는다면 어떤 주제를 선택해도 좋다는 것이며 또한 언어는 표준어가 사용되어져야 한다는 것이다.

그러나 「발레이 뿌스따까」에서 출판된 소설들이 정부의 감시망을 빠져나갔음이 확실하다. 그런 창작상황 속에서는 자유로운 생각과 구체적인 창작물이 등장할 가능성이 없었다. 한 작가가 그의 작품 원고를 「발레이 뿌스따까」로 보낼 때("만약 타자기로 타이프치길 원한다면... 그리고 그 가장자리에 충분한 여백을 남겨 놓는다면.... 그의 글을 선명하게 볼 수 있다면 손으로 써도 좋다... 너무 빡빡하게 쓰지 마시오") 이미 제한된 조건들을 염두 해 두어야만 했다. 바로 이런 조건들 때문에 대중소설처럼 「발레이 뿌스따까」 소설의 "줄거리(pokok cerita)"는 거의 유사한 주제가 반복되었다. 그 이유는 매번 창작된 소설작품이 받아들여지지 않을 것이라는 불안감에 휩싸이거나 위험을 일으킬 수 있는 주제를 가진 소설은 「발레이 뿌스따까」는 물론이고 원주민이 운영하던 사립출판사에서 조차 받아줄 가능성이 매우 희박했기 때문이었다. 『족쇄(Belenggu)』와 『그릇된 교육(Salah Asuhan)』과 같은 "혁신" 적인 이야기의 소설들은 「발레이 뿌스따까」에서 철저히 출판이 봉쇄되었다. 예컨대, 첫 번째 소설은 강제로 수정 및 편집되었으며, 두 번째 소설은 사립 출판사인 「뿌장가 바루」에서 출판되었다.

「발레이 뿌스따까」의 소설들은 출판업자가 원하는 대로 수정 및 편집되었기 때문에 "길들여진 소설(novel jinak)" 이라고 불렀다. 「발레이 뿌스따까」 소설 이외에도 "불량 도서(bacaan liar)" 가 존재하고 있었는데, 그 내용이 순수 상업소설(메단과 중국 혼혈인의 월간소설)뿐만 아니라 정치적 이상주의(스마우안, 마르코 까르또디끄로모와 같은 마르크스-사회주의 계층)를 담고 있었다. 그렇기 때문에 인도네시아의 지식인 계층의 "자유로운 목소리(suara bebas)" 는 미적인 것뿐만 아니라 이데올로기적으로 「발레이 뿌스따까」 밖에서 그들의 작품들을 출판해야만 했다. 「발레이 뿌스따까」에 대한 모함단 야민(Mohammad Yamin)과 아르민 빠네(Arjmin Pane) 등의 투쟁은 1922년 초에 문예지를 만들기 시작하여 1933년에 「뿌장가 바루(Pujangga Baru)」를 세움으로써 비로소 결실을 맺었다. 이제 "신시(puisi baru)" 와 "신소설(novel baru)" 들이 1930년대에 「발레이 뿌스따까」에서 출판되지 못하고 「뿌장가 바루」에서 출판되었다는 것을 이해할 수 있을 것이다.

「발레이 뿌스따까」 외부에서의 소설 출판은 사립출판사에서 이루어졌다. 예컨대, 『히죠 학생(Student Hidjo)』이라는 소설은 1919년 스마랑(Semarang)에서 보에카안델 & 그루꺼르지(N. V. Boekhandel & Drukerij)와 마스만 & 스트로인(Masman & Stroink)에 의해 출판되었으며, 『어찌하랴 여자인 것을(Apa Dayaku Karena Aku Perempuan)』이라는 소설은 인도네시아 드룩끄리(Indonesche Drukkerij)에 의해 출판되었다. 전쟁 이전의 많은 소설을 출판한 유명한 원주민 소유는 "메단 출판" 이었다.

"메단(Medan)의 10센트 소설" 은 1939년 7월에 시작되어 1942년 3월 일본이 점령하면서 끝났다. 메단 소설이 모두 "10센트의 싸구려" 는 아니었다. 함까(Hamka)와 담후리(A. Damhuri)의 작품과 같은 몇몇 메단 소설이 「발레이 뿌스따까」가 출판한 소설에 포함되어 있었기 때문이다. 메단(Medan)의 출판은 단지 도시에 집중되었던 것이 아니라 부낏띵기(Bukittinggi)와 빠당(Padang)에도 있었다. 이 출판 약사는 "싸구려 소설(Roman Picisan)" 과 유숩(Joesoef Sou'yb)의 "소설발전의 역사 및 종교 속에서 살아 숨 쉬는 메단 출판 소설" 이라는 논문이 따마르 자자(Tamar Djaja)의 작품에서 발견되었다.

메단(Medan)의 출판은 1925년 이래로 발전하기 시작한 저급 멀라유어(Melayu-Rendah) 사용자인 중국 혼혈인이 쓴 "월간 소설(roman bulanan)" 의 성공을 모방하였다. 처음에는 교사인 담후리(A. Damhuri)의 지도하에 메단의 월간소설 「경험의 세계(Dunia Pengalaman)」를 시리즈물로 출판하였고, 그 후 서적 등록 공무원인 유숩(Joesoef Sou'yb)에 이어 마뚜 모나(Matu Mona)에 의해 출판되었다. 그 출판은 메단(Medan)의 이슬람 서적이었다. 「발레이 뿌스따까」의 출판물인 "큰 서적" 과 차별하기 위한 "작은 서적" 인 사꾸(saku-주머니에 넣을 수 있는 포켓 크기) 사이즈로 한 달에 2번 출판하였다. 초기에는 모든 소설이 거의 2,000부 가량 출판되었지만, 나중에는 20센트의 가격으로 6,000부까지 출판되었다. 이것이 바로 빠라다 하라합(Parada Harahap) 기자에 의해 "10센트 소설(싸구려 소설)" 이라고 이름 붙여진 이유였다.

이 10센트 소설의 성공은 출판업자에게 다른 "월간 소설"을 만들도록 부추겼다. 연이어 부낏띵기의 따마르 자자(Tamar Djaja)의 지도로 연애소설이 출판되었고, 같은 도시에서 『삶의 투쟁(Perjuangan Hidup)』이라는 소설도 출판되었다. 이 출판업자로부터 수만 하에스(Suman HS), 무함만 까심(Muhamad Kasim), 그리고 함까(Hamka)는 소설 집필을 의뢰받기도 하였다. 그 후 메단에서는 1939년 12월에 유숩(Joesoef Sou'yb)의 지도로 소설이 출판되었다. 그 출판 부수는 각 소설마다 7,000부에 이르렀다. 한 달에 2번 출판되면서 유숩(Joesoef Sou'yb) 자신뿐만 아니라 함까(Hamka), 이 구스티 뇨만 빤지 띠스나(I Gusti Nyoman Pandji Tisna), 이 마데 오따르(I Made Otar) 등이 소설을 쓴 적이 있다. 유숩(Joesoef Sou'yb)의 소설인 『고통(Derita)』에 대한 그 시대의 인텔리 집단이었던 아미르 박사(Dr. M. Amir), 함까(Hamka), 사유띠 믈릭(Sayuti Melik)의 날카로운 비평을 만날 수 있다. 메단에서는 마뚜 모나(Matu Mona)지도 하에 「찐드라와시(Tjenderawasih)」와 「구바한 마야(Gubahan Maya)」라는 월간잡지가 등장하였다. 이외에도 메단에서는 후센(Husen), 시우마(Si Oema), 그 후에 무이스(A. Moeis)의 지도 하에 「무스띠까 알함브라(Mustika Alhambra)」 월간지가 출판되었다. 빠당(Padang)시에서는 데차(Decha)의 지도로 「인도네시아 소설(Roman Indonesia)」이 등장하였다. 60쪽 분량의 단편소설들 이외에도 비정기적으로 메단의 사립출판업자들은 장편소설을 출판했다. 즉, 따빠눌리 연합출판사(N.V. Syarikat Tapanuli)와 샤리까위 서점(Toko Buku Syarkawi)에서는 마뚜 모나(Matu Mona)의 『인도네시아 적색 연인(Pacar Merah Indonesia)』 출판하였으며, 이슬람 서적에서는 유숩의 『금빛 독수리(Elang Emas)』를 출판했다.

메단(Medan), 빠당(Padang) 그리고 부낏띵기(Bukittinggi)에서 출판

한 단편소설들은 찬부양론을 초래하게 되었다. 이런 소설류의 등장에 대해 한 측은 "젊은 층을 탈선시킬" 수 있는 불량 도서라고 평가하였다. 왜냐하면 그 내용이 탐정, 범죄, 절도 그리고 살인 이야기와 더불어 낙담과 절망을 불러일으킬 수 있는 소설이었기 때문이다. 가장 신랄한 비판은 이슬람학교를 졸업한 많은 무슬림 작가들과 "이슬람 서적(Pustaka Islam)"을 출판한 무슬림 작가들에 의해 이루어졌다. 예컨대, 유숍(Joesoef Sou'yb)은 그의 논문에 「사회 나침반(Pedoman Masyarakat)」이라는 잡지에 게재된 아.에스 하밉(A.S. Hamid)의 비평의 글을 인용했다. 그러나 이 비평은 엠하데 디엔 야띰(Mhd. Dien Yatim)으로부터 해답을 찾을 수 있다. 즉, "... 그 회교 학자는 단지 내세의 문제에만 관심을 가지고 있다는 의구심이 든다... 그리고 새로운 세대와 소설의 신봉자인 모든 회교학자들은 그 소설이 이슬람 정신을 담고 있다면, 사람들에게 놀림당하는 것을 두려워하지 말아야 한다... 이슬람의 새로운 세대와 계층에는 이야기, 연극, 영화, 신문, 문학, 신용, 산업 등의 분야에서 다양한 목소리가 존재하고 있다. 그들은 알라가 이슬람을 위해 존재하기 때문에 투쟁한다..."

그리고 유숍(Joesoef Sou'yb)에 의하면 함까(Hamka) 역시 이 "메단 소설"에 대해 의견을 제시했다. 함까(Hamka)는 정치인 모함만 핫타(Mohammad Hatta), 수딴 스자히르(Sutan Sjahrir), 종교 지도자인 낫시르(M. Natsir), 가파르 이스마일(Ghaffar Ismail) 그리고 교육자인 사안두딘 잠벡(Sa'aduddin Jambek) 등의 비평에 동의하며 다음과 같은 견해를 밝혔다. "그 작품이 종교적 허용의 범위를 벗어나지 말고, 적어도 종교가 허락한 선을 넘는 행동을 삼가고, 종교가 허가한 선을 넘는 듯한 암시를 하지 말 것을 충고하였다."

사실 이 "메단의 10센트 소설"은 매달 2편의 단편소설을 1939년부터 1942년까지 약 3년 정도 출판을 지속하였다. 그렇기 때문에 약

8~12개의 출판사들은 소설의 출판에 큰 성공을 거두었다.

샤이풀(Sjaiful)과 띠에르다스(B.P Tjerdas) 출판업자를 거쳐 1950년대 인도네시아에서 가장 폭 넓은 메단 소설의 번영시대를 재부흥시키려는 노력이 있었지만, 예전의 성공이 반복되지는 않았다. 1960년대 초에 이르러 메단 소설은 자마룰 아비딘 아스스(Djamalul Abidin Ass.), 머라유 숙마(Merayu Sukma), 자우하리 끌라나(Djauhari Kelana), 누르민 수띠(Nurmin Suti), 이사(L. M. Isa) 등의 소설들이 성공의 결실을 거두었다.

아마도 「발레이 뿌스따까」 출판을 통하여 식민정부가 억제하고자 한 것이 바로 그와 같은 사항들이었다. 그 논쟁의 결과 언급된 소설책들을 불태우기로 결정한 림방안 술리끼(Limbangan Suliki)의 "뻐르띠(Perti) 회담"이 개최되는 결과를 초래하였고, 그 소설들을 차압하기 위하여 거주자(Resident)대한 소송에 작가들이 가담하였다. 이 상업출판에 대한 반대는 읽을거리를 매우 좋아하는 젊은 집단의 "윤리를 파괴" 할 수 있는 제도들에 관한 것이었다.

반면, 스마랑(Semarang)에서처럼 이상주의 사립출판업자는 이미 앞서 언급한 소설들인 『독립심(Rasa merdeka)』, 『학생 히죠(Student Hidjo)』, 『까디룬 이야기(Hikayat Kadiroen)』의 기반이 되는 막시즘의 확산이 "정치적 불안" 으로 이어질 것을 두려워하였다.

3. 전환시대의 소설 출판

일제시대와 혁명시대에도 「발레이 뿌스따까」의 역할은 매우 컸다. 조사된 15편의 소설 가운데 12편의 소설은 「발레이 뿌스따까」에서 출판된 반면, 1편의 소설이 「뿌스따까 락얏(Pustaka Rakyat)」 사립출판사에 의해 출판되었고, 그리고 2편의 소설은 「메단(Medan)출판사」에 의해 출판되었다. 이 소설들은 함까(Hamka)에 의해 『족쇄(Belenggu)』와 『델리로 유람하다(Merantau ke Deli)』가 「쯔르다스 메단(Tjerdas Medan)」출판사에 의해 출간되었고, 유숩(Joesoef Sou'yb)에 의한 『끄루응 삼뽀닛에서(Di Pinggir Krueng Sampoynit)』 소설이 「뿌스따까 아이다 메단(Pustaka Aida Madan)」에서 출간되었다.

혁명시대 동안 「발레이 뿌스따까」 활동은 전쟁 이전의 식민정부의 정책을 충실히 수행했는데, 즉, 인도네시아를 재식민통치하기 원하는 화란 정부로부터의 재정을 지원받았다. 그러나 편집 검열관은 더 이상 식민통치의 성격을 띠지 않았다. 그 증거로서 『수라빠띠(Surapati)』, 『진주(Mutiara)』, 『헌장(Tambera)』처럼 역사적으로 "화란에 저항"하는 내용의 소설들이 출판되도록 허락한 것에서 알 수 있다. 혁명을 주제로 한 소설들은 1949년말부터 1950년대 초까지 화란에 의해 인도네시아의 주권이 승인된 이후 자체적으로 출판될 수 있었다.

4. 독립 이후의 소설 출판

독립 이후 「발레이 뿌스따까」의 출판업자는 소설출판에 있어서 그 역할이 급격히 감소했다. 33편의 소설 중 8편의 소설만이 「발레이 뿌스따까」에서 출판되었다. 새로운 인도네시아 정부는 화란정부가 재정을 지원했던 식민시대처럼 출판의 재정을 지원할 수 없었다. 왜냐하면 「발레이 뿌스따까」는 이미 교육문화성으로 넘어갔기 때문이다. 더욱이 이 새로운 공화국에서 「발레이 뿌스따까」가 무슨 역할을 수행할 수 있었을까?

독립 후 10년 간의 인도네시아 소설들은 사립출판사의 손아귀에 있었다. 인도네시아 소설들을 출판한 12개의 사립출판사가 발견되었다. 자카르타(Jakarta)의 「가뿌라(Gapura)」출판업자는 가장 많은 소설을 출판했다, 그 가운데에 함까(Hamka)의 『삶의 회상(Kenang-kenangan Hidup)』, 마뚜 모나(Matu Mona)의 『전쟁의 종말(Akibat Perang)』, 리바이 마르라웃(Rivai Marlaut)의 『하스린다 의사(Dokter Haslinda)』, 목타르 루비스(Mochtar Lubis)의 『내일은 없다(Tidak Ada Esok)』, 모하만 딤야띠(Mohamad Dimyati)의 『점령된 욕야(Yogya Diduduki)』, 쁘라무디아 아안따 뚜르(Pramoedya Ananta Toer)의 『버까시 강가에서(Di Tepi Kali Bekasi)』 등이 있다. 「가뿌라(Gapura)」 출판업자는 「발레이 뿌스따까」 역할을 바꾸어 놓았다고 할 만큼 소설 시리즈의 출판을 통해 큰 기여를 하였다. 「가뿌라(Gapura)」는 1950년대의 유명한 작가들의 소설을 출판한 것은 물론 『붕아완 솔로(Bengawan Solo)』, 『까룬의 유산(Harta Karun)』, 『시골 소녀(Gadis Desa)』, 『붉은 다리(Jembatan Merah)』, 『반땀(Bantam)』 등과 같은 그 당시의 인도네시아 영화의 이야기로 구성된 "은막 소설 시리즈"도 출판하였다.

1930년대 이래로 활동적인 「뿌스따까 자야(Pustaka Jaya)」출판업자도 쁘라무디아 안난따 뚜르(Pramoedya Ananta Toer)의 『항복한 그녀(Dia yang Menyerah)』와 루끼아(S. Rukiah)의 『마음(Hati)』과 같은 몇몇 소설을 출판하는데 기여했다.

「가뿌라(Gapura)」의 출판업자처럼 「뻼방운안(Pembangunan)」 출판업자는 『게릴야 가족(Keluarga Gerilya)』, 『신혼여행(Perjalanan Pengantin)』, 『황폐한 대지(Tanah Gersang)』 등과 같이 문학적 가치가 높은 소설들을 출판한 새로운 출판업자였다. 이 출판업자들은 문학예술의 발전이라는 이상주의와 수익이라는 상업주의를 결합시키고자 노력했다.

그 외 다른 출판업자들은 자카르타의 「두따(M.P. Duta)」, 수라바야의 「가루다(Garuda)」, 자카르타의 「아날리사(Analisa)」, 메단의 「타고르(Tagore)」, 메단의 「빈땅 로만(Bintang Roman)」 등이 있었다. 이 출판업자들은 앞서 언급한 출판업자들보다도 더 상업적인 성격을 지녔다.

「발레이 뿌스따까」 출판 소설은 1960년대 약 10년 만에 사라졌다. 인도네시아 문학에 있어서 그의 역할은 끝이 났다. 이 10년 동안 20개의 소설 출판업자로 등록된 사립출판사들로 가득 찼다. 예컨대, 사립출판사로는 「누산따라(Nusantara-9편)」, 「부다야(Budaya-6편)」, 「로까자자(Lokadjaja-4편)」, 반둥의 「니나(Nina, Bandung-2편)」, 메단의 「샤이풀(Saiful, Medan-2편)」, 「구눙 아궁(Gunung Agung-2편)」, 「뻼방운안(Pembangunan-2편)」 등이 있었고, 「메가 북스토어(Mega Bookstore)」, 「윌렌드라(Wilendra)」, 「쯔르다스(Tjerdas)」, 「인디라(Indira)」, 「인도네시아 라야(Indonesia Raya)」, 「인드라로까(Indraloka)」, 「뻴리따(Pelita)」, 「마사 반둥(Masa, Bandung)」, 「비나사스뜨라(Binasastra)」, 「하루만 히둡(Haruman Hidup)」, 「술린도(Sulindo)」, 「아르야구나(Aryaguna)」, 「말레이시아의 뿌스따까 나셔날(Pustaka Nasional, Malaysia)」 등의 출판사로부터는 각 1편의 소설이 출판되었다.

언급한 출판사들은 소규모의 출판사였으며, 대중소설에 있어서 유행을 쉽게 따라가는 특징을 지니고 있었다. 그러나 「누산따라(Nusantara)」, 「부다야따(Budayata)」, 「로까자야(Lokajaya)」 그리고 「메가 북 스토어(Mega Bookstore)」 출판사의 책들은 매우 중요하게 여겨졌다. 왜냐하면 인도네시아 문학에서의 몇몇 중요한 소설이 출판되었기 때문이다. 문학작품들과 유명한 출판업자 사이에는 이처럼 종종 교류가 이루어졌다.

1970년대 10년간 문학가 아입 로시디(Ajip Rosidi)가 이끈 「뿌스따까 자야(Pustaka Jaya)」출판사에서는 값진 문학 소설들이 많이 등장하였다. 이상주의 출판업자로서 처음부터 자카르트타(DKI Jaya) 정부와 재단으로부터 자금을 지원받았다. 이것이 바로 1970년대의 「발레이 뿌스따까」 역할을 바꾼 출판사였다.

「뿌스따까 자야(Pustaka Jaya)」와 더불어 「그라메디아(Gramedia)」, 「자바딴(Djambatan)」, 「디안 락얏(Dian Rakyat)」 이외에도 「구눙 아궁(Gunung Agung)」과 반둥의 「뻴랑이(Pelangi)」, 그리고 「까르띠니(Kartini)」같은 상업적 출판업자도 등장하였다.

「발레이 뿌스따까」가 63편의 소설을 출판하였고, 뒤를 이어 「뿌스따까 자야(Pustaka Jaya)」가 18편의 소설을, 「누산따라(Nusantara)」가 11편의 소설을, 「가뿌라(Gapura)」가 8편의 소설을, 「부다야따(Budayata)」가 6편의 소설을, 「뻼방운안(Pembangunan)」이 5편의 소설을, 그리고 「구눙 아궁(Gunung Agung)」이 4편의 소설을 출판함으로써 인도네시아 정부로부터 인도네시아 소설 유산을 위하여 보조금을 지원받았다. 그렇지만 인도네시아의 소설 출판은 인도네시아 역사소설을 출판한 「발레이 뿌스따까」의 독점으로부터 완전히 벗어나지 못하고 여전히 의존하고 있었다. 상업적인 출판업자들은 1970년대 이전에 논쟁을 일으켰던 대중소설을 출판하기만 하였다. 반면, 이상주의 사립출판업자는 10년 이상 오래 지속된 적이 없었다(예, 누산따라, 메가 북스토어). 또한 상업적 사립출판업자는 "계절"에 적합한 대중 소설류만을 출판하였다. 예컨대, 「메단」 소설들과 「로까자야」 소설들 그리고 「부다야따」의 소설들은 10년 이상 지속되지 못하였다(1939년~1942년, 1966년~1969년). 1980년대에 유명했던 「씨이프레스(Cypress)출판사」 또한 5년 정도 밖에 유지되지 못하였다.

왜 문학서적 출판사들이 사립출판사 측에 의해 부침을 당했는가? 이것은 교육받은 지식인층이 아직 발전하지 못했기 때문이라 말할 수 있다. 문학은 지적 흥미를 충족시키기 위한 오락이 아니라 단지 시간을 보내는 한가로운 위안 정도로 여겨졌다. 지적 호기심으로써의 문학에 관한 흥미는 교육받은 집단에게는 아직 낯설었다. 「그라메디아

(Gramedia)」 출판사의 빠무숙 에네스떼(Pamusuk Eneste)는 오늘날 수요가 많은 책들을 다음과 같이 열거하였다. 즉, (1) 교과서, (2) 사전, (3) 만화책, (4) 가벼운 소설, (5) 종교서적, (6) 실용 서적, (7) 동화책 등의 순이었다.

5. 결론

앞서 살펴본 바와 같이 인도네시아 소설출판사들은 「발레이 뿌스따까」 역사처럼 정부로부터 보조금을 받는 안정된 출판사의 형태를 띠었다. "안정화"라는 정치목적을 달성하기 위한 「발레이 뿌스따까」의 도서출판 공헌은 적어도 50년 동안은 확고부동했다(1908~1950년대). 1921년 이래로 시행된 "효율" 시스템으로 인해 정부는 보조금의 액수를 점차 감소시켜나갈 수 있었다. 이로 인한 문제는 경영의 어려움에 있었다. 「그라메디아(Gramedia)출판사」의 알폰스 따르바디(Alfons Taryadi)는 "출판 사업이 이상주의와 비즈니스 사이에서 문화산업의 형태를 띠고 있다"라고 분명하게 정의하였다. 그렇지만 지속적으로 정부보조금을 받는 출판사를 제외하고는 이상주의를 추구한 출판사는 그의 사업미래가 보장되지 않았다.

출판업자는 책을 출판할 뿐만 아니라 독자에게 전달하는 역할도 담당했다. 책 배분 시스템은 문화산업에 대한 고려 없이 지속되었다. 「발레이 뿌스따까」는 기부금의 지원과 견고한 분배조직망의 확충으로 오랫동안 존속할 수 있었다. 그는 평균 25%의 할인 가격으로 서점들을 통해 판매했다. 그 책들은 식민정부의 기부금 지원을 받아 상대적으로 싼값으로 팔렸다. 정부로부터의 지원은 단지 재정으로만 이루어진 것이 아니라 다양한 세금 면제, 정부산하의 제지공장들로부터 종이 획득의 용이, 자체 인쇄소 소유, 그리고 교육부와의 협력을 통하여 이루어졌다. 그와 같이 「발레이 뿌스따까」의 책들은 2가지 주요 통로를 거쳐서 독자에게 전달되었다. 즉, 공공 서점을 거친 판매와 학교 도서관(Taman Poestaka)을 통하는 방법이었다. 이런 방식으로 1928년에 「발레이 뿌스따까」는 280,000권을 팔 수 있었고, 1929년에는 320,000권에 이르는 판매가 이루어졌다. 이것은 1930년에 인도네시아 전역에 약 3,000여개의 도서관과 매년 약 300,000명의 대여자 수가 계산되지 않은 것이다. 1941년 화란 식민정부가 붕괴될 시점에 도서관의 수는 약 1,300개였다. 학교도서관을 통해 제공된 것 이외에도 「발레이 뿌스따까」는 사립 도서관을 통해 구매지원이 이루어지도록 노력하였다.

화란 식민정부로부터 모든 지원을 받아 운영되었던 「발레이 뿌스따까」는 인도네시아 소설 유산을 담아내는데 가장 큰 공헌을 하였다.

이제 매우 많은 사립출판사가 부침을 거듭했던 상황을 살펴보자. 사립 출판사가 식민정부로부터 어떠한 지원이나 혜택을 누리지 못했다는 것은 명백했다. 전쟁 이전 사립출판사에서 출판된 몇몇 소설은 다양한 종류의 출판업자로부터 비롯된 것이 확실하다. 아마도 문학작품 출판은 다른 책들의 출판 이익의 "보너스" 이거나 "부업" 의 형태로써, 이상주의와 일치하는 우연한 일일 뿐이었다. 그렇기 때문에 사립출판사 측으로부터의 순수문학 출판을 기대하기는 어려웠다. 그 이유는 실제 사립출판사의 최고 목표는 이윤창출에 있었기 때문이었다. 이것이 바로 사립출판사가 인기소설을 좋아한 이유였다. 이런 종류의 읽을거리는 학교를 통해서 팔릴 수는 없었다.

전쟁 이후부터 인기소설 판매는 잡지와 신문의 가판대를 거치거나, 서점이 아닌 음식점, 음료점, 역, 버스정거장 등에서 널리 판매되었다. "지하" 에서 팔린 인기소설은 문학 출판처럼 명예를 인정받지는 못했다.

좋은 분배는 독자에게까지 그 문학작품을 보증할 수 있었다. 그리고 그러한 분배는 건강한 출판 메커니즘을 실행할 수 있었다. 독립 이후 문학작품의 출판업자는 "정부의 도움"을 적게 받았다. 식민시대의 정부가 제공했던 각종 지원과 편의는 인도네시아에서 영원히 사라졌다. 새로운 정부는 출판사들에게 종이재료 획득의 용이함을 주지 않았고, 자체 인쇄소의 운영에 도움을 주지 않았고, 문교성과의 협력도 제공해 주지 않았다. 인도네시아 정부가 관심을 보인 마지막 편의는 학교 도서관을 만들 의무에 관한 문교성 결정(No.0103/0/81)과 각 마을마다 도서관 설립 제안을 한 내무성의 설치령(No.28/1984)이 고작이었다. 이 규정이 올바르게 실행된다면, 66,000개의 마을 도서관과 200,000개의 학교 도서관이 세워질 것이다. 한 문학작품 출판업자는 이 도서관들을 통해 식민시대의 「발레이 뿌스따까」와 같은 출판 사업을 실행할 수 있을 것이다.

현재 문학서적 분배는 서점에서 취급되고 있다. 그리고 서점은 종종 출판의 "방해물"이 된다. 왜냐하면 이미 판매된 책들에 대한 책값이 미납되고 있기 때문이다. 이것이 바로 많은 출판사들이 큰 도시에 직접 서점을 설립하여 운영하는 이유이다. 「발레이 뿌스따까」의 방식처럼 말이다. 반면, 인도네시아 서점의 총수는 아직 불분명하다. 1975년의 자료에 의하면, 인도네시아의 전역에 총 330개의 서점이 있다고 한다. 전체 서점 가운데 자카르타와 서부 자바에만 각각 11.2%에 달하는 대형서점이 있는 것으로 나타났다. 서점의 수는 자카르타(47), 서부 자바(47), 중부 자바(37), 동부 자바(26), 북부 수마트라(18), 남부 수마트라(16), 남부 술라웨시(10), 리아우(10), 북부 술라웨시(11), 그리고 서부 깔리만딴, 동부 수마트라, 서부 수마트라 등은 각각 8개로 나타났다. 서점에 관한 거의 20년 만의 이 자료에서 서점의 수가 증가하는 모습을 보여주고 있다. 그러나 여전히 도서 구매력이 크지 않음을 보여주고 있다. 자바 섬의 서적 판매향이 인도네시아 전체 서점의 47%를 차지할 정도로 압도적인 우위를 점하고 있다.

분명한 것은 사회에서 보여주는 독자의 잠재력이다. 에드워드 킴맨(J.J.M Eduard Kimman)의 연구에서는 1,800만 명이 일간 신문구독자이고, 이들이 친구나 도서관에서 책을 빌려 읽거나 예약 구독하고 있다. 그리고 160만 명의 사람이 자신의 발전을 위해 책을 구매하거나 도서회원으로 가입하고 있다. 이 계층에는 일반적으로 높은 교육을 받은 사람, 지식인, 독학자로 구성되어 있으며, 그들은 높은 지위를 가지고 있어서 책을 구입할만한 충분한 수입을 가지고 있다. 뚜렷한 목적을 가지고 책을 구매하는 사람은 160만 명이고, 대부분의 1,800만 명은 도서관에서 책을 빌려 읽는다. 문제는 160만 명의 사람들은 지식, 예술, 철학 그리고 종교에 관한 서적에 관심을 가지고 있으며, 이들을 어떻게 확보하느냐에 달려 있다. 문학에 관심을 가진 사람이 몇 퍼센트인가? 인도네시아 문학의 신봉자는 20대~30대(45%), 30대~40대(28%) 사이의 젊은 연령층에 아직도 머물러 있다. 이 젊은이들은 충분히 성공한 계층일 뿐 아니라 대학교육을 받은 지식인들이다. 그렇기 때문에 정부에 의해 각 주마다 도서관을 만들어 그들에게 도움이 되는 프로젝트를 만들 계획이 필요하다. 만약 인도네시아에 있는 서점과 같은 수의 도서관이 필요하다면, 문학작품을 제공할 할 수 있는 약 330개의 도서관이 필요할 것이다.

이러한 문제는 인도네시아 문학의 저술을 발전시키고, 독서를 장려시키기 위해 깨달아야 할 필요성이 있다.

제 3 장

인도네시아 소설의 외재적 요인

인도네시아 소설의 독자

1. 서론

소설은 읽혀지기 위해서 쓰여지고 출판되는데, 이는 소설이 문학이라는 형식을 통해서 다른 이들과 의사소통을 하는 표현이자 이야기이기 때문이다. 소설에서는 두 가지 가치가 발견된다. 첫째는 소설의 내적 가치이고, 둘째는 소설의 외적 가치이다. 소설의 내적 가치는 매개물인 주인공의 지각과 경험에 대한 묘사나 이야기의 배경, 분위기, 그리고 이야기의 구성에서 나타나는 가치를 말한다. 소설의 외적 가치는 작가가 접하는 문제에 중점을 두는 가치를 말한다. 소설의 내적 가치는 작품의 예술성 정도를 측정하는 기준이 되는 반면, 외적 가치는 소설이 차지하는 중요성을 판단하는 기준이 된다. 소설의 외적 가치와 내적 가치를 구분 지을 수 없다는 것은 분명한 사실이다. 즉, 소설의 내적 가치는 실제로 외적 가치에 의하여 나온다는 말이 된다. 외적 중요도가 높은 소설이 작가의 삶에 대한 관점 뿐 아니라 내적인 아름다움 역시 가지고 있다는 사실은 결코 놀랄만한 일이 아니다. 반면 내적으로 아름다운 소설 중에서 별로 가치 없는 문제를 다루거나 가상의 주제를 다루고 있는 작품도 있다. 그러나 내적 가치만 지니고 외적 가치를 지니지 않은 소설은 존재할 수 없다. 외적 가치의 지지 없이 내적 가치만으로 위대한 소설로 인정받기 어렵다.

소설의 외적 가치는 독자가 누구인지를 결정하는 것이다. 예컨대, 어린이 독자는 정치적인 주제를 다루고 있는 소설에 대해서는 관심을 갖지 않을 것이다. 아마도 소설의 내적 측면(멋진 주인공, 훌륭한 구성, 매력적인 이야기의 분위기) 때문에 이런 소설을 읽는 어린이들도 있겠지만, 그들은 외적 가치들에 대한 탐색은 부족하거나 놓쳐버릴 것이다. 물론 모든 성인 소설들이 위와 같은 성격을 가지지는 않는다. 반대의 경우 내적 아름다움을 추구하는 어린이 소설에서 외적 가치(소설의 상징들)를 찾는 성인 독자를 발견하는 경우도 있다.

특정 소설은 사실상 특정 독자를 대상으로 한다. 이를 위해 대중문학소설(이하 대중소설)과 문학소설(이하 참여소설 또는 순수소설) 사이에는 구별할 필요성이 있다. 대중소설뿐만 아니라 순수소설도 똑같은 내적 가치를 가지고 있다. 차이는 외적 가치에 있다. 순수소설이 외적 가치를 강조하는 경향이 있다면 대중소설은 내적 가치를 강조하는 경향이 있다. 내적 가치를 지닌 좋은 순수소설뿐만 아니라 대중소설도 독자의 관심을 끄는 것은 자명하다. 그와 같은 소설은 감탄, 위안, "미적" 가치들을 제공하기 때문이다. 그러나 순수소설의 독자들은 소설의 아름다움과 미적 가치들에 만족하지 않고, 더 나아가 외적 가치에 대한 욕구를 표출하기도 한다. 즉, 외적 가치들에 대한 만족이다. 훌륭한 순수소설이란 단지 내적 가치뿐만 아니라 외적 가치로 위안을 얻을 수 있어야 한다.

순수소설 독자에게 있어 외적 가치는 위안이다. 대중 소설 역시 독자들에게 위안을 주지만 그 위안의 가치는 다르다. 대중 소설이 단지 독자들에게 이야기의 형태(긴장감, 감동, 공포 등등)로 위안을 준다면, 순수소설은 감성적으로뿐만 아니라 학식과 지식으로 위안을 준다.

위의 두 종류의 소설은 일반 독자와 특수 독자로 구분될 필요성이 있다. 일반 독자들은 배우기 위한 것이 아니라 즐기는데 관심을 가지고 있는 독자이다. 그들의 감상 수준은 소설의 의미를 발견하고 이해하는데 까지이다. 반면, 특별 독자는 소설의 가치들을 분석하고 비교함으로써 소설의 비평수준까지 이른다. 이 특수 독자는 편집자, 비평가, 문학가 등으로 구성된다. 편집자는 소설의 원고를 검토하고 출판의 여부를 결정한다. 반면, 비평가들과 문학가들은 일정한 가치체계로 소설의 위치를 설명한다.

인도네시아 소설의 독자가 누구인지를 이해시키기 위해서는 일반 독자뿐만 아니라 특수 독자들까지도 그 사실에 부합되는 자료들을 수집해야한다. 인도네시아의 소설의 존재가 적어도 19세기 말부터 이미 시작되었기 때문에 이 관찰은 1920년부터 1970년대까지로 자료를 한정시킬 것이다. 그것을 위해서 독립전쟁 이전인 식민시대부터 독립 이후까지 인도네시아 소설독자에 대해 살펴볼 것이다.

2. 식민시대의 소설 독자

1910년 이후, 특히 1917년 이후부터는 「발레이 뿌스따까」를 통해 많은 문학작품이 출판되었다. 사실, 화란 식민정부의 출판사가 누구를 위해 소설들을 출판했을까?

1938년 2월 발간된 「발레이 뿌스따까」의 잡지인 「독자 안내(Pembimbing Pembatja)」에 "「발레이 뿌스따까」의 진로와 노력"이라는 제목의 글이 실렸다; "「발레이 뿌스따까」는 이미 지난 세기부터 잠

들어 있는 이 나라의 문학을 재생시키기 위해 노력한다. 그 일환으로 대중을 위한 유익한 읽을거리를 제공한다. 이 나라에는 초등학교를 졸업한 뒤 학교에서 배운 지식들을 유지하고, 지식을 더 축적하기 위한 도구나 장소가 없다는 것을 깨달아야한다. 이것이 「발레이 뿌스따까」가 설립된 이후에 세워진 확고한 원칙이다."

위의 인용문에서 「발레이 뿌스따까」는 "초등학교를 졸업한" 이들의 소비를 위해 읽을거리를 출판한다는 것이 명백해졌다. 그렇다면 초등학교를 졸업한 사람들은 누구인가? 1907년 식민통치 이후 윤리정책의 계획안에 "문맹퇴치운동" 프로그램의 일환으로 시골에 학교들이 세워졌다.

1912년에 이미 인도네시아에는 2,500여개의 학교가 설립되었다. "문맹퇴치운동"으로 인한 것이며, 서양식 교육이 아닌 그들의 전통 문화를 가르치려는 것이 이유였다. 이는 서양 문화에 더 바탕을 두고 또한 도시에서 흔히 볼 수 있는 제2초등학교(Sekolah Dasar Kelas Dua)[6]와 구별하기 위한 것이었다. 이 제2초등학교(Sekolah Dasar Kelas Dua)는 "일반 대중"의 아이들을 교육시키기 위해 세워진 학교였기 때문에 특히 중요했다. 반면, 쁘리야이 계층[7]을 위한 제1초등학교(Sekolah Dasar Kelas Satu)[8]가 세워졌다. 제1초등학교에 입학할 수 있는 쁘리야이 계층의 학생들은 그들의 쁘리야이 전통을 계속 이어 나갈 수 있었고, 더 높은 교육을 계속 할 가능성도 있었다.

---

6 제2초등학교(Sekolah Dasar Kelas Dua)-주로 농촌지역에 세워진 학교로서 인도네시아 원주민과 부자들의 자녀가 자비로 교육을 받았고, 중등학교 진학을 목표로 하지 않았음.

7 쁘리야이 계층은 비록 그들은 귀족이 아니지만 이미 1848년부터 서양식 교육을 받아 관리로서 역할을 수행하였음.

8 제1초등학교(Sekolah Dasar Kelas Satu)-화란 식민정부가 서구인, 서구 혼혈인, 귀족, 쁘리야이 계층을 위한 학교로서 공무원과 중등학교 진학을 목적으로 교육하였음.

아마도 「발레이 뿌스따까」가 설립된 것은 시골초등학교와 제2초등학교(Sekolah Dasar Kelas Dua)의 졸업생들로 구성된 사회계층을 위한 것이다. 그렇기 때문에 「발레이 뿌스따까」는 농업과 가축에 관한 지식을 포함하는 내용의 많은 책들도 출판했다. 그럼 왜 소설, 역사서, 전설들이 출판되었을까? 사람들의 독서 욕구를 충족시키기 위해 매우 많은 종류의 책들이 출판되었다. 물론, 독자에게 흥미를 주기 위한 많은 연애소설과 이야기들도 발간되었다. 그러나 그 이야기들에는 문학 발전과 예술창작 그리고 민족문화를 강화하려는 교육적인 의미가 늘 중심에 자리잡고 있었다.

「발레이 뿌스따까」는 초등학교 졸업생을 위한 문학과 그들이 이해할 수 있는 언어, 즉 시골학교 졸업생을 위한 "지방어"와 제2초등학교와 제1초등학교(Sekolah Dasar Kelas Dua dan Satu) 학생들을 위한 멀라유어로 된 서적을 준비하였다. 그리고 제1초등학교(Sekolah Dasar Kelas Satu)를 졸업한 후에도 학업을 계속하는 이들을 위해 화란어로 된 서적도 출간하였다. 이미 많은 문학작품들이 화란어로 발표되곤 하였다. 게다가 독일어, 영어, 불어 등 다른 외국어로 출간된 작품들도 있었다.

「발레이 뿌스따까」 소설의 목적은 식민시대의 초등학교 졸업자들이 자신들의 서적을 스스로 선택하고 관리할 수 있기 위한 것이다. 정부는 "도색 혹은 악한들의 이야기"의 내용을 주로 출판한 사립출판업자의 "불법서적"들이 대중들을 물들일까봐 불안했다. 링꺼스(Dr.D.A. Rinkes)는 더 위험한 것은 정치적인 성격을 띠고 있는 불법서적이라며 다음과 같은 견해를 피력한바 있었다. 그는 "불법문학을 제한해야하고, 그것을 읽고 생각하는 것을 금지해야한다. 그렇게 하지 않는다면 국가의 안정과 사회의 질서가 파괴될 것이다"라고 주장하였다.

이런 예가 바로 "도색과 악한의 이야기"가 중국 혼혈인에 의해 저급 멀라유어로 출간된 것이었다. 그러나 이것은 「발레이 뿌스따까」를 통해 "추앙 체(Chuang Tze)"에 관한 책을 출판한 적이 있는 중국 작가 쿼 신 엥(Khouw Sin Eng)이 1949년 「빠짜와르나(Patjawarna)」 1월호에 반박 기사를 게재한 적이 있었다. 그는 이 기사에서 "악한 이야기"라는 것이 살인, 중독, 고문 등의 나쁜 이야기가 포함된 무협소설들로서 중국 혼혈 지식인 집단은 이러한 이야기들을 좋아하지 않는다고 밝혔다. 쿼 신 엥(Khouw Sin Eng)은 "도색 소설"이라는 명칭에 동의하지 않았다. 왜냐하면 이 중국 월간소설과 자유 소설들은 그와 같은 도색의 성격을 띠고 있는 것이 매우 적었고, 대부분의 소설들은 친숙한 낭만주의 성격을 띠고 있었기 때문이었다. 또한 그는 "우리는 소설 책을 한번 읽은 뒤 책장에 꽂아 두지 않고 즉시 치워버리게 되는 소설 책을 사본 적이 있다"라고 비꼬기도 하였다.

1910년 링꺼스(Ringkes)가 제기한 "국가의 안전과 질서를 망치는" 책들은 바로 민족운동을 주도했던 띠르또아디수르요(Tirtoadisuryo), 압둘 무이스(Abdul Muis), 빵으만안(Pangemanan)의 소설과 비소설 관련 서적들을 지적한 것이었다. 「발레이 뿌스따까」의 소설들은 특히 교육을 목적으로 출간되었다. 이것이 1939년 「독서 안내(Pembimbing Pembatja)」라는 잡지의 편집자의 비평을 인용한 것이다.

"그러나 그것들이 이미 사회속으로 들어갔을 때, 선생들이 그 도서(서적)를 통제할 수 없을 때, 그들 스스로 읽어야 할 것들을 선택해야 할 때 등을 고려해 보아야 한다. 그래서 많은 사람들은 그 발전이 멈추게 된다. 탐정소설 읽기를 좋아하는 사람들은 비록 그 탐정소설분야가 발전이 없다 하더라도 그 이야기 속에 빠져 살게 된다. 즉, 그들은 깊은 이해력과 세련된 감정을 느끼지 못한다"

이 필자 역시 「발레이 뿌스따까」 독자의 저급한 감상력을 걱정했다.

"지금 우리는 매일 「발레이 뿌스따까」의 서적들을 사는 사람들을 주목해야 하며, 올바른 관찰이 필요한 시점이다. 일반적으로 우리 민족의 마음은 높은 수준의 작품을 즐기는 것에는 여전히 폐쇄적이다. 위대한 영국의 시인 세익스피어의 작품을 충분히 즐기기에는 아직 멀었다는 생각이다."

「발레이 뿌스따까」를 통해 출간된 세계문학의 번역서들은 그 수요가 매우 적었다. 『정글 북(Jungle Book)』 소설은 1년에 30권 남짓 팔렸으며, 『쿠바디스(Quo Vadis)』 소설은 연 20권 정도 팔렸으며, 타고르(Tagore) 소설인 『가정의 안과 밖(Di dalam dan di Luar Lingkungan Rumah Tangga)』은 이보다는 조금 많은 66권이 팔렸다.

수요가 많은 것은 인도네시아 민족의 소설이며, 바로 「발레이 뿌스따까」 소설이었다. 여기서 "수요"라는 것은 단지 자신만을 위한 구매가 아니다. 그들이 멀라유어와 지방어를 사용한 「발레이 뿌스따까」 서적들을 일반 도서관이나 제2초등학교 도서관(Taman Poestaka sekolah Goeberneman Kelas Dua)을 통해 읽었을 가능성이 매우 컸다. 반면, 제1초등학교(Sekolah Dasar Kelas Satu)의 도서관과 홀란 인디스 스쿨(H. I. S)는 화란어로 된 책들을 확보하고 있었다.

이런 추측은 전쟁 이전 시대의 소설출판을 살펴보면, 소설 『펼쳐진 돛(Layar Terkembang)』은 1937년과 1938년에 출판되었기 때문에 일반적으로 2번 정도 출판되었다는 것을 알 수 있다. 독립 이후에는 한 소설이 9번까지 출판된 적이 있다. 소설작품인 『그릇된 교육(Salah Asuhan)』 역시 1928년 출판되었고, 1942년 두 번째 출판에 이어 독립 이후에 십여 차례 출판되었다. 그 유명한 『시띠 누르바야(Sitti Nurbaya)』는 1979년까지 12번 출판되었지만 식민시대였던 1941년에는 5번 출판에 그쳤었다. 소설 『수라빠띠(Surapati)』는 지연되어 1950년 출판되었고, 1979년까지 5번 출판되었다. 결론적으로, 식민시대에는 개인보다는 공공에 의한 구매가 더 활성화되었으며, 특히 도서관을 위한 구매가 큰 부분을 차지하였다. 그러나 전쟁 이후에는 개인 구매가 크게 늘면서 학교 도서관을 위한 공공구매는 확연히 감소하였다.

위의 자료들은 「발레이 뿌스따까」 독자의 대상이 제2초등학교(Sekolah dasar kelas dua) 졸업생들임을 보여주고 있다. 즉 도시뿐만 아니라 지방의 중·하위 계층을 말한다. 이것은 「발레이 뿌스따까」 소설의 문제점이었던 "관습"과 "현대화"의 부조화가 원인이었다. 이 문제는 공공 도서관을 위해 세계 각국의 문학을 선택하고 번역하는 부분에 있어서도 큰 영향을 끼쳤다. 문학의 선택은 서구 어린이들의 일상도서였던 모험소설로까지 넓혀졌다. 즉 하이더르 하갇(Hider Haggard)의 『술레만 선지자의 보석창고(Gudang Intan Nabi Suleman)』, 로버트 루이스 스테번슨(Robert Louis Stevenson)의 『보물섬(Pulau Harta)』, 알렉산더 두마스(Alexandre Dumas)의 『3명의 전쟁 지도자와 그 후 20년(Tiga Panglima Perang dan Dua Puluh Tahun Kemudian)』, 바론네스 오르츠(Baronnesse Orczy)의 『적색 연인(Pacar Merah)』와 『뱀장어의 교활함(Licin Bagai Belut)』 등과 같은 모험소설; 아르뚜르 코난 도일(Arthur Conan Doyle)의 『악마의 개(Anjing Setan)』와 『한 소녀의 비밀(Rahasia Seorang Gadis)』 같은 탐정소설; 그리고 디킨스(Charles Dickens)의 『불행한 소녀(Gadis yang Malang)』와 같은 감성적인 소설; 유스투스 환 마우리크(Justus van Maurik)에 의해 각색된 『시 자민과 시 조한(Si Jamin dan Si Johan)』 소설 등이다. 이와 같은 종류의 소설들은 제2초등학교(Sekolah Dasar Kelas Dua)를 갓 졸업한 청소년 계층에 알맞은 도서였다.

식민시대인 1930년대에는 이전 시대보다 더 높은 교육을 받은 새로운 사회계층들이 등장하였다. 이들이 바로 새로운 「뿌장가 바루(Pujangga Baru)」 계층이었다. 그들은 제2초등학교(Sekolah Dasar

Kelas Dua)나 홀란 인디스 스쿨(H. I. S)에서 교육을 받은 계층이 아니라 물로(MULO), 아엠에스(AMS) 혹은 대학교육을 받은 지식인이었다. 그들 중 대표적인 사람이 아미르 박사(Dr. Amir), 수딴 샤히르(Sutan Syahir), 무하마드 핫따(Muhammad Hatta) 등이었다. 그들은 「발레이 뿌스따까」의 문학을 거부했는데, 그 이유는 그들과 똑같은 사회계층의 문학이 아니었기 때문이다.

이 사회집단은 사실 19세기말 의사양성학교(STOVIA)와 공무원양성학교(OSVIA)가 설립된 이후에 등장하였지만 1920년대에 지식인 엘리트계층을 새롭게 형성하였다. 이로 인해 관습의 틀을 깨고 자유연애를 다룬 『족쇄(Belenggu)』와 사회운동과 교육받은 여성 집단을 다룬 『펼쳐진 돛(Layar Terkembang)』처럼 「뿌장가 바루」 소설들이 교육받은 엘리트계층을 배경으로 새로운 영역을 개척하게 되었다. 그 이후에 수와르시 조요뿌스삐또(Suwarsih Djojopuspito)가 쓴 『인간의 자유(Buiten Het Gareel)-1970년대 자유의 인간으로 번역됨』처럼 높은 교육을 받은 사회운동계층의 영역으로 배경을 넓혔다. 그 후에 이 문학이 현재까지 중·상위교육계층의 독자와 작가가 활동하는 인도네시아 현대문학이 되었다.

한편, 「발레이 뿌스따까」의 독자들은 독립 이후에도 순다문학과 자바문학처럼 지방문학에서 중·하위교육을 받은 계층으로 여전히 존재하고 있다. 공공 도서관인 「따만 뿌스따까」는 멀라유어 이외에도 지방어로 쓰여진 소설들과 문학작품들을 소장하고 있었다.

3. 식민시대의 대중소설 독자

1939년 메단(Medan), 빠당(Padang) 그리고 부낏띵기(Bukittinggi)에서 새로운 대중소설이 등장하였다. 그것은 중국 혼혈인 사회의 성공

모델이 된 "월간 소설"(월 2회) 출판이었다. 중국 소설들은 대중소설의 범주에 포함되는데, 특히 무협소설들도 마찬가지였다. 중국 혼혈인의 월간 소설은 1925년에 등장하였다. 사실 메단(Medan)의 대중소설 독자들은 「발레이 뿌스따까」의 독자들과 거의 동일하였다. 즉, 중 · 하위 교육을 받은 계층이었다. 이 소설들은 관습문제와 관련된 사랑 이야기와 반 탐정 이야기가 주류를 이루었다. 이것이 바로 메단(Medan) 소설이 「발레이 뿌스따까」소설에서 벗어날 수 있었던 이유였다.

이 대중소설은 독자들을 빠르게 흡입하였다. 이 소설들은 최저 5,000부에서 7,000부까지 출판되었고 또한 출판이 반복되는 경험을 하게 되었다. 마르따(Martha)의 소설 『우스따즈 아. 마스육(Ustaz A. Masyuk)』은 채 반년이 되기도 전에 3번이나 반복하여 출판되었다. 이 대중소설의 판매 수요는 "도색"의 경향 때문에 폭 넓은 사회의 반응으로 증가하였다. 부낏띵기의 성관계 소설인『매독(Sipilis)』은 자카르타에서 발행되는 빼만당안(Pemandangan) 신문에 의해 비난받았다.

교육자와 신학자 집단, 그리고 사회운동단체는 젊은이를 타락시킨다며 이 소설들의 존재를 비난했다. 게다가, 출판사연합회는 이에 대한 태도를 천명하기 위한 회의를 열기도 했다. 경찰은 이 단체의 고소에 대한 조치로서 서부 수마트라의 서점들을 급습했다. 이것은 대중소설에 관한 최초의 탄압이었으며, 독립 이후에도 이러한 일은 매번 반복되었다.

모든 메단 소설이 악평을 받은 것은 아니었다. 탐정소설인『금빛 독소리(Elang Emas)』와『인도네시아의 적색 연인(Pacar Merah Indonesia)』그리고「발레이 뿌스따가」작품들은 상기 소설만큼 악평을 받지는 않았다. 이 소설들을 연구한 적이 있는 룰빈크 박사(Dr .R. Roolvink)는 다음과 같이 결론지었다. "이 문학작품 속에는 근대 인도네시아 대중들의 삶이 투영되어있다." 대도시의 소외계층으로 살고 있는 제2초등학교(Sekolah Dasar Kelas Dua)와 시골학교를 졸업한 독자들을 대상으로 삼고 있다. 이것은 대도시의 호화스러운 삶의 상징물인 양주(oudesnick bols, jenever lelap), 식료품(Vitello, Blue band, filma olie), 최근의 서양영화(midnight show, Clark Gable, Leave Her To Heaven), 의류(doublebreast, kemeja Arrow), 향수(minyak rambut 4711, minyak wangi Evening Hollywood) 등이 가득히 전시된 소설임을 확인할 수 있다. 대중소설은 독자들에게 대도시의 부유층의 생활에서나 볼 수 있는 것과 같은 근대적인 삶의 꿈과 이상을 불어 넣어주었다.

재능이 부족한 작가들은 보통 사회불안 요소가 되는 "성과 폭력"을 부각시킴으로써 자신의 재능부족을 보충하려거나 감추려고 하였다. 그러나 따마르 자자(Tamar Djaja)에 따르면, 메단(Medan) 소설의 문제는 성적 표현이 아니라, 폭력성에 가까운 공포물과 불가사의한 귀신의 표현 때문이라고 한다.

4. 전쟁 이전의 특수 독자

소설의 첫 번째 독자는 출판 편집자이다. 「발레이 뿌스따까」출판의 편집자들은 누구였을까? 이를 위해서는 모든 편집자들에 대한 완벽한 자료가 있어야 하겠지만 이곳에서는 작가이자 편집자로 활동했던 몇몇 사람들에 관한 자료를 접할 수 있다. 1920년 이후로 「발레이 뿌스따까」의 편집장은 부낏띵기에서 사범학교를 나온 아만 다뚝 마죠인도(Aman Datuk Madjoindo)였다. 그는 빠당 지역의 선생님이었다가 교정자를 거쳐 부편집자에서 편집자, 그리고 마침내 편집장으로 승진되었다. 그는 1950년대까지 편집장으로 있으면서 「발레이 뿌스따까」의 취지에 맞는 소설들을 출판하였다.

또 다른 편집자인 누르 수딴 이스깐다르(Nur Sutan Iskandar)는 30년 넘게 편집자로 근무했다. 그는 민족학교(Sekolah Rakyat)를 졸업하고 부낏띵기에 있는 초중등사범학교(Kweekeling)에 들어갔고, 빠당의 신문에 글을 연재하면서 무아라 벌리띠(Muara Beliti)지역의 초등학교에서 보조교사로 일하게 되었다. 1919년 바따비아(현 자카르타)로 옮겨 「발레이 뿌스따까」의 교정자가 되었고, 그 후에 편집자를 거쳐 편집장의 지위에 오르게 되었다.

앞서 언급한 두 편집장처럼 1890년대 출생한 뚤리스 수딴 사띠(Tulis Sutan Sati)는 역시 초등사범학교를 졸업하고 「발레이 뿌스따까」의 편집장이 되었다. 그도 역시 부낏띵기 출신이었다.

1908년 서부 수마트라의 나딸(Natal)에서 태어난 수딴 딱띠르 알리샤바나(Sutan Takdir Alisjahbana)는 벙꿀루 지역의 홀란 인디스 스쿨(HIS)을 졸업하고 부낏띵기의 중등사범학교를 졸업한 이후 반둥에 있는 고등사범학교(Hoogere Kweekschool)에 진학했다. 1928년과 1929년에는 빨렘방(Palembang) 지역의 초등학교 선생님이 되었다. 이후 1930년부터 1942년까지 「발레이 뿌스따까」의 편집자를 지냈다. 「발레이 뿌스따까」의 편집자를 지내는 동안 그는 법학을 공부하여 1942년 자카르타에서 공부를 마치게 된다. 「발레이 뿌스따까」의 편집자로 있는 동안 그의 교육수준은 다른 편집자들처럼 사범학교를 졸업한 것이 전부였다.

제2차 세계대전 이전에 이들이 「발레이 뿌스따까」의 소설 출판 여부를 결정하던 편집자들이었다. 이들의 공통점은 모두 초등학교 선생님으로 근무한 경험이 있다는 것이다. 이들은 초등학교를 졸업한 어린이들이 필요로 하는 것을 가장 잘 알고 있었다. 이것이 바로 「발레이 뿌스따까」가 그들을 편집자로 선택한 이유였다.

이들 이외에도 메단의 "싸구려 소설(roman picisan)" 들의 편집자들이 있었는데, 유숩(Joesoef Sou'yb), 담후리(A. Damhuri), 마뚜 모나(Matu Mona), 따마르 자자(Tamar Djaja), 호센(Hosen), 데차(Decha), 시 우마(Si Oema), 아스마리 아스리(Asmari Asri) 등을 꼽을 수 있다. 이들은 1935년 부낏띵기 이슬람 고등학교를 졸업하고, 그 후 이슬람 중학교 선생님이 된 적이 있었고, 랑사(Langsa)지역의 델리-아쩨 회사의 창립 요원으로 일을 한 적이 있었다. 1939년 메단의 「경험 세계(Dunia Pengalaman)」의 편집자가 되었다. 담후리(Damhuri)는 초기에 메단의 구버르네먼(Gubernemen) 초등학교 교사였다. 마뚜 모나의 원래 이름은 1932년부터 1938년까지 연극과 정치 분야에서 활동한 랑꾸띠(Rangkuti) 가문의 하스불라 빠린두리였다. 이 모든 편집자의 배경은 매우 다양하였다. 이들 중 「발레이 뿌스따까」에서 소설을 출판했던 작가는 담후리(A. Damhuri)가 유일하다.

특수 독자 중 비평가를 빼 놓을 수 없다. 「발레이 뿌스따까」에서는 비평가를 두지 않았다. 아마도 필요성을 느끼지 못했기 때문이었다. 편집자들이 「발레이 뿌스따까」의 편집자이자 검열관으로서 충분한 역할을 담당했기 때문이다. 그들에게는 마죠인도(Aman Dt.Madjoindo)와 누르 수딴 이스깐다르(Nur Sutan Iskandar)작가 이름 옆에 편집자들의 이름이 나란히 쓰여진 것이 전혀 이상한 것이 아니었다. 예컨대, 이스깐다르(Iskandar)의 소설 『발리의 무용수(Jangir Bali)』는 주비르(R. Moh. Dzubir)에 의해 거의 새롭게 각색된 작품이었다. 반면, 『루스말라 데위(Rusmala Dewi)』소설은 에스. 하르조수마르또(S. Hardjosoemarto)의 이야기를 다시 각색한 작품이었다.

1923년 10월 25일자 「발레이 뿌스따까」가 발간한 「빤지 뿌스따까」 잡지에 메멘 사스뜨라하디쁘라위라(Rd. Memed Sastrahadiprawira)의 작품 『와와짠 엔덴 사리 바논(Wawacan Enden Sari Banon)』에 대한 뿌라디레자(Puradiredja)의 비공식적인 비평의 글이 게재되었다. 그는 순다 시 형태인 와와짠(Wawacan)이 도색적이라고 비난하였다. 그는 에밀 졸라의 소설인 『크로(Kroeg)』가 와와짠(Wawacan)처럼 리얼리즘을 띠고 있지만 졸라가 훨씬 더 세련되었다라고 덧붙였다. "메멘 사스뜨라하디쁘라위라의 심미안은 깊이가 없으며, 마라 루슬리(Marah Rusli)의 『시띠 누르바야(Sitti Nurbaya)』 소설작품 보다도 질이 떨어진다"라고 그는 평가했다.

1934년 4월 20일 자카르타의 찌삐낭(Cipinang) 감옥에서 수딴 샤흐리르(Sutan Sjahrir)가 쓴 일기 형식의 비공식적인 비평의 글이 발견되었다. 그는 「발레이 뿌스따까」에 대해 다음과 비평하였다. "아직 이 나라에는 지적인 글이 발견되지 않는다. 물론 그러한 글들이 분명 있을 것이다.... 사람들을 위해 소책자들을 발간하는 국민독서위원회(Institut voor de Volkslectuur-발레이 뿌스따까의 옛 이름)라는 이름의 기관이 있고, 많은 원본과 복사본이 있지만 문학으로 간주할 단한 것이 없다. 우리는 이제 막 이야기를 쓰는 습작 수준에 이르렀다. 인도네시아에서는 예외적인 몇몇 사람이외에는 세계문학과 서구문학의 존재에 대해 전혀 알지를 못하기 때문에 그것을 배울 수조차 없다. 아름다운 언어를 구현하기 위한 젊은 민족주의자들의 노력들이 르네상스 시대라고 말할 수 있지만 그 당시에 가치를 충분히 인정받지 못했다. 그들의 글의 수준이 너무 낮고, 그 글에는 깊은 사고가 없고, 형태도 모호하며, 분위기도 없으며, 진실성도 결여되어 있다. 마치 "광고"처럼 볼품없는 작품만이 존재하고 있다.

이것이(멀라유어 뿐만 아니라 많은 지방어로 쓴 문학이 없던) 그 당시의 인도네시아 문학에 대해 지식인들의 비평의 목소리였으며, 그 대표적인 사람이 수딴 샤흐리르(Sutan Sjahrir)였다. 이는 그 당시 「발레이 뿌스따까」문학이 지식인 계층의 문학이 아니라는 것을 다시 한 번 보여주는 것이다. 그 당시의 샤흐리르의 문학도서는 배비트(Babbit),

베네데토 크로스(Benedetto Croce), 오르테가(Ortega Y Gasset), 자로스라브 해세(Jaroslav Hasek), 말로(Malraux), 후이징아(Huizinga)와 화란 작가들의 작품이었다.

아립 부디만(Arief Budiman)에 따르면, 인도네시아 문학비평의 기원은 1932년 7월 5일 수딴 딱띨 알리샤바나에 의해 「발레이 뿌스따까」, 「빤지 뿌스따까」, 그리고「뿌장가 바루」잡지에 등장했다고 한다. 수딱 딱띨은 그 잡지에 『버따위 소년 시 둘(Si Doel Anak Betawi)』 소설에 대한 비평을 실은 적이 있다.

딱띨(Takdir)에 따르면, 비평이란 독자들에게 교육의 의미를 가지고 있어야 되는데, 즉, 어떤 것을 읽어야 하고 말아야 할 지 또한 작가들에게는 어떤 부분이 잘 쓰여 졌는지 아닌지에 대해 알려줄 수 있어야 한다. 이 비평서는 그 이후에 「뿌장가 바루」 집단의 문학 환경을 윤택하게 만들었는데, 그들이 바로 식민시대 「뿌장가 바루」 세대의 작가들인 따뗑껭(J. E. Tatengkeng), 보항(L. K. Bohang), 다요(M. R. Dayoh), 조요뿌스뻬또(S. Djojopuspito), 야신(H. B. Jassin) 등이었다.

1930년대 「뿌장가 바루」 세대부터 시작된 "문학 갖기" 의식은 샤흐리르가 언급한 것처럼 단지 이야기를 쓰는 것에서 그치지 않고, 진실성이 결여된 「뿌장가 바루」 문학에 대한 비평도 가미되었다. 그들은 문화 속에서 문학의 위치와 기능을 인식하기 시작했던 것이다. 이제 문학은 소설뿐 아니라 시, 드라마, 에세이, 비평에 이르기까지 확장되었다. 그들로부터 인도네시아 현대 문학의 뿌리가 생성되었다고 할 수 있다.

5. 전환시대의 소설 독자

일본의 식민시대인 1942년 3월 8일 이후부터 독립투쟁시기인 1949

년말 까지 인도네시아 사회는 정치 · 사회분야에서 큰 변화를 맞이하게 되었다. 이 시기는 정치 · 사회적 혼란이 최고조에 이른 시기였다. 그와 같은 시대에 소설을 읽고 쓸 수 있는 평온을 얻는 다는 것은 매우 어려운 일이었다. 이 시기에 등장한 작품의 수가 매우 적은 이유가 바로 이러한 불안정한 상황 때문이었다. 단지 일본을 선전하는 두 개의 소설 즉, 『조국에 대한 사랑(Cinta tanah air)』과 『작물(Palawija)』이 있다. 「발레이 뿌스따까」시대의 소설이 존재하고 있었지만, 『무신론자(Atheis)』와 『헌장(Tambera)』과 같은 장편의 소설이 출현했다는 것은 매우 놀랄만한 일이다.

공식적인 학교 교육은 방해를 받았기 때문에 식민시대에 있었던 학교 도서관이 운영되지 못하는 어려움을 겪은 시기였다. 독립전쟁 이전 시기의 「발레이 뿌스따까」는 소설 출판의 원천이 되었지만, 「발레이 뿌스따까」의 작가들이 말한 것처럼 독립전쟁시기에는 소설이 거의 출판되지 않았다. 일본 식민통치시기에 「발레이 뿌스따까」는 "문화 창조자" 로써의 역할이 아닌 단지 일본의 "인쇄소" 역할만을 담당하였다.

문학 장르가 잡지에 포함되어 출판되기 시작하였다. 일본 식민통치 시기의 잡지로써 「빤지 뿌스따까」, 「새로운 자바(1943~1945)」, 「동양문화(1943~1944)」 등이 등장하였다. 메단의 싸구려 소설은 그 출판이 중지되었다. 또한 작가 중에 한 명은 그의 소설작품 때문에 일본 감옥에 투옥된 적이 있었다. 그 이외에도 신문 "아시아 라야(Asia Raya)"는 종종 문학작품들을 실었다. 단편소설과 시(詩)는 장편소설 보다 더 발전하였다. 문학 분야에서의 지식인 계층이 점점 성장하였다. 일본 식민시대의 「빤지 뿌스따까」의 구독자는 20,000명에 이르렀다. 일본 식민정부는 학생들을 위한 "교육 방법"을 변화시키기 시작하였다. 「발레이 뿌스따까」 작가들에 의해 인도네시아어로 번역된 수 십 권의 책과 수 만권의 교과서들은 단기간 내에 인쇄될 수 있었다. 그러므로 소설의 독자 수가 줄어들었지만, 잡지 문학의 독자 수는 증가하였다.

독립선언 이후에도, 「발레이 뿌스따까」는 여전히 일본식민정부의 출판물을 발간하였다. 정부는 「발레이 뿌스따까」 이외의 작가들로 구성된 독서실행위원회를 구성하였다. 그 결과 수 십권의 필사본이 나왔지만 출판으로 이어지지는 못하였다. 1948년 5월 1일 「발레이 뿌스따까」는 정상적인 출판을 시작했다. 그 사이에 문학 작품들을 실은 여러 잡지들이 등장하였다. 「빤지 뿌스따까」는 「빤짜 라야」라는 명칭으로 바뀌었으며, 「뻼방운안(Pembangunan)」, 「누산따라(Nusantara)」, 「아레나(Arena)」, 「스니만(Seniman)」, 「와르따완(Wartawan)」, 「글롬방 자만(Gelombang Zaman)」, 「시아삿(Siasat)」, 「그마 수아사나(Gema suasana)」, 「밈바르 인도네시아(Mimbar indonesia)」, 「인도네시아(Indonesia)」 등이 등장하였다. 1945년 일간지 「머르데까(Merdaka)」에서 알 수 있듯이, 신문들 또한 문학란을 만들어 문학작품을 게재하였다.

이렇게 신문에 문학작품을 게재했다는 사실은 문학 독자들의 수가 증가했다는 것과 독자의 수준이 향상되었다는 것을 말해주는 데, 식민정부시대에 초등교육수준에 머물러 있던 독자들이 이제는 사회의 일반 교육 독자 수준에 이르렀다는 것을 보여준다. 상기의 잡지들은 대중과 개인의 지지로 출판되었음이 이를 뒷받침한다. 「뿌장가 바루」 시대에 존재했었던 것처럼 중등교육 혹은 고등교육을 받은 전통적 독자들은 지속되어졌다. 한편, 초등학생 독자상황은 점점 악화되어 갔으며, 「발레이 뿌스따까」 전통 독자들 또한 사라져갔다.

여러 잡지의 편집위원이 젊은이로 구성되면서 특수 독자들이 점점 성장하였다. 「발레이 뿌스따까」는 야신(H. B Jassin, 1940~1942), 사누시 빠네(Sanusi Pane, 1941)가 편집자이었으며, 「글랑강(Gelanggang)」의 편집자로는 하이릴 안와르(Chairil Anwar), 리바이 아뻰(Rivai

Apin), 아스룰 사니(Asrul Sani) 등이 있었으며, 「그마 수아사나(Gema suasana)」에는 하이릴 안와르(Chairil Anwar), 바룸 랑꾸띠(Bahrum Rangkuti) 등의 편집자가 있었으며, 「인도네시아(1948)」에는 이드루스(Idrus), 아흐디앗 까르따미하르자(Achdiat Kartamihardja) 등의 편집자가 있었고, 「밈바르 인도네시아(1947)」에는 야신(H. B Jassin) 편집자가 있었고, 「빤짜 라야(1945~1947)」에는 야신(H. B Jassin) 편집자, 「뻼방운안(1946~1947)」에는 수딴 딱띨 알리샤바나(Sutan Takdir Alisjahbana) 편집자, 「뻼바루안(1946)」에는 악바르 줌하나(Moh. Akbar Djumhana) 편집자, 「뿌장가 바루(1948~1953)」에는 하이릴 안와르(Chairil Anwar), 아스룰 사니(Asrul sani), 루끼아(S. Rukiah), 도동 지와쁘라자(Dodong Djiwapradja), 하르또와르도조(Harjadi S Hartowardojo) 등의 편집자, 「스니만(Seniman, 1947)」에는 수조노(S. Soedjono)와 뜨리스노 수마르죠(Trisno Sumardjo) 등의 편집자가 있었다. 이 전환시대에 등장한 여러 젊은 작가들이 혁명기 문학의 결정자였다. 1940년대의 여러 출판사의 편집자로서의 야신(H. B. Jassin)의 위치는 새로운 세대의 문학을 발전시키는 데 큰 기여를 하였다. 비평가로서의 그의 활동은 인도네시아 문학에 비평가 그룹의 등장을 점점 강화시켰다.

식민정부시기의 지식인층과 중 · 하위층 사회에서 활동했던 문학독자들은 1940년대에 새로운 인도네시아 사회의 중간계층에 스스로를 위치시켰다. 그들은 1920년대에 출생한 젊은이들로 구성되었으며 적어도 중 · 등교육을 받고, 외국어를 이해하며, 시대의 사회 · 정치적 문제와 위기에 대하여 민감하게 인지하며, 새로 태어난 인도네시아의 새로운 문화를 채우기 위한 이상주의를 가지고 있었다.

그들의 잡지가 문화와 세계 문학, 그리고 여러 번역 작품으로 채워져 있는 것은 전혀 놀라운 일이 아니었다. "세계문화유산"에 대한 갈급함이 최고점에 이르렀다.

이렇듯 문학 독자들은 이미 젊은 지식인층에서 살아 움직이기 시작하였으며, 「발레이 뿌스따까」 소설 독자들에 의해 이루어진 것이 아니었다. 「발레이 뿌스따까」 문학 독자들과 「뿌장가 바루」 독자들은 문화사의 일부로서 중학생의 위치에 머물러 있었다.

6. 독립 이후의 소설 독자

1950년대 이후 문화잡지들을 통한 문학은 더욱 발전하였다. "문학잡지"는 일본식민시대 이래로 시작되어 1945년 독립 이후에는 비약적인 성장을 하였다. 약 35개의 문화 및 문학잡지 중 19개의 잡지가 1950년대에 존재했으며, 이는 10년 동안 발간된 문화와 문학잡지의 60%에 이른다. 이러한 출판 상황에서 단편소설과 시(드라마문학 포함)는 소설 장르를 능가하였다. 이러한 단편소설의 비약적인 발전으로 인해 10년 동안 단편소설만을 위한 전문 잡지가 출판되었는데, 그 잡지가 바로 「끼사(Kisah, 1953~1956)」와 「산문(Prosa, 1955)」이었다. 대부분의 문화잡지와 문학잡지가 개인 비용으로 출판되었다. 즉 12개의 잡지가 개인비용으로 출판되었고, 5개 잡지만이 정부에 의해 출판되었다. 이는 문학에 대한 강한 욕구와 더불어 단편소설과 시 분야 문학 독자들의 증가 및 확대를 보여준다. 그러나 수라바야(탐정소설)와 메단(싸구려 소설)의 대중소설을 제외하고는 출판된 소설은 매우 드물었다. 바로 이러한 이유로 이 시기가 "순수문학의 위기"라고 불렸던 것이다.

사실 소설은 1955년을 전후로 꽤 많이 출판되었으나, 이것은 1920년대에 출생한 세대에 의해 쓰여진 혁명에 관한 소설이었다. 반면, 1950년대에 활동한 단편 소설가들은 1930년대에 태어난 세대였다. 그래서 기존 세대와 젊은 세대 사이에는 틈이 벌어져 있었다. 다시 말해, 1930년대에 「뿌장가 바루」 세대(발레이 뿌스따까 세대에 의해 언어적 약점을 지적 받았던 세대)에서 태어난 젊은 세대가 겪었던 하나의 사건과 「뿌장가 바루」와 미묘한 갈등을 일으켰던 하이릴 안와르 세대가 경험한 사건에는 분명 차이가 있었다.

1950년대 소설 독자들이 누구였는지에 대해 결론을 내릴 수 있다. 즉, 특별한 문화와 문학잡지 독자들은 「뿌장가 바루」 시대의 독자와 하이릴 안와르(Chairil Anwar, 1945년대)세대 독자들로 추가되었다. 그들 모두는 중 · 상위 교육을 받은 계층이었다. 1940년대에 출생한 세대이자 그 당시 중학교(SMP)와 고등학교(SMA)에 재학 중인 10대들로서 많은 잡지로부터 "문학을 공부한" 세대였다. 그들은 또한 문학의 독자이기도 하였다.

언급한 잡지들은 얼마나 많이 출판되었을까? 「끼사(Kisah)」와 같은 단편소설 잡지는 대략 7,000부가 출판되었으며 10,000부까지 이르렀던 경우도 있다. 이 잡지는 문학부에 재학 중인 대학생, 일반, 그리고 문학에 관심을 가진 고등학생에 의해 많이 읽혀졌다. 바로 이것이 인도네시아 문학 독자의 "황금기"였다. 문학가의 삶 또한 그 위신이 높아졌는데, 언급된 잡지들은 종종 그들의 "불가사의" 글들도 게재하였다. 문학가들의 삶은 영화로도 만들어졌다.

1960년대에는 상황이 변하기 시작했다. 문화와 문학잡지의 수는 감소하였고, 그 잡지의 수는 1950년대부터 대부분 12개의 잡지 밖에 남지 않았다. 새롭게 등장한 잡지들은 「글랑강(1966~1967)」, 「브다야 자야(Budaya Jaya, 1968)」, 「호리손(Horison, 1966)」, 「렌뜨라(Lentera, 1961~1964~1967)」, 「쯔르뻰(Cerpen,1966~1967)」 등이었다. 새로운 문학잡지들은 1966년 이후에 등장한 것이다. 1966년 이전에 등장한 잡지로는 「사스뜨라(Sastra)」와 「렌뜨라(Lentera)」뿐이었다. 이는 불안정한 정치 상황 때문이었는데, 특히 1959년 이후 소위 "교도 민주주의(demokrasi terpimpin)"가 문학을 포함한 모든 삶을 지배했다. 붕 카르노(Bung Karno)의 유일한 정부는 서구를 배척하는 성향이 강했으며, 이는 자본주의를 배척하는 인도네시아 공산당(PKI)에 의해서 지지받고 있었다. 그래서 서구로부터 영향을 받는 인도네시아 문학은 자연히 억압을 받을 수 밖에 없었다. 이 정치적인 억압에서 인도네시아 문학가들의 창작의욕은 상실되었다. 인도네시아 문학가들의 통로가 된 잡지는 「바시스(Basis)」, 「밈바르 인도네시아(Mimbar indonesia)」, 「인도네시아(Indonesia)」, 「바하사 단 부다야(Bahasa dan budaya)」, 「대결(Konfrontasi)」, 「뿌스따까 단 부다야(Pustaka dan Budaya)」, 「발레이 뿌스따까)」 등이었다. 이 중 「렌뜨라(Lentera)」와 「자만 바루(Zaman baru)」는 좌파 경향을 띠고 있었다.

이러한 정치적 억압 상황은 문학 독자의 감소로 이어졌다. 잡지를 통한 문학교육과 영향력은 더 이상 발전하거나 확대되지 않았다. 언급된 잡지들은 결국 몇몇 시(puisi)를 제외하고는 문학작품을 게재하는 일이 매우 드물어 문화와 문학의 특수 잡지가 되어버렸다. 그중 한 잡지는 중등교육을 받은 사람들에 의해 이해하기 쉬운 문학으로 만들었다. 이 상황은 결국 교도 민주주의를 붕괴시키고 서양 문학과 문학 활동에 대한 욕구를 회생시키는 데 큰 영향을 준 신질서를 탄생시켰다. 이런 분위기는 1970년대까지 문학에서 혁신을 추구하는 결과를 낳게 만들었고, 문학은 마침내 모든 작가들 사이에서부터 변화되기 시작했다. 1965년 이전인 1950년대와 1960년대의 문학사회에 대한 평가가 남아 있었다. 비록 1970년대에 많은 소설들이 출판되었을 지라도 독자들은 문학가와 몇몇 대학생 문학도로 제한되어 있었다. 이는 그 사회가 이미 새로운 가능성들을 추구하려는 문학가들이 기존의 문학에 대한 평가를 유보했기 때문에 문학소설들의 수요가 감소하게 되었다.

더욱이 1970년대에는 약 70%의 문학가들이 고등교육을 받은 계층이었다. 반면, 문학 독자는 「끼사(Kisah)」시대의 중등교육만을 받은 계층이었다. 이 독자들은 1970년대 대중소설에 심취하게 되었다.

이 사실은 「발레이 뿌스따까」소설의 출판 횟수와 1970년대 "진보" 소설들을 보면 알 수 있다. 1979년에 『시띠 누르바야(Sitti Nurbaya)』가 12번 출판되었으며, 식민정부시대에 여러 번 출판되었던 『그릇된 교육(Salah asuhan)』과 『잘못된 선택(Salah Pilih)』은 독립 이후에는 이전의 출판 횟수를 넘지 못하였다. 반면, 많은 부수(10,000부)와 여러 번 출판 된 소설은 엔하 디니(Nh. Dini)의 소설들과 이완 시마뚜빵(Iwan Simatupang)의 소설들이었다. 「발레이 뿌스따까」의 소설과 엔하 디니(Nh. Dini)의 소설은 읽기가 쉽고 독자에게 교훈을 주는 내용의 소설이었던 반면, 이완 시마뚜빵(Iwan Simatupang)의 소설은 문학가들이 매우 흥미를 가질만한 내용의 소설이었다.

1970년대 마르가 떼(Marga T)의 대중소설이 놀랄 만큼 많이 출판되었다. 그리고 1970년대에 많은 여성작가의 대중소설이 재출판되었다. 이는 1966년에 이미 문학가들의 창작능력이 향상되었음을 말해주고 있다. 하지만 독자들은 여전히 목타르 루비스(Mochtar Lubis), 아흐디앗 까르따미하르디아(Achdiat Kartamihardja), 쁘라무디아 아난따 뚜르(Pramoedya Ananta Toer)와 같은 작가의 1950년대 소설을 더 즐겨 읽었다. 사실 엔하 디니(Nh. Dini)는 1950년대의 작가였다.

7. 독립 이후의 대중소설 독자

1939년 메단 대중소설의 독자는 「발레이 뿌스따까」 소설의 독자였다. 즉, 제2초등학교(Sekolah dasar kelas dua) 졸업생이었다. 특히 「발레이 뿌스따까」에서 추후에 출판된 메단 소설을 쓴 작가 혹은 메단 월간 소설 시리즈를 쓴 모하맛 까심(Mohamad Kasim)과 수만 하에스(Suman HS)와 같은 「발레이 뿌스따까」의 몇몇 작가들에 대한 증거가 남아 있다.

이 독자층은 1950년대 대중소설과 단편소설의 소비자라고 여겨진다. 이 출처는 수라바야(Surabaya)에 남아있다. 1950년대에 메단의 경우처럼 "로맨틱한" 단편소설들을 게재한 「달빛(Terang bulan)」이라는 잡지가 유명하다. 이와 함께 『황금빛 용(Naga mas)』, 『흰 독수리(Garuda putih)』와 같은 탐정소설 시리즈도 매우 인기를 끌었다. 비록 이 소설들이 "도색소설"이 아니었을 지라도 로맨틱한 장면들이 삽입되어 있었기 때문에 부모들은 초등학교나 중학교에 다니는 자녀들이 이런 소설들을 읽지 못하게 하였다. 매우 인기를 끌었던 「달빛(Terang bulan)」은 「벗(Konco)」잡지의 출간으로 자카르타로까지 진출하였다. 1956년 비키니(Bikini)가 등장한 욕야(Yogya)에서는 이를 도색으로 간주하여 법정 싸움으로 번졌다. 이러한 "독자 욕구"와 함께 데카메론(Decameron)의 이야기들이 각색되어 유포된 적이 있었다.

소설 독자의 증가로 인해 인도네시아작가협회(OPI)는 수딴 딱딜 알리샤바나, 가유스 시아기안(Gayus Siagian) 그리고 함까(Hamka)와 함께 "도색 소설이란 무엇인가?"라는 주제로 회의를 열었다. 그들은 그 시대의 "도덕의 붕괴"와 젊은이들의 "문화 위기"가 그 토대가 된다는 의견에 모두 동의하였다. 윤리의 범위에 대한 견해에서 많은 변화가 있었다. 그들은 하나의 이야기가 도덕적인 문제에 있어서 독자에게 자극을 줄 수 있다면 그것은 도색의 범주에 속한다고 말한다. 많은 문학작품들은 위대한 것이다. 성적인 삶을 "이탈" 행위로 표현하고 있는 성서는 그 모든 것이 표현 이면에 도덕적인 큰 문제가 결부되어 있기 때문에 도색이 아니라고 말한다.

교도 민주주의가 1959년 정치적 삶을 지배하기 시작했을 때, 서구의 냄새가 나는 모든 것이 금지되었고, 특히 서구의 대중소설뿐만 아니라 서구 대중소설의 번역과 각색된 모든 문학이 금지되었다. 서구에서 인기를 끌었던 라스뿌띤(Rasputin), 탐정, 카우보이, 잔인함, 공포 등에 관한 서구의 대중 소설이 자카르타의 「아날리사(Analisa)」출판사에 의해 각색되어 대중소설로 인기를 끌었다. 그 당시 서부 자바의 따식말라야(Tasikmalaya)지역에서 유명했던 한 소설 출판업자는 인도네시아인 작가의 『카우보이(cowboy)』 소설을 출판하였다.

독자들은 일반적으로 초등학교부터 고등학교까지 졸업한 사람이었다. 독자들이 대부분 남성이었기 때문에 세심하고 섬세하고 감각적인 대중소설은 찾아보기 힘들다. 남성 독자들은 1965년 이후 메단 시대와 「달빛(Terang bulan)」시대의 "로맨틱" 소설이 많이 등장하면서 점차 성향이 바뀌게 되었다. 소설들은 대부분 사랑을 주제로 일반적인 사랑, 비윤리적인 사랑, 불법적인 사랑 등을 다루었다. 여기에 관능적인 삽화가 삽입되기도 하였다. 이외에도 나르띠 아가씨(Mbak Narti), 하르띠 시 히땀 마니스(Harti Si Hitam Manis)와 같은 전통적인 여성이름을 제목으로 붙인 소설들이 등장하였고, 또한 노라(Nora), 마틸다(Mathilda)와 같은 현대적 분위기를 풍기는 제목의 소설들도 등장하였다.

이런 로맨틱한 대중소설의 증가는 문학가들에 의해 비난받았는데, 특히 1968년 「이스마일 마르주끼 공원(TIM)」에서 연설한 모띵고 부셰(Motinggo Busye)가 비난의 대상이었다. 이 대중소설에 대한 사회의 반응은 매우 다양하고 넓었다. 모띵고 부셰(Motinggo Busye)가 비난을 받았던 가장 큰 이유는 그가 문학가로 등장하기 이전인 1960년대에 "매춘행위"를 했다고 인기잡지에 고백했기 때문이었다. 그러나 이 당시 사회의 반응은 1940년대나 1950년대 보다는 강경하지 않은 분위기였다. 모띵고 부셰(Motinggo Busye)의 소설들은 1968년 당시 많은 인기 잡지에 게재되었다. 그 후 포켓북으로 인쇄되었다. 사회의 독자들로부터 도덕적 냄새를 풍기는 반응은 없었다. 다만, 「부다야타(Budayata)」잡지에서 출판된 몇몇 소설(포켓 형식)들은 문학적 경향을 띠고 있었다. 이 출판업자는 이미 그 시대에 활동하고 있던 인도네시아 문학가들의 작품을 출판하고 있었다. 예컨대, 나시아 자민(Nasjah Djamin)- 1950년대 말 욕야까르타에서 발간되던 「일요일 아침(Minggu Pagi)」이라는 잡지에 게재된 적이 있는 『삶과 죽음을 위함 지침(Gairah untuk hidup dan untuk mati)』; 끼르조물조(Kirdjomuljo)-『에미의 눈빛(Cahaya Di mata Emi)』, 『머릿결이 흩날릴 때(Di saat rambutnya terurai)』; 또하 모따르(Toha Mohtar)-『당신이 아니라면(Bukan karena kau)』, 『희미한 안개(Kabut rendah)』; 부르 라수안토(Bur Rasuanto)- 『아버지(Sang ayah)』 등이다. 반면, 모띵고 부셰 소설 대부분은 「로까자자(Lokadjaja)」잡지에 의해 출판되었지만 순수소설은 「비나사스트라(Binasastra)」잡지에 의해 출판되었다. 그러나 이 두 잡지의 출판업자들은 사실 그다지 다를 것이 없었다. 즉 관능적인 여성의 매력을 표현하는데 초점을 맞추었다. 상기의 『나스자 자민(Nasjah Djamin)』의 소설은 속살이 드러나는 얇고 짧은 가운만을 걸친 여성을 바라보며 반쯤 누워있는 남성을 묘사하였다. 사실 출판업자들과 소설들 사이의 차이점이 없다는 의심이 드는 것은 놀랄 만한 일이 아니다.

그런 소설들을 쓰는 것은 대중소설의 가치에 떨어뜨렸는데, 이는 소설의 모방 때문이었다. 앞서 말한 모띵고(Motinggo)의 소설들의 인기는 많은 모방 작가들을 "갑자기" 만들어 내는데 큰 몫을 했다. 그 모방 작가들은 단지 육체적인 사랑과 관능적인 묘사에 중점을 두었다. 그들은 모띵고의 3부작 형태의 소설까지도 모방하였다. 그러나 모방 작가들의 창작능력은 현저히 떨어졌기 때문에 그들이 쓴 소설은 모띵고의 소설과는 큰 차이가 있었다. 당연히 소설의 내용과 이야기 전개 방식 모두 차이가 날 수밖에 없었다. 출판사들의 형태는 매우 다양하였다. 예컨대, 「마르가 라야(Marga Raya)」, 「우.뻬. 스마락(U. P. Semarak)」, 「우.데. 아꾸르(U.D.Akur)」, 「우.뻬. 쁘라시다(U.P Prasidha)」, 「자끄라왈라(Tjakrawala)」와 같은 출판사는 소규모로서 모두 자카르타에 위치하고 있었다. 그러나「우뻬 꺼마주안(U.P. Kemadjuan)」과 「니나(Nina)」는 반둥에 위치한 소규모 출판사였다. 이 외에도 「민 조따냐(Min Jotanya)」, 「베니 엘(Benny L)」, 「포니 에스(Fonny S)」, 「히노 밍고(Hino Minggo)」 등의 출판사도 있었다.

이 같은 종류의 출판사는 학생층로부터 부정적인 비판을 받았기 때문에, 그 소설들은 종종 "성인용", 혹은 "17세 이하 구독금지"라는 표어를 게재하여야만 했다. 그러나 이러한 "금지" 소설은 오히려 부메랑과 같은 효과를 띠고 있어서 나이가 어린 미성년 독자들, 즉 금지 대상 독자들에게 더 큰 흥미와 관심을 불러일으켰다. 더욱이 끌릭 디오노(Kelik Diono)의 소설은 다음과 같은 장면을 묘사하고 있었다.

> "셔츠를 입은 남자는 찌빠융 방에 있는 그 아름다운 여성을 응시하며 속삭이듯 눈빛으로 말하였다. "디아가 누구입니까?" 갑자기 그는 물었다. "나예요, 선생님" 그 아름다운 여성이 속삭이듯 말하였다. "흠!" 그 남자의 마음은 이미 매료되어 있었다. 그는 풍만한 디아의 가슴을 바라보았다. 그녀의 피부는 매우 부드러우면서 육체는 관능적이었다. 그리고 그녀의 입술은 촉촉하게 젖어있었다....
>
> "당신은 누구입니까" 그의 숨소리는 거칠어졌다.
>
> "나는... 난 루스미에요"

바로 이런 종류의 대중소설이 1968년에서 1970년 사이에 유행했던 소설이었다. 이와 같은 주제의 서구의 알베르토 모라비아(Alberto Moravia)와 에밀리 졸라(Emile Zola)의 소설이 번역되어 출판되었다. 이런 종류의 몇몇 소설들의 출판 횟수는 정확히 알려져 있지 않다. 하지만 새로운 대중소설이 막 인기를 끌던 1980년대에 두 번째 출판되었던 것을 제외하고는 재출판된 기록은 전혀 없다는 점이다.

1973년에 출판된 새로운 대중소설은 연속 시리즈 형태로서 일간지 「꼼빠스(Kompas)」에 게재되었던 마르가 떼(Marga.T) 의사가 쓴 『까르밀라(Karmila)』였다. 이 소설은 대학생들의 사랑을 주제로 시작하여 주부의 사랑 이야기로 진전되었다. 관능적인 삽화는 전혀 포함되지 않았다. 그 소설의 플롯은 매우 흥미로웠다. 짧은 기간 동안 이 소설은 몇 차례나 반복되어 출판되었다.

예컨대, 1년에 2번 출판되었다. 이 사실은 이런 소설류의 독자들의 수가 얼마나 많았는지 추측할 수 있다. 이러한 소설이 인기를 끌었던 1970년대에는 라로즈(La Rose), 띠띠에 세이드(Titie Said), 띠띠엑 웨. 에스.(Titiek W.S), 야띠 마르야띠 위사르자(Yati Maryati Wihardja), 미라 웨(Mira W) 등 여성작가의 작품들이 많았다. 이 소설들은 조용한 분위기와 지적인 표현을 하고 있지만, 관능적이고 육체적인 이야기는 표면적으로 드러나지 않았다. 이런 이유로 지식층들로부터 부정적인 비판이 나오지 않았다. 또한 문학가들 사이에서도 부정적인 비평이 나오지 않았으며, 그 위신을 지켜나갔다.

이 소설들은 여성잡지와 사립출판사에 의해 출판되었으며, 평균적으로 수차례의 재출판이 이루어졌다. 이는 여성독자층이 상당히 많고 두터워졌으며, 소설사에서도 이러한 소설 장르가 발전하였다는 것을 보여주고 있다. 육체적 사랑의 묘사는 남편과 부인 즉 부부관계에서만 찾아볼 수 있었다.

독자들은 여성의 삶에 있어서 외부의 삶, 즉 집을 벗어난 삶에 대하여 그다지 흥미를 갖지 않았다. 그렇기 때문에 작가들 또한 여성의 외부활동에 대하여 글을 쓰지 않았다. 반면, 그 당시에 이미 뿌뚜 위자야(Putu Wijaya), 부디 다르마(Budi Darma), 이완 시마뚜빵(Iwan Simatupang)과 같은 작가들은 그의 문학작품에 초현실주의와 실존주의를 동시에 보여주고 있었다.

8. 특수 독자

소설의 첫 번째 독자층은 바로 출판사의 편집자들이다. 독립 이후인 1950년대 「발레이 뿌스따까」는 이드루스(Idrus), 아흐디앗 까르따미하르쟈(Achdiat Kartamihardja, 1950), 아오 까르따하디마쟈(Aoh Kartahadimadja, 1951) 등에 의해서 유지되었다. 그들이 바로 1950년대 초반 「발레이 뿌스따까」의 소설 출판을 돕고 활성화시켰던 편집자들이다. 그들은 또한 일본식민지배시기에 등장하였던 문학가들이었다. 이 시기에는 1930년대의 「발레이 뿌스따까」 편집인들에 의해 거부당했던 소설 「족쇄(Belenggu)」와 같은 일은 일어나지 않았다. 이는 「발레이 뿌스따까」 문학의 견해가 「뿌장가 바루」에 속해 있는 아르민 빠네(Armijn Pane)와 달랐기 때문이다. 이 소설은 「뿌장가 바루」와 같은 세대인 「디안 락얏(Dian Rakyat)」에 의해 출판되었다.

1950년대에 출판된 문학과 문화잡지들은 대부분 동시대의 문학가들이 편집자를 맡았고 혹은 적어도 1940년대에 등장한 문학가였다. 또한 분명한 사실은 1950년대의 문학과 문화잡지들의 출판에 편집자로서 야신(H.B. Jassin)의 역할은 매우 두드러졌다. 그 당시 19개의 문학과 문화잡지 중 9개에 대한 편집자로써 그는 큰 영향을 주었다. 다시 말해, 야신(Jassin)은 1950년대와 1960년대의 문학작품 출판에 큰 영향을 끼친 인물이었으며, 특히 1950년대에는 영향력이 더욱 컸다.

1950년대 후반부터는 문학작품을 위한 유일한 출판업자는 따로 없었다. 1960년대 소설출판은 다양한 종류의 출판형태로 확대되었다. 1971년에 문학가 아집 로시디(Ajip Rosidi)와 그의 동료들이 함께 만든 「두니아 뿌스따까 자야(Dunia Pustaka Jaya)」는 유일하게 문학작품만을 출판하였다. 「뿌스따까 자야(Pustaka Jaya)」는 인도네시아 문학의 새로운 세대와 함께 발전하였는데, 그들은 1940년대 후반에 등장하였다. 그렇기 때문에 「뿌스따까 자야(Pustaka Jaya)」에서 출판한 그 시대의 많은 문학가들은 1950년대에 미처 출판하지 못하였던 "남은(sisa)" 작품들을 출판할 수 있었다. 그럼에도 불구하고, 「뿌스따까 자야(Pustaka Jaya)」의 "베스트 셀러" 인 엔하 디니의 『한척의 배(Pada Sebuah Kapal)』를 제외하고는 이 출판사에서 재출판된 소설을 거의 찾아보기 힘들다. 아마도 그 이유는 많은 여성독자들이 1970년대 대중소설의 인기와 함께 등장했는데, 언급된 소설은 가정의 위기와 여러 흥미로운 이야기 소재를 주제로 쓰여 졌기 때문이다.

이 「뿌스따까 자야(Pustaka Jaya)」의 소설 출판의 부족 현상은 1970년대의 독자와 소설가 사이의 협곡이 생겼기 때문이었다. 예컨대, 일간지 「꼼빠스(Kompas)」에 실린 꾼또위조요(Kuntowijoyo)의 『산상에서의 설교(Khotbah Di Atas Bukit)』는 1976년 「뿌스따까 자야(Pustaka Jaya)」에 의해 출판되었다. 일간지 「꼼빠스(Kompas)」에 이 소설이 연재될 당시 이미 독자들은 "지루하다" 혹은 "이해하기 어렵다"라는 반응을 나타내었다. 그러나 특수 독자(문학가, 비평가, 편집자 등을 말함)는 그 소설에 대하여 칭찬을 아끼지 않았다.

이 특수 독자들의 발전은 미래에 달려 있었다. 1968년 「잠바탄(Djambatan)」에서 출판된 이완 시마뚜빵(Iwan Simatupang)의 『짙은 빨강(Merahnya Merah)』은 특정한 비평가에게만 관심을 끌었다. 예컨대, 프랑스에서 오래 거주한 윙 까르죠(Wing Kardjo)와 같은 사람에게만 인기가 있었지만 판매는 신통치 않았다. 그 밖의 다른 소설인 『순례자(Ziarah, 1969)』는 일반 시장에서는 판매가 되지 않았다. 그러나 1980년대 이완(Iwan)의 소설은 재출판 되는 인기를 끌었다. 이것은 무슨 이유일까? 이완(Iwan)의 소설들은 이 시기에 등장한 모든 문학가들에게 큰 관심을 받았기 때문이다. 이완 시마뚜빵(Iwan Simatupang)의 이름은 하이릴 안와르(Chairil Anwar)와 동일시 될 정도로 1970년대 중반 인도네시아 문학가로서 크게 명성을 날렸다. 그 당시 이완(Iwan)의 소설 중 "묻혀 있었던" 『꿔윙(Koong)』이 아집 로시디(Ajip Rosidi)에 의해 발견되어 「뿌스따까 자야(Pustaka Jaya, 1975)」에서 출판되었다.

1970년대와 그 이후에 이완(Iwan), 뿌뚜 위자야(Putu Wijaya), 다나르또(Danarto), 부디 다르마(Budi Darma) 등의 몇몇 새로운 소설을 제외한 문학소설은 그 출판 횟수가 줄었다. 그러나 『시띠 누르바야(Sitti Nurbaya)』와 『그릇된 교육(Salah Asuhan)』과 같은 유명한 소설들은 20회가 넘는 출판이 이루어졌다. 그리고 그 시대의 이런 재출판된 소설들은 여성작가의 대중소설인 경우가 많았다.

특수 독자들은 주로 문학 비평가였다. 1950년대와 1960년대 중반까지 야신(H.B. Jassin)과 떼우(A. Teeuw)의 이름은 비평가로서 매우 권위를 가지고 있었다. 그들의 견해는 종종 1960년대 「부다야따」 출판 문고의 질을 보증하는 용도로 사용되었다. 그러나 야신(Jassin)의 가르침을 받아 인도네시아국립대학교(UI)의 국문학과를 졸업한 사람들 중에 문학가인 구나완 모함맏(Goenawan Muhamad)과 아립 부디만(Arief Budiman)은 1968년에 스승인 야신(Jassin)을 비난하였다. 그 이유는 모든 라와망운(Rawamangun) 비평가(그들 스스로 그렇게 지칭함)가 "수술대 위의 환자"를 수술하는 것처럼 문학에 대한 비평도 마찬가지라는 접근때문이었다. 그래서 이 "냉정한" 비평가들은 총체적

"심리(ganzheit)" 비평방법으로 대항하였다. 물론 그 당시 미국의 형식주의 비평집단의 "객관/대상" 접근법이 유행하였다. 그 이래로 비평의 권위는 다시 회복된 적이 없었다. 문학가들에게 있어서 책임감 있는 비평가는 문학가 자신들이었다. 농담으로 문학가들은 이렇게 말하기도 한다. : "모든 비평가들은 우리 문학가들 보다 더 멍청하다" 또는 "문학가는 비평가보다 훨씬 더 똑똑하다"

1970년대에 등장한 문학가들은 대부분 높은 교육을 받았다. 게다가, 그들 가운데 몇 명은 박사학위를 갖고 있는 사람도 있었으며 외국어에 능통하고 외국(서구)에서 수학한 사람들도 있었다. 단지 외국 교육경험을 가진 비평가만이 충분히 그 권위를 인정받았다. 예컨대, 떼우(A. Teeuw) 박사, 우마르 유누스(Umar Junus) 박사 등이 있다. 1970년대 인도네시아 문학은 문학가 자신들을 위해서 뿐만 아니라 일반 독자들을 위해서도 비평 없이 진행되어 왔다고 말할 수 있다. 사실 문학가들의 욕구를 만족시킬 수 있는 비평들은 너무 기술적이고 어려워서 일반 대중은 이해하기 어렵다. 일반 독자를 위한 비평은 문학가들에게는 가치가 없을 수 있다. 독자와 문학작품 간의 골은 점점 깊어졌는데, 이는 1950년대의 야신(H. B. Jassin)과 같은 비평가처럼 독자와 문학작품 간의 사이를 이어주는 다리의 역할을 하는 비평가가 존재하지 않았기 때문이었다. 다시 말해, 이는 "1970년대와 그 이후에 새로운 야신(H. B. Jassin)이 등장하지 않았다"라고 말할 수 있다.

동시에 새로운 비평장르가 발전하였는데, 즉 대학의 문학부에서 발전한 아카데미 비평이었다. 그들의 비평은 학문적인 접근을 통하여 학사, 석사, 박사논문 형태를 띠었다. 하지만 논문은 일반 독자뿐만 아니라 특수 독자에게도 다가간 적이 없었다. 또한 만일 출판되었을 경우에도, 너무 학문적이기 때문에 일반 독자뿐만 아니라 문학 독자에게도 흥미를 끌지 못했다. 결국 이러한 학문적 비평 논문은 대학 도서관에만 존재하게 되었고 또한 대학 사회에서만 특수한 자부심으로 남아 있었다. 이러한 종류의 비평 서적들은 일반 대중들이 읽기를 원할 경우, 좀 더 대중적이고 에세이 형식의 가벼운 문체로 기술되어져야 할 것이다.

제4장 인도네시아 소설의 사회적 향방

인도네시아 사회와 문학

사회 거울로서의 소설

몇 가지 쟁점

제 4 장

인도네시아 소설의 사회적 향방

인도네시아 사회와 문학

1. 서론

언제부터 이 섬에 살고 있던 인도네시아인들이 그들의 문학을 가지고 있었을까? 틀림없는 사실은 그들이 이 섬에서 살기 시작했을 때부터였을 것이다. 인도네시아의 종족 사회는 각각 그들의 언어로 된 문학을 가지고 있었다. 그들 문학의 존재는 구전문학이다. 이와 관련된 연구는 비록 한권으로 묶어 출판한 적은 없지만 이미 많은 연구가 진행되었다.

인도네시아 민족의 지방문학 형태를 띠고 있는 구전 문학은 동행, 신화, 전설, 만뜨라(주문 시), 격언, 기타 등등의 모습으로 나타났다. 인도네시아의 종족 사회는 인도의 힌두교와 불교, 그리고 그 종교와 관련된 문화의 영향을 받았고, 이와 더불어 고대 자바 시, 산문, 종교의 가르침, 역사 등과 같은 새로운 종류의 문학이 소개되었다. 그 후 인도네시아에서 힌두 문학이 발전하였고, 그 흔적들이 서부 자바, 중부 자바, 동부 자바, 발리 등지에서 발견되었다. 아마도 부기스(Bugis) 문학은 이 시기에 유래된 것으로 보인다. 이 문학은 이미 존재했었다. 그 후 이슬람교가 전 인도네시아 군도로 먼저 퍼져나갈 때, 이슬람 문학도 인도네시아에 소개되었다. 이 문학의 대부분은 멀라유어(Bahasa Melayu)와 자와어(Bahasa Jawa)로 쓰여 졌고, 일부는 다른 지방어로도 쓰여졌다.

힌두 문학뿐만 아니라 이슬람 문학도 이미 많은 연구가 이루어졌다. 게다가, 이미 이들을 소개하고, 안내하는 책들이 출판되어졌다.

이 섬에 사회가 존재한 이래로 인도네시아에는 다양한 문학이 매우 풍부하게 나타났다. 힌두문학과 이슬람 문학, 그리고 구전문학 형태를 띤 종족문학은 초기 문학으로서 종족사회를 풍요롭게 하였지만 현재는 인도네시아 문학의 유산이 되었다. 아직 훌륭한 체계를 갖추지 못한 문학들은 문화와 문학의 연구자들의 연구의 대상이 되고 있다. 이 풍부한 문학은 인도네시아 민족의 일반 독자와 문학가들에게 있어서 쉽게 다가가지 못하고 있다. 다시 말해, 그처럼 풍부하고 다양한 문학 유산들이 국가의 문화유산으로 자리 잡지 못했다는 것이다. 누산따라(Nusantara-인도네시아 전 군도)문학은 이미 연구되고 있긴 하지만 그것은 몇몇 종족 문화에 한정되어 있을 뿐이고, 전 민족이 공유하도록 확산되진 못했다. 인도네시아 민족이 선조들의 문화를 이어받지 못했다는 것을 알 수 있다. 현재의 인도네시아 작가들은 누산따라 문학보다는 세계 문학에 더 초점을 맞추고 있다. 작가들의 의식은 각자의 종족에 기원을 두고 있긴 하지만 그들의 생각은 그 문학들이 이미 지나간 시대의 문학이라는 생각을 가지고 있다. 문학의 형태면에서 누산따라 문학이 아직 현대 문학의 형태와 같지 않다. 그것이 현대문학과 같은 형태로 등장하려면 꽤 오랜 시간이 필요할 것이다.

현재 인도네시아 문학의 바탕에는 세계문학, 특히 서구 문학이 자리 잡고 있다. 인도네시아의 현대사회가 출현하였기 때문에 그와 더불어 인도네시아에 현대 문학이 등장한 것이다. 인도네시아의 도시들에서 발전한 현대 사회는 자신들의 문학을 필요로 하였다. 누산따라 문학의 유산은 왕국 사회와 왕국 이전의 종족 사회의 문학의 결실이었다. 그러나 그와 같은 문학의 종류는 현대 사회의 필요성을 더 이상 충족시킬 수 없다. 현대 인도네시아 사회의 필요성은 세계의 다양한 민족, 특히 서구 민족의 현대문학으로 충족될 수 있다.

현대 인도네시아 문학은 무역, 산업, 행정, 교육 그리고 기타 등등의 중심지인 도시에서 성장한 현대 인도네시아 사회의 문학이다. 인도네시아의 인구통계자료에 의하면, 인도네시아 전체 인구의 15~20%만이 도시에서 생활하고 있다고 한다. 그렇다면 그들 중의 몇 퍼센트 정도가 현대 문학에 관심을 가지고 있을까? 더 구체적으로 그들 중의 몇 퍼센트가 인도네시아 현대 문학사회의 구성원이 될 수 있을까? 적어도 교육을 받은 전체 도시 인구의 20% 정도는 소설 문학을 즐기고 또한 필요로 하고 있다고 볼 수 있다.

그들 중에 얼마나 서구의 순수문학(serius-문학의 미적가치를 최우선으로 함)의 독자가 되고, 얼마나 서구의 대중문학의 독자가 되고, 얼마나 인도네시아 대중문학의 독자가 되고, 얼마나 인도네시아의 순수문학의 독자가 될 수 있을까? 더욱이 위에서 언급된 다양한 종류의 문학을 읽는 독자의 수가 얼마나 될까?

우리도 역시 지방어로 된 고대문학작품을 읽을 수 있는 도시 주민의 수가 얼마나 되는지를 알 수 없을까?

그리고 도시 이외의 지역에 사는 사람들은 어떤 문학도 읽지 않고 있다고 할 수 있을까? 그렇다면 그들의 문학은 무엇인가? 전통 구전문학은? 라디오 방송을 통한 현대의 구전 문학은?

이 민족의 거대한 지도를 보면 인도네시아 현대문학이 다른 문학사회에서는 작은 사회에 지나지 않음을 엿볼 수 있다. 비록 작은 사회에 불과하지만 문학은 도시 현대 문화의 "선구자(ujung tombak)"가 된 지식인 계층에 의해 읽혀지고 또한 쓰여진다. 인도네시아 현대 문학으로부터 꽤 멀어져 버린 "소수 문학(소수 종족에 의해 쓰여진 지방 문학을 말함)"은 아직 더 연구되어야 할 필요성이 있다. "특수문학(제한된 지역이나 계층에서 사용되는 문학을 말함)"이 포함된 인도네시아 현대문학은 멀라유어의 문학으로부터 발전된 것이었다. 멀라유어의 문학은 화란식민시대에 등장했다. 그러나 현대 멀라유 문학은 식민시대의 유일한 문학이 아니었다. 화란식민시대에도 역시 도시에서는 다양한 현대문학이 성장하고 있었다. 현대 멀라유 문학의 성장은 인도네시아의 다른 현대문학의 등장과 비교해 볼 수 있다.

식민시대에 도시사회는 몇몇 계층으로 분류되었다. 도시 사회는 화란계층과 인도-블란다 계층이 있다. 그 다음에 화란과 원주민 사회에 경제적 수준에 따른 사회로는 중국사회, 아랍사회, 인디아사회 등이 있으며, 그 다음에 인도네시아 원주민사회가 있다. 문화적인 분류로 3개의 사회계층이 있었는데, 즉 화란과 인도-블란다(화란인인 남성과 인도네시아 원주민 여성 사이에 출생한 혼혈인을 말함)계층, 중국 혼혈계층, 그리고 아랍과 인디아 계층을 포함한 원주민 계층이 바로 그것이다. 이 3개의 계층으로부터 각각 그들의 문학이 등장했다.

2. 인도네시아의 화란 문학

수바기오 사스트로와르도요(Subagio Sastrowardoyo)는 인디스처 블레트레(Indische Belletrie)에서 인용하여 이 문학을 힌디아-블란다 문학(Sastra Hindia-Belanda), 즉 화란 혼혈인 문학(화란 령 인도네시아 문학)이라고 명명하였다. 그는 이 문학이 화란어로 쓰여 졌으며 "화란

문학의 일부분을 형성" 한다고 말했다. 이에 속하는 많은 작가들은 대부분 서구 혼혈인들과 화란 사회의 인도네시아 찬미자(Indophile)들이었다.

화란 문학의 일부를 띠었기 때문에 꽤 많은 책이 화란에서 출간되었다. 인도네시아에서 출간된 책도 있을 가능성이 있는데, 이런 종류의 문학을 연구한 전문가가 아직 없기 때문에 정확히 알 수는 없다.

인도네시아의 화란사회는 틀림없이 화란 문학작품이외에도 이 서구 혼혈인 문학작품도 읽었을 것이다. 분명히 화란어로 쓰여진 문학작품은 화란 학교에 입학한 중국 혼혈인과 인도네시아 지식인 계층에 의해서도 읽혀졌을 것이다.

이런 이유로 인해 수바기오 사스트로와르도요는 인도네시아 문학의 범주에서 화란 문학의 영향에 관해 이야기하였다.

화란사회계층은 식민지였던 인도네시아 사회에서 상당히 높고 명예로운 지위를 차지하고 있었기 때문에 그들의 문학 역시 인도네시아 사회에서 높이 평가되어졌으며, 인도네시아인이 속한 하층사회의 문학의 표본이 되기도 하였다.

화란 령 인도네시아 문학의 영향에 대한 토론에서 「뿌장가 바루」에 속했던 압둘 무이스(Abdul Muis)와 하이릴 안와르(Chairil Anwar)는 화란 혼혈인 문학이 인도네시아 문학의 기초가 되었다고 평가했다. 화란 혼혈인(Indo)의 "농촌 소설(roman-roman desa)" 들이 「발레이 뿌스따까」의 몇몇 소설들에 영향을 주었다고 할 수 있다.

이러한 화란 령 인도네시아의 문학 형태가 등장한 것은 언제부터인가? 아마도 19세기 후반에서 20세기 초반의 작품들이 최초의 소설작품이라고 볼 수 있다. 그러나 인도네시아에 대한 화란인들의 일기, 메모, 기행문, 정치 선전물 등의 형태가 17세기부터 이미 존재해왔고, 릭재클로프 환 고엔스(Rijckkloff van Goens)가 1614년부터 1924년까지 마따람(Mataram)을 여행하면서 기술한 여행보고서가 존재했다. 그 후에 사람들은 룸프히우스(Rumphius, 1629~1702), 즈웨르 환 하른(Zwier van Haren, 1713~1779), 딕 환 후건독(Dirk van Hoogendorp, 1761~1822), 환 후건독(C.S.W. van Hoogendorp, 1788~1856), 루르다 환 에이싱아(Ph.P. Roorda van Eysinga, 1796~1856), 브루먼(J.F.G. Brummund, 1815~1863), 환 후벌(Van Hoovel, 1812~1879), 융훈(F.W.Junghuhn, 1809~1879) 등의 작품들을 읽었고 그 외에 여러 작품들이 존재하고 있었다.

화란 혼혈인(화란 령 인도네시아) 문학작품 중 최초이자 가장 널리 알려진 작품은 1860년 암스테르담에서 루이터르(J. de Ruyter)에 의해 출간된 물따뚤리(Multatuli)의 소설 『막스 하벨라르(Max Havelaar)』이다. 인도네시아 대중의 보호를 위해 식민지배계층이 탄압한 이 소설이 지식인들의 민족주의 운동 그룹에서 매우 큰 인기를 끌었다. 그 외의 다른 작품으로는 민네브리환(Minnebrievan)의 『사랑의 편지(1861)』, 『이덴(Ideen)의 사상(1877)』, 그리고 『밀리넨스투딘(Milloenenstudien, 1873)』 등이 있다.

원래 이름이 니콜리나 마리아 크리스티나 슬롯(Nicolina Maria Christina Sloot, 1853-1927)인 멀라띠 반 야바(Melati van Java)는 『수라빠띠(Soerapati)』와 그 외의 여러 소설을 출간한 작가이다. 이 소설은 종종 각색이나 표절을 거치지 않고 압둘 무이스(Abdul Muis)의 『수라빠디(Surapati)』와 『수라빠띠의 아들 로버트(Robert Anak Surapati)』 등에 큰 영향을 끼쳤다. 이 소설은 1898년 위거(F. Wiggerrs)에 의해 멀라띠 반 야바의 원작소설을 바탕으로 『노예에서 왕이 되다(Dari Budak Sampe Menjadi Raja)』라는 제목으로 저급 멀라유어로 번역되었다. 멀라띠 반 야바의 이름은 소설 제목 밑에 쓰여졌다. 이것은 화란령 인도네시아 소설들이 인도네시아 독자들에게 큰 관심을 끌었고, 그 영향력이 매우 컸음을 보여주는 것이다.

1886년에 뻬렐라르(M.T.H Perelaer)는 로테르담에서 『궁지에 몰린 하녀(Baboe Dilema)』와 『소설의 중독(Opium roman)』을 출판하였다.

1899년에 돔버르스(G. Dompers)가 암스테르담의 로슨(F. van Rossen) 출판사를 통해 『사끼눔(Sakinum)』 소설을 출판하였다.

1901년에 암스테르담에서 역시 한슨(P. C. C. hansen Jr)의 『폭로(Boeka)』, 『우잇 야바스 빈넨란(Uit Java's Binnenland)』, 『트로노 선생(Pak Troeno)』 등의 소설 작품을 출판되었다.

19세기에 들어설 즈음 마우리츠(Maurits)라는 가명을 사용한 다움(P. A. Daum, 1859-1898)은 소설가와 기자로서 잘 알려져 있었다. 1883년부터 스마랑에서 드 로코모띠에프(De Locomotief)가 발행한 신문에 『설탕으로부터 담배로의 이동(Uit de Suiker in de Tabak)』이라는 제목으로 다움(Daum)은 연재소설을 실었다. 약 2년 후에 그는 바타비아에 있는 화란 신문에 『마술(Goena-goena)』이라는 제목으로 연재소설을 싣기도 하였다.

아주 저명한 화란의 작가인 루이스 쿠퍼루스(Louis Couperus, 1863~1923) 역시 인도네시아에 관한 소설을 쓴 적이 있는데, 즉 19세기 후반 빠수루안(Pasuruan) 군청의 인근지역에서 발생한 신비로운 초능력과 마법에 대한 『신비한 자연(De Stille Kracht, 1900)』을 썼다. 그 소설은 위대한 작품 중 하나로 꼽힌다.

마리 환 직글렌(Marie van Zeggelen, 1870~1957)은 어린이와 성인을 위한 소설작가였다. 1908년에는 부기스(Bugis)사회에서 사용된 『황금 끄리스(De Gouden Kris)』를 발표했다. 이외의 소설로는 『승리한 그들(Ouderworpenen)』, 『조문객(Doodengang)』, 여러 민족의 지배를 받기 이전의 아쩨 왕국의 번영시대에 관한 『실람의 영광(Oude Glorie, 1955)』, 그리고 『까르띠니(Kartini, 1946)』 등의 소설이 있다.

독립전쟁 이전의 인도네시아 문학계에서 매우 인기를 끌었던 소설 작가로는 즈클리 루롭스(M.H. Szekely-Lulofs, 1899~1958)이며, 그의 소설작품은 『고무(Rubber, 1931)』, 『노동자(Koelie, 1932)』, 『다른 세상(De Andere Wereld, 1934)』, 『허기진 방랑자(De Hongertocht, 1936)』 등이 있다.

독립전쟁 이후 인도네시아에서 가장 널리 알려진 화란 작가로는 자띠느가라(Jatinegra)에서 출생한 페론(Eddy du Perron, 1899~1940)이었다. 그의 유명한 작품은 『기원의 땅(Het Land van Herkomst, 1935)』이 있다. 그의 다른 작품으로는 『옹색한 인간(De Smalle Mens, 1934)』, 『물따뚤리와 고약한 기생집단(Multatuli en de Luizen, 1940)』, 『샤알만의 증거들(De Dewijzen uit het Pak Sjaalman, 1940)』 등이 있다. 이 작가는 수딴 샤흐리르(Sutan Sjahrir)와 같은 인도네시아 지식인층과 친분이 두터웠다. 페론(Du Perron)은 1939년 인도네시아를 떠나 화란으로 돌아갔다.

벱 후익크(Beb Vuyk)는 『천개의 섬(Duizend Eilanden, 1937)』을 출판하였고, 1939년에는 『저 편의 집(Het Laatste Huis vana de Wereld)』을 출판하였다. 그 밖의 다른 그의 작품들이 1950년대에 화란에서 출판되었고, 그 후 인도네시아의 어린세대의 문학가들에 의해 읽혀졌다.

인도네시아에서 출생했거나 인도네시아에 거주한 경험이 있는 화란인들에 의해 쓰여진 많은 화란 혼혈인(화란 령 인도네시아) 문학으로서의 화란 문학은 인도네시아가 독립한 이후에도 화란에서 지속적으로 존재하고 있다. 그들은 각각 마리아 더르뭇(Maria Dermout, 1888~1962), 조한 하브리에스(Johan Fabrieus, 1899), 후리드리시(H.J. Friedericy, 1900~1962), 레싱(G.J.Resink, 1911), 짤리 로빈슨(Tjalie Robinson, 1911~1974) 그리고 롭 뉴엔후스(Rob Nieuwenhuys, 1908) 등이다.

독립 이후에도 그들의 몇몇 작품은 인도네시아어로 번역되었다. 이 시기의 화란 혼혈인(Indo)계층 문학의 존재가 미미했기 때문에 1970년대 독자들은 그 작품들을 덜 읽게 되었다.

이 화란의 작가들은 이미 "과거시대(tempo-doeloe)"로 진입했는데, 즉 그들의 작품들이 교육받은 인도네시아 지식인층의 읽을거리로 자리 잡았을 때가 바로 그들의 문학 번영기였다. 그들은 식민시대 혹은 전환기(1940년대)의 인도네시아 문학가들에게 가장 큰 영향을 끼쳤다.

인도네시아 현대문학 발전에 대한 화란 혼혈인 문학의 영향력에 관한 연구가 이루어질 필요성이 제기되고 있는데, 그것은 식민시대에 그들의 창작방향을 알기 위해서이다. 또한 이러한 화란 문학 작품들이 인도네시아 지식인 독자층에게 끼친 영향도 알 수 있을 것이다. 왜 식민시대의 인도네시아 지식인층은 인도네시아 문학을 등한시하였을까? 왜 그들은 화란 령 인도네시아 문학을 높게 평가한 반면, 멀라유어로 쓰여진 원주민 문학을 낮게 평가했을까?

또한 화란 혼혈인 문학이 인도네시아의 중국 혼혈인 문학에 어떤 영향을 끼쳤으며, 중국 혼혈 지식인층의 문학 형성과 어떤 관련성을 맺고 있는가를 연구할 필요성이 있다.

식민시대에 화란 사회의 지위는 최고의 존경을 받았다. 그래서 그들의 언어와 문학도 화란어를 알고 있는 원주민사회에서 최고의 존경을 받을 수밖에 없었다. 인도네시아 민족이 이룬 문학의 규모는 이 화란 혼혈인 문학작품들을 이용했을 가능성도 있다.

3. 화교(중국 혼혈인) 문학

이 문학에 대해 프랑스 작가인 클라우딘 셀먼(Claudine Salmon)이 전반적으로 연구한 적이 있다. 그는 화교 관련 자료들을 모아 '인도네시아의 중국인에 의한 말레이 문학' 이라는 책을 발표하였으며, 이는 인도네시아 사회의 화교문학에 있어서 개척자가 되기에 충분했다.

로버트 반 니엘(Robert van Niel)에 따르면, 1900년대 자바에 거주한 중국인 주민은 총 280,000명이라고 한다. 한편 화란인은 화란 혼혈인(인도-블란다) 수의 약 75%인 70,000명으로 구성되어 있었다. 인도네시아인과 동일한 아랍인은 18,000명이었다. 자바인은 1,700만 명인데, 이중에 90%가 농촌에 살았고, 10%만이 도시에서 살았다. 이 자바인의 총 인구에서 오직 2%만이 쁘리야이 계층이었고, 나머지는 평민이었다.

20세기 초 자바 섬의 중국인은 원주민 계층으로 서구식 교육을 받은 계층과의 숫 적인 차이가 나지 않았는데, 즉 280,000명 대 340,000명이었다. 중국인들은 대부분 상업분야에서 활동을 했고, 원주민처럼 관료(쁘리야이)가 되는 경우는 드물었다.

화교들은 상업에 기반을 두고 있었기 때문에 "신문매체사업(bisnis pers)"분야에서 활동할 수 있는 충분한 자본을 가지고 있었고, 대략 1848년대에 그들은 이미 인쇄소와 출판사를 소유하고 있었다.

이 사실은 자바 섬에 거주한 화교 사회가 먼저 그들의 문학을 발전시켰을 가능성이 컸다는 점이다. 인도네시아 원주민 사회는 관료로서 일을 하였고, 식민정부 출판사, 종교단체 혹은 대중단체에서 일을 하는 것 이외에 신문매체에서 저널리스트로서 활동하는 것은 매우 어려웠다.

1880년대 화교 신문과 서적출판의 발전은 동시에 그들의 문학을 성장시켰다. 화교사회의 문학은 저급 멀라유어 또는 시장 멀라유어를 사용하였다. 그것은 화교, 토착민, 화란인, 그리고 다른 외국인 사이에서 교제어로써 사용된 언어가 바로 멀라유어였기 때문이다. 이런 이유로 인해 1900년대 저급 멀라유어의 문학은 화교계층에 의해서 쓰여졌을 뿐만 아니라 토착민, 서구혼혈인, 그리고 화란 작가들에 의해서도 쓰여졌다.

상업에 종사했던 화교들은 독자들을 위한 문학이 아닌 소비 문학 장르를 추구했다. 그렇기 때문에 그들의 문학은 대부분 "악한 이야기(cerita kejahatan)" 형태를 띠었다. 예컨대, 그 당시 신문에서 보도된 법정 소송 사건들인 살인, 강도, 그리고 현지 첩 등을 이야기 형태로 재구성하여 다룬 소설이었다. 1925년까지 이런 좋지 않은 이야기들이 가장 선호되었다. 1925년 직후, 월간 소설 잡지가 등장함으로써 연애소설이 발전하였다. 그 시대에는 중국 무협소설이 큰 인기를 끌며 발전했다.

이런 화교의 문학작품이 매우 풍부했고 확산되었다. 클라우딘 셀먼(Claudine Salmon)은 73편의 드라마, 183편이 시, 233편의 서구 문학 번역서, 759편의 중국 문학 번역, 1,389의 소설과 단편소설로 구성된 총 2,646편의 문학작품과 806명의 작가들이 있었다고 기록했다. 만약 문학작품이 아닌 다른 도서작품들까지 모았다면, 화교 문학작품은 3,005편까지 이르렀을 것이다. 인도네시아 사회에서 화교의 문학은 매우 번성했다.

비록 화교문학이 식민시대에 급속히 발전했음에도 불구하고, 그 수명은 1966년 쯤까지 지속되었다. 독립 이후, 인도네시아 사회와 통합되면서 해체된 인도네시아의 화교 사회는 여전히 출판, 신문, 잡지를 소유하였다. 언급된 매체에서 화교 작가들은 단편 무협소설, 시, 그리고 에세이 등 그들의 작품들을 발표하였다. 그들의 작품들이 게재된 잡지들은 「스타 위클리(Star Weekly-차후에 Djaja로 바뀜)」, 「빤짜와르나(Pantjawarna)」 그리고 「리버티(Liberty)」 등이었다. 이 문학들의 등장은 식민시대의 정치, 사회 구조가 형성됨에 따라 사회계층이 민족 집단으로 나누어진 것과 관련이 있다. 피부색에 기초한 각 민족 사회는 자신들의 법, 교육, 언어, 대중매체 등을 가지고 있었다. 독립 이후,

백인종의 인종차별은 사라졌고, 그들의 문학 또한 사라져 화란으로 옮겨갔다. 화교 사회는 여전히 인도네시아에 존재하고 있었다. 그런데 왜 그 화교문학은 나중에 사라졌을까? 이것은 인도네시아정부의 "언어정책" 때문이었다. 1966년 7월 6일 인도네시아 정부는 중국어를 사용하는 모든 학교를 폐쇄하기로 결정하였다. 이 조치는 화교 아이들이 인도네시아인들이 다니는 일반학교에 들어갈 수밖에 없게 만들었고, 다른 인도네시아 아이들과 마찬가지로 완전한 인도네시아인이 되어야 한다는 의미를 가지고 있었다.

이 민족과 문화 통합의 징조는 이미 위 결정이 있기 7년 전인 1959년에 나타났다. 1959년 1월 「빤짜와르나」 잡지에서 고우 로엔 안(Gouw Loen An)은 화교 문학 작품들이 인도네시아 민족에 의해 부정되고 있는 것에 대해 불만을 드러냈다. "중국인 후예들의 작품들이 단지 저질품 혹은 아주 싸구려로만 여겨지는 이유가 무엇인가?" 그것이 바로 고우 로엔 안(Gouw Loen An)과 다른 화교 작가들의 불평이었다. 그들은 또한 그들의 작품들이 인도네시아 민족의 문학잡지들에 의해 받아들여지지 않는다는 것에 대해서도 비난하였다. 그 이유가 높은 작품성을 요구하기 때문인가? 라고 반문한 후에 결국 고우 로엔 안(Gouw Loen An)은 이제부터 모든 화교작가들이 화교들이 발간하는 잡지에 글을 싣기로 결정했다고 말했다.

이런 현상은 식민시대의 화교 작가들이 저급 멀라유어로 집필할 수는 있었지만, 독립 이후에는 원주민 언어인 인도네시아어로 집필할 수 없었음을 보여준다. 「발레이 뿌스따까」 시대의 고급 멀라유어로부터 형성된 인도네시아어를 화교 작가인 궤 텍 호이(Kwee Tek Hoay)가 그의 소설작품인 『보넨 디굴의 드라마(Drama di Bonen Digoel)』에서 무시한 적이 있었다.

식민정부에 의해 만들어졌던 사회 계층은 이미 사라졌지만, 그 계층

언어는 1930년대에 출생한 화교 작가들에게 이미 정착되어 있었다. 1940년대 혹은 1950년대에 출생한 화교 아이들이 인도네시아 공립학교에 입학한 결과 새로운 화교작가들이 등장하였다. 예컨대, 1970년대와 1980년대 많은 대중소설을 출간한 마르가 떼(Marga T.)와 미라 위(Mira W) 작가였다.

식민시대에 화교 작가들은 보통 말레이시아의 페낭에 있는 영국계 학교 그리고 THHK, HCS, ELS, 중국 등에서 수준 높은 교육을 받았다. 그들은 공식적인 교육을 받지 않을 경우, 보통 화란인, 영국인, 또는 중국인 개인교사를 불러서 교육을 받았다. 화교 작가들은 화란어, 영어, 프랑스어, 그리고 중국어를 구사할 수 있었다. 그러므로 그들의 문학 원천은 세계 문학 유산보다 더 개방되고 넓은 문학작품을 쓸 수 있었다. 그들의 소설 속에서 셸리(Shelly), 셰익스피어, 바이런(Lord Byron) 등의 영문 시가 자주 인용된 것을 볼 수 있는데, 그것은 결코 놀라운 일이 아니다. 화란과 화교와의 관계는 화란과 원주민간의 관계보다 훨씬 가까웠다. 교육 분야에서 만큼은 이 화교계층은 화란계층으로부터의 어떠한 간섭도 받지 않았다. 이러한 여건은 화교 작가들이 사실 「발레이 뿌스따까」의 작가들과 비교했을 때 그들이 더 높은 교육의 혜택을 받을 수 있는 원인이 되었다. 더욱이 화교 작가들이 더 좋고 더 높은 일자리를 얻을 수 있었다. 대부분의 화교 작가들은 신문 편집자와 출판사의 편집자를 맡았다. 게다가, 리 킴 혹(Lie Kim Hok)과 궈 텍 호이(Kwee Tek Joay)는 자신들의 인쇄소와 출판사를 소유하였다. 화교 중에는 편집자나 기자 이외에도 사업가, 변호사, 서점 주인, 은행원도 결코 적지 않았다.

이 같은 화교 작가들의 사회적 여건은 그들의 문학을 원주민 문학보다 앞서게 만든 원인이 되었다(비록 자바어를 사용한 원주민 작가들이 1860년대에 단편소설을 썼음에도 불구하고 문학을 발전시키지 못했다). 중국 작가들 중에 리 킴 혹(Lie Kim Hok)은 1880년대에 이미 소설을 썼고, 라우 기옥 란(Lauw Giok Lan)은 1912년에 드라마를 썼고, 퀴 텍 호아이(Kwee Tek Hoay)는 1917년에 문학 비평을 썼다. 그 작가들의 연령 역시 「발레이 뿌스따까」의 작가보다 더 많았다. 리 킴 혹(Lie Kim Hok)작가는 1853년에 출생했으며, 고우 펭 리앙(Gouw Peng Liang)은 1869년에 출생한 반면, 「발레이 뿌스따까」 작가들 중에 최고령인 압둘 무이스(Abdul Muis)는 1886년에 출생했다.

이 화교 문학은 원주민들이 쉽게 이해할 수 있는 저급 멀라유어로 쓰여 졌기 때문에 원주민 출신의 독자들이 매우 많았을 가능성이 있다. 그러므로 원주민 문학에 대한 화교 문학의 영향력을 살펴볼 필요성이 있으며, 또한 화교 문학과 「발레이 뿌스따까」 문학의 성과를 비교 연구할 필요성이 제기되고 있다.

이미 설명한 것처럼 저급 멀라유어가 인도네시아에 있는 화교 사회의 소통어로서가 아니라 화란, 원주민, 아랍, 인도 사회를 포함한 도시 주민들의 상거래어로 사용되었다. 1864년에 서부 자바(Jawa Barat), 가룻(Garut), 림방안(Limbangan)지역의 섭정자는 "총독 각하(Kanjeng Gouvernemen)" 에게 다음과 같은 서신을 썼다.

조인서의 서명자는 1813년 세상을 떠난 전 찌안주르(Tjiandiur) 군의 섭정군주였던 위리아따누다따르의 자녀인 림방안(Limbangan) 군의 섭정군주 수르야나따 꾸스마입니다.

소인 망까는 이미 세상을 떠난 찌안주르 군의 섭정군주인 아르야 꾸스만닝랏에 대한 상세한 소식을 들었습니다.................

분명한 것은 원주민의 상류 계층들도 의사소통을 위해 저급 멀라유어를 썼다는 사실이다. 이러한 이유 때문에 이 문학 계층의 작가들은 오직 화교들만 있었던 것이 아니고 화란 혼혈인(힌디아-블란다), 화란인, 그리고 원주민도 있었다는 것이다.

이 3개의 계층 사회로부터 인도네시아의 첫 번째의 현대 문학이 등장한 것이다. 최초의 저급 멀라유어로 번역된 소설은 화란인들과 화란 혼혈인에 의해서였다.

이런 소설에는 위거(E. F. Wiggers, 1875)에 의해 번역되어진 폰 에스트(Pont Jest, 프랑스인)의 작품 『붉은 개미(Lawah-lawah Maerah)』, 훤 드 월(A. F. von de wall)에 의해 번역된 『로빈슨 크루소 이야기(Hikayat Robinson Crusoe)』, 위거(F. Wiggers)와 리 킴 혹(Lie Kim Hok, 1894)에 의해 번역된 알렉산더 두마스(Alexandre Dumas)의 작품 『Graaf de Houte Christo』 등이 있다.

위에서 언급된 3개의 계층 사람들에 의해 원작소설들이 등장하였다. 예컨대, 까르따위나따(R.M. Kartawinata, 1897)가 쓴 『알리 사민의 아들 알리 살레 이야기(Hikayat Ali Saleh anak dari Ali Samin)』, 프란찌스(G. Francis, 1896)가 쓴 『냐이 다시마(Nyai Dasima)』, 띠르또아디스르요(R. M. Tirtoadisryo)가 쓴 『한 소녀를 얻기 위한 투쟁(Perebutan Seorang Gadis)』, 띠오 찐 본(Thio Tjien Boen, 1903)이 쓴 『우이 세(Oey Soe)』, 고우 펭 리앙(Gouw Pong Liang, 1903)이 쓴 『로 펜 쿠이(Lo Fen Koei)』, 호프(J. B. Hoff)가 쓴 『수까르만 군주 이야기(Cerita Raden Sukarman, 1899)』, 그리고 그 외에도 매우 많은 작품들이 있다.

단지 식민정부의 "언어정책"으로 인해 국민독서위원회(Volkslentuur)가 「발레이 뿌스따까(1910~1917)」로 바뀌었고, 저급 멀라유어는 결국 화교 계층의 문학에 사용되어졌다. 그 언어는 중화 말레이어(Melayu-Tinghoa)로 알려졌다. 이 언어를 통해 집필한 최근의 인도네시아 작가는 『까디룸 이야기(Hikayat Kadirum, 1924)』를 쓴 스마운(Semaun)이었다.

4. 자바 문학

자바문학은 인도네시아에서 가장 오래되고 가장 풍부한 문학을 형성하고 있다. 고대 문학에는 고대자바어, 중세자바어, 그리고 새로운 자바어로부터 시작된 자바사회의 언어 사용 및 발전이 명확하게 반영되어 있다. 가장 오래된 자바 문학 작품은 고대 마따람(Mataram Lama, 서기 900년대)시대에 쓰여진 고대 자바 시 형태의 라마야나(Ramayana)로 추정된다. 그때부터 1600년까지 힌두교, 불교, 탄트라교의 문화와 종교에 영향을 받으면서 자바 문학이 발전하였고, 그 이후에는 이슬람교와 문화의 영향을 받으며 자바문학이 더욱 발전하게 되었다. 그 자바문학은 특히 왕국에서 비약적인 발전을 이룩했다.

그 모든 작가들은 그 분야에서 가장 전문적이고 명인에 속하는 왕국(궁중)의 시인이었다. 농경산업과 자유주의가 유입되는 1870년대를 전후하여 왕국이 파괴됨으로써 모든 왕들은 보수를 받는 높은 관료로 전락하였다. 궁중 예술은 모든 왕들로부터 재정적인 지원을 받지 못했고, 궁중예술기관의 시인이었던 롱고와르시또(R. M. Ngabehi Ronggowarsito)가 자바에서 "마지막 왕실 문인(Pujangga Penutup)"으로서의 역할이 끝나게 되었다.

현대사회에 돌입한 자바 문학은 이미 1855년 뿌스삐따만짜와르나(Puspitamancawarna)라는 이름의 100쪽에 달하는 두꺼운 잡지를 두 달에 한번씩 출판하였다. 아흐맏 아담(Ahmad Adam)에 따르면, 이 잡지에 자바어로 쓰인 단편소설과 번역된 단편소설이 게재되었다고 한다. 초창기 자바 문학에 대한 연구가 거의 이루어지지 않아서 19세기 후반 이후에 어떻게 발전되어 왔는지 알 수는 없다.

1855년부터 20세기 초반까지 발행된 자바어 잡지들은(가끔 멀라유어와 혼합되기도 하였음)자주 바뀌는 바람에 오래 지속되지 못했다.

따라서 이 잡지들이 새로운 문학 활동을 지원하고 동기를 부여할 수 없었다. 1910년에 비로소 자바어 내에서의 문학 활동을 지원하고 동기를 부여할 수 있는 형태가 마련되었다. 그 시기에는 1908년 이미 위원회의 형태를 갖춘 국민독서위원회(Volkslectuur)가 기초 교육을 받는 학생들을 위한 도서를 자바어와 순다어로 출판하기 시작했다.

왜 이시기에 국민독서위원회(Volkslectuur)는 지방어로 출판하는 것을 가장 중요하게 생각했을까? 이 정책은 식민정부의 「발레이 뿌스따까」 출판위원회가 설정한 방침과 일치하였다. 1848년 원주민 계층을 위한 초등학교들을 설립한 이래로 서구식 교육을 받은 원주민 계층의 수가 20세기 초에 급속히 증가하였다. 이런 기초 교육을 시행한 목적은 정부 또는 민간기관에서 가벼운 행정 사무원을 확보하기 위한 것이었다. 행정 사무원을 양육할 목적을 가지고 있었기 때문에 인도네시아인의 지식에 대한 그들의 관심은 적을 수밖에 없었다. 그러나 교육받은 원주민 계층이 라틴 문자를 잘 읽고 해석할 수 있다면 위험해 질 수 있었다. 게다가 원주민 지식인 계층이 상업에 종사하는 화교와 화란 혼혈인 개인에 의해 출판된 서적들을 선택하여 읽는다면 더 위험해질 것이라고 식민정부는 생각했다. 이러한 서적들은 대부분 학문을 발전시키고 교육하는 것은 거의 없었고 중국 또는 화란(저급 멀라유어 문학) 첩들의 생활, 범죄, 약탈, 살인 등에 대한 것이 대부분이었다. 이런 개인적인 서적들에 맞서 싸우고, 미신과 죽음에 대한 전통에서 탈출하기 위해 유럽의 문학작품들을 지방어로 각색 또는 번역하여 출판하였고, 또한 널리 알려진 구전 이야기와 전설 형태를 띤 가벼운 문학들을 출판하였다. 그리고 자바 섬에서 교육받은 졸업생의 수가 증가하면서 그들은 무엇보다도 순다족과 자바 족을 위한 책을 많이 출판하였다.

초기인 1910년부터 1915년까지 국민독서위원회(Volkslectuur)는 옛날 이야기나 전설 같은 가벼운 소재의 이야기를 최우선으로 순다어와 자바어로 책을 출간하였다. 그 이후에 멀라유어의 책이 출판되기 시작했다. 멀라유어로 출간된 최고서는 51쪽의 두꺼운 소설인 『히까얏 인드라 방사완(Hikayat Indra Bangsawan, 1915)』이었다. 자바어로 쓰여진 가장 오래된 책은 뿌자라하르자(Poedjarahardja)가 쓴 『동엥 짜리요시뿐 띠양 스뿌(Dongeng Cariyosipun Tiyang Sepuh, 1910)』이었고, 순다어로 쓰인 소설은 망운디까르따(Mangoendikarta, 1910)가 쓴 『그넵 블라스 짜리따(Genep belas Carita, 1910)』이었다. 국민독서위원회(Volkslectuur)가 멀라유어와 비교했을 때 순다어의 자바어로 된 서적을 더 많이 출판했다고 보여진다. 그것은 국민독서위원회(Volkslectuur)가 「발레이 뿌스따까」로 바뀐 이후에도 마찬가지였다.

당시 대부분의 출판물은 달랑 이야기, 각 지역의 신화, 순다인들의 인터뷰, 고대 자바 문학 관련 서적 등이었다. 자바어로 쓰인 많은 책들은 자바문자 옆에 라틴 문자로 병기하여 쓰기도 했다. 이런 사실은 1937년 「발레이 뿌스따까」에 등록된 작품원고를 보더라도 알 수 있는데, 자바어로 된 원고가 232편, 멀라유어로 된 원고가 147편, 순다어로 된 원고가 54편이었다.

그와 같이 멀라유어가 자바어와 순다어로 번역된 소설이 자바어와 순다어가 멀라유어로 번역된 소설보다 더 많았다. 그 의미는 멀라유어 문학작품들이 자바 독자사회처럼 다수가 사용하는 언어로 폭넓게 확산되었다는 점이다.

위에 언급된 소설 이외에도 초등교육을 받은 이들을 위해 『걸리버 여행기(1918)』, 『걸리버 연극(Lelakone Gulliver, 1921)』, 『버팔로 빌 이야기(Cerita Buffalo Bill, 1913)』, 『벌팔로 빌 설화(Hikayat Buffalo Bill, 1919)』 등과 같은 유럽 소설들을 번역하여 출판하였다.

건강, 기술, 농업, 법률 등에 대한 기초과학지식의 학문서적들 역시 출판되었다.

수리빤 사디 후또모(Suripan Sadi Hutomo)에 따르면, 대부분의 현대 자바문학은 「발레이 뿌스따까」와 「빼에바르 스망앗(Penyebar Semangat, 1933)」에 의해 출판되었다. 인기를 끈 문학 장르는 소설, 단편소설, 여행기행문, 그리고 비록 그리 많지는 않았지만 연극이었다. 시는 여전히 고대 자바 시(자바 전통시) 형식을 쓰고 있었다.

자바문학을 담당했던 중 · 하위 계층은 낮은 지위에 있던 쁘리야이들, 학생들, 학교 선생님들, 하급 사무직 등을 차지한 초등학교 졸업자들이었다. 이들이 민족문제와 다른 종족문제와의 연루되는 경우는 극히 드물었다.

만약 화란 혼혈인(Hindia-Belanda) 문학이 자신들의 사회 배경을 사용한 것 이외에도 원주민 계층 사회를 배경으로 삼았다면, 화교문학 또한 원주민 사회를 배경으로 사용하였다고 볼 수 있지만, 자바 문학만큼은 자신들의 사회를 배경으로 삼았다.

자바 문학에는 중국 또는 화란 사회의 문제를 다루거나 중국과의 관계, 화란과 자바와의 관계를 다룬 것은 극히 드물었다. 만약 이런 문제가 「발레이 뿌스따까」의 검열과 관련 있다면, 「발레이 뿌스따까」와 그 외의 출판사에서 출판한 자바어로 된 단편소설과 소설들을 비교 연구할 필요성이 있다. 「발레이 뿌스따까」 외부에서 출판된 자바 문학은 주제 면에서 보다 더 자유로웠다.

「발레이 뿌스따까」시대의 인도네시아 문학에서는 많은 작가들이 선생님이었고, 그 후에 편집자가 되었다. 이와 같은 현상은 자바 문학과 큰 차이가 없었다. 그들의 언어 능력은 화란어, 멀라유어, 자바어로 한정되어 있었다. 그래서 그들의 문학 지평도 화란식민정부가 제시한 문학작품으로 한정되었다. 이 경우에 있어서 화교와 화란 혼혈인 문학사회는 그들이 몇 개의 외국어 사용 능력을 가지고 있었고, 또한 자신들이 원하는 서적들을 구매할 수 있는 충분한 자본을 가지고 있었기 때문에 그들의 문학 지평이 더 넓었다.

자바 원주민 사회에서는 식민시대에 중·상위 교육을 받은 자바 원주민 계층만이 화란 혼혈인이나 중국인 작가들의 능력에 필적할 만하였다. 1920년대 지식인 계층에 의해 「띰불(Timboel)」이라는 화란어 문학잡지가 등장하였다. 비록 자바의 많은 지식인 계층은 단지 좋은 문학을 즐길 뿐이었지만 극소수의 지식인은 문학 분야에 변화를 주고자 하였다. 그들의 가장 큰 관심은 사회와 정치 문제였다. 자바 문학은 독립 이후에도 생명을 유지하며 번영하였지만, 인도네시아 문학에 종속된 문학의 성격을 띠었다. 그 이유는 이 자바문학이 자바어를 사용하는 사회에서 지속되었기 때문이다.

인도네시아어로 번역된 자바 문학 작품은 매우 드물었다. 그 예로서, 식민시대의 「발레이 뿌스따까」에 의해 번역된 작품 수를 능가하지는 못했다. 비록 인도네시아 문학으로 작품 활동을 한 몇몇 자바어 사용 문학가가 있었을지 언정 그 수는 많지 않았다. 식민시대에는 성직자 수빠르또(Suparto)와 인또요(R. Intoyo)가 잘 알려졌고, 독립 이후에는 수빠르또 브라따(Suparto Brata)가 알려져 있었다. 일반적으로 그들은 문학작품을 자바어로만 쓰거나 혹은 인도네시아어로 직접 썼다. 두 언어를 동시에 사용하여 문학 활동을 하는 예는 매우 드물었다.

자바 문학에서는 작가들이 가명을 쓰는 것이 유행했다. 가명은 주로 대중소설에서 이용되었다. 왜 그들은 본명을 숨기고 싶어 했을까? 그 이유가 정신적인(자신의 이름이 알려지는 것에 대한 두려움) 것이었을까? 혹은 사회적인(겸손한 마음) 것 이었을까? 라는 질문들이 쏟아지는 것도 사실이다.

자바 문학은 자바 사회의 작은 면 단위나 소도시들에서 번영하였다. 그 이유는 그들의 소설이 주로 농촌 사회를 배경으로 했기 때문에 낮

설지가 않았다는 점을 들 수 있다.

그들의 소설에 등장하는 마을 이야기들은 오직 고향에 대한 향수나 힌디아-블란다 문학처럼 이국적인 것이 아니라 작가들과 독자들 모두 같은 지역배경을 다루고 있는 작품에서 익숙함을 느끼게 해주었다. 이러한 독자의 범위 때문에 식민시대의 「발레이 뿌스따까」 소설의 특징(감성적인 이야기, 탐정과 모험이야기)은 독립 이후에도 존재했다. 소도시들에서 중 · 하위 교육을 받은 사회의 이데올로기는 그 소설작품에서 쉽게 접할 수 있었다.

소설 형식의 가치는 내용의 가치보다 더 중요하게 인식되었다. 세련된 긴장감(Suspense), 매혹적인 사건 전개, 복잡하지 않은 등장인물의 성격, 미스터리 요소, 사랑 등의 소설 이야기는 중 · 하위 교육을 받은 이들이 갈망해온 문학의 가치였다.

그렇다고 해서 문학의 내용적인 측면의 가치가 너무 작다는 것을 의미하는 것이 아니다. 자바의 어부, 산림 전문가, 마을 훈장, 촌장, 면장, 농부 등에 관한 이야기는 인도네시아 문학에서는 대부분 존재하지 않지만 자와 문학에서는 종종 발견된다.

이 문학은 상대적으로 높은 교육을 받은 문학가들이 쓴 것일지라도 여전히 「발레이 뿌스따까」 독자들의 범위 내에서 활용된다고 볼 수 있다. 화교 문학처럼 자바 문학 또한 풍부한 문학작품을 가진 문학들이지만 그들(자바문학)의 참여가 사회적 논쟁으로 비화된 적이 없다.

이 자바 문학은 단지 인도네시아의 문학의 보조 문학이 되었다. "인도네시아 문학" 은 인도네시아어로만 쓰여진 문학만을 일컫는가? 역사적으로 다른 문학은 존재한 적이 없다고 간주하는가? 등의 문제들이 제기 되고 있다.

5. 순다 문학

서부 자바에 위치한 순다사회 역시 오랜 문학의 역사를 가지고 있다. 그들은 중앙 박물관에 약 90편 정도의 고대 순다어로 된 원고들을 보관하고 있다. 하지만 그 원고에 대한 연구는 고대 자바문학에 관한 문제처럼 모든 학자들의 관심을 받지 못하고 있다. 아집 로시디(Ajip Rosidi)는 누르돈(Noordoyn)박사가 몇몇의 원고들을 읽은 적이 있었고, 그 가운데서 라마야나(Ramayana) 이야기를 발견했다고 설명했다. 어쨌든 그 원고들은 힌두-불교 시대로부터 유래한 고대 순다 문학의 실체에 대해 아직 우리에게 명확히 밝혀주지 못하고 있다.

평화시기의 순다문학은 훨씬 더 뚜렷하다. 이 문학은 17세기 마따람(Mataram) 문학으로부터의 영향으로 발전하였다. 그 시대에 매우 인기 있는 문학의 형태는 와와짠(Wawacan-순다의 전통 시)이었다.

시 문학 발전의 절정기는 19세기였다. 「발레이 뿌스따까」시대 역시 와와짠(Wawacan)은 여전히 순다의 모든 작가들에 의해 쓰여졌다. 수십여 편의 시 문학이 순다 문학에 의해 탄생되었고, 순다사회 문학의 관심들 중에 하나의 기둥이 되었다. 와와짠(Wawacan)은 멀라유 문학(Wawacan Kin Tambuhan, Wawacan Indra Bangsawan), 고대 자바문학(Wawacan Angling Darma), 이슬람 문학(Wawacan Amir Hamzah), 그리고 그림자극(Wayang Bratayuda) 등으로부터의 다양한 영향을 받았음을 보여준다.

현대 순다문학은 자바문학과 같은 방향으로 발전했는데, 그 시기는 19세기말과 국민독서위원회(Volkslectuur) 시대였다. 1910년 국민독서위원회(Volkslectuur)의 최초의 책들은 순다어와 자와어로 되어 있다. 더욱이 소설의 출판 성과 측면에서 보면, 순다문학은 1914년 「발레이 뿌스따까」에서 그 첫 소설이 출간되었다. 그것은 바로 아르디위

나따(D. K Ardiwinata)의 『바루앙 까 누 응아로라(Baruang Ka Nu Ngarora)』 소설의 등장이었다.

그 후 모하맛 암브리(Mohamad Ambri), 메멧 사스뜨라하디쁘라위라(Memed Sastrahadiprawira), 주하나(Juhana), 시띠 하디자(Nyi R. Sitti Hadidjah)와 같은 유명한 작가들이 「발레이 뿌스따까」를 통하여 수십 편의 순다소설을 출간하였다.

자바문학의 예처럼 순다문학 역시 서부자바의 작은 도시들에 퍼졌다. 마을과 그 주변의 생활은 종종 그들의 소설의 배경이 되었다.

독립 이후, 순다문학은 순조롭게 발전해 나갔다. 인도네시아 문학에서 유명한 작가들의 이름을 볼 수 있듯이 순다문학에서도 아입 로시디(Ajip Rosidi), 아얏 로하에디(Ayat Rohaedi), 루스만 수띠아수마르가(Rusman Sutiasumarga), 우뚜 따땅 손따니(Utuy Tatang Sontani), 사이니 까엠(Saini KM), 까르노 까르따디브라따(Karno Kartadibrata), 수라흐만(Surachman R.M). 이스깐다르와스싯(Iskandarwassid) 등의 유명 작가들의 이름을 발견할 수 있다.

이 두 언어의 문학은 순다문학에 방해를 주지 않은 듯이 보인다. 하지만 이 순다문학은 역시 인도네시아 문학의 보조 문학이었다. 일반적인 인도네시아 문학의 독자에게 있어서 순다문학의 잠재력을 아는 사람은 매우 드물다.

6. 결론

현대 인도네시아 문학은 식민시대에 멀라유어로 이루어진 문학, 즉 「발레이 뿌스따까」 시대부터의 문학이다. 하지만 사회학적으로 문학 사회의 도약이 발견되었다. 「발레이 뿌스따까」 문학은 특히 식민시대의 초등학교 졸업자에게 필요한 읽을 거리를 충족시키기 위한 목적을 가지고 있었고, 「발레이 뿌스따까」의 모든 작가들 역시 대부분이 학교 교사이거나 교육을 받고 있는 중이었으며, 그 후에 그들은 신문 편집자로 전직하였다.

1930년대 초에 문학에 민족주의 운동을 불러일으킨 중 · 상위 교육계층이 나타났다. 이들은 「발레이 뿌스따까」 문학사회의 문화와 차별성을 강조한 「뿌장가 바루(Pujangga Baru)」였다. 문학은 민족의 정체성을 유지하기 위한 중요한 가치로서 지식인 계층의 활동 무대가 되었다. 그리고 이러한 다양한 문학은 인도네시아 현대문학으로 발전하였다. 「발레이 뿌스따까」 시대에는 "인도네시아어(Bahasa Indonesia)"라는 용어가 사용되지 않았다. 그들은 여전히 "멀라유어(Bahasa Melayu)"라고 불렀다.

이 문학 외에도 식민시대에 화란 혼혈인 문학, 화교 문학, 자바 문학, 순다 문학도 역시 발전하였다. 더불어 마두라(Madura), 바딱(Batak), 발리(Bali) 문학도 발전하였다. 그들은 각각의 종족사회 속에 동화되어 살았다. 각자의 지방문학 속에서 활동하던 지식인계층과 변화운동계층은 인도네시아 "민족주의" 문학에 녹아들었다.

그러므로, 다양한 지방문학이 인도네시아 현대문학에 기여한 부분은 지속적으로 연구될 필요성이 있다. 1930년대 문학의 발전에 있어서 언어, 기술방법, 주제선택의 측면에서 지방문학의 영향을 받지 않았다는 것은 믿을 수 없다. 사회적으로 현대 인도네시아 문학은 1930년대 말에 발전하였다. 그리고 그 이전에는 서로 다른 사회계층으로부터 다양한 문학이 성장했다.

현대 인도네시아 작가들은 그 다양한 지방문학으로부터 "문학교육"을 받으며 성장했다. 이들은 식민시대에 자바 문학과 순다 문학에서 배운 것이 있고, 화란 혼혈인 문학을 통해 성장했으며, 그 후 인도네시아 문학을 썼다. 저급 멀라유 문학의 소설들이 그들에게 끼친 영향은 어떤 것이었을까? 식민시대를 통해 성장한 이들은 성인이 된 후 특히 독립 이후에 인도네시아어로 문학을 집필하였다.

독립 이후 출생한 인도네시아 작가는 이렇게 다양한 영향을 경험하지 못하였다. 그들은 이데올로기를 통해 인도네시아 문학을 다루었다. 인도네시아 문학은 「뿌장가 바루」 이래 정말로 반듯하게 한 길을 걸어 왔지만, 결국은 4개의 문학사회인 화란 혼혈인(Indo-Belanda) 문학, 저급 멀라유 문학, 자바 문학, 그리고 순다 문학이 출현했다. 반면, 멀라유 문학은 인도네시아 문학의 "아저씨(paman)" 의 모습을 띠었다. 소설과 단편소설 부분에서 마라 루슬리(Marah Rusli)와 모하맏 까심(Mohamad Kasim)을 최고의 권위와 존경의 의미로 "아버지(Bapak)" 로 불렀다. 반면, 사람들은 시, 비평, 드라마 부분에서 「뿌장가 바루」 집단을 "아버지(Bapak)" 로 인식하게 되었다.

제 4 장

인도네시아 소설의 사회적 향방

사회 거울로서의 소설

1. 서론

문학은 단지 사물(artefak)이 아니다. 문학은 가치들을 담고 있는 사물이다. 그 안에 담긴 가치, 그것이 바로 문학작품이라고 부를 수 있는지 혹은 그렇지 아닌지를 결정하는 요인이다. 모든 독자들 역시 그것을 기준으로 한 작품이 문학작품인지 혹은 아닌지를 결정한다. 여기서 "독자"는 관련된 문학사회체계에서의 독자로 지정된다. 아마도 작품의 소비자로서 대부분의 독자는 문학작품의 위치를 결정하는 역할을 한다. 아마도 모든 비평가도 그와 같다. 언급된 문학사회에서 매우 권위 있고 큰 영향력을 지닌 비평가라고 할지라도 마찬가지이다. 그것을 위해 권위를 가진 어떤 기관도 마찬가지 일 것이다.

한 작가에 의해 쓰여진 것은 무엇이든 문학작품이라고 말할 수 있다. 하지만 그 작품이 진정한 문학적 가치를 지녔는지 혹은 아닌지를 결정하는 것은 작가의 몫이 아니다. 그러므로 문학작품을 쓰고자 하는 누군가는 반드시 문학작품이라고 불리워질 수 있는 무엇인가를 사회로부터 배워야한다. 그 가치들은 문화를 통한 공부로 얻어지는 것이지 태어날 때부터 저절로 주어지는 것이 아니다.

문학작품에 대한 평가는 기본적으로 두 종류가 있다. 즉, 내용과 형식이라고 할 수 있는 내재적 가치와 외재적 가치이다. 내재적 가치는 내용과 형태의 가치라고 말할 수도 있다. 문학의 내재적 가치는 전적으로 문학예술의 "재료"에 달려있다. 즉 언어이다. 문학가는 언어를 재료로 작품을 쓴다. 문학가는 언어로 말의 의미를 만들고, 어휘로 이미지를 형성하고, 주제를 정리하며, 음률을 조정한다. 그리고 그는 역시 어휘들로 문학의 형태라고 할 수 있는 하나의 큰 이미지를 만들어 낸다. 문학형식은 바로 작가와 문학사회에 의해 반드시 배워야만 하는 내재적 가치이며, "미학의 법칙" 혹은 "문학의 관례"라고 말할 수도 있다.

문학 형식은 딱딱한 개념이 아니며, 작가든지 독자든지 문학 사회의 발전에 동참하는 것이다. 문학인지 아닌지는 그 내재적 가치에 의해 결정된다. 이 가치들은 모든 시대와 장소, 그리고 전인류에게 똑같지는 않다.

반면, 외재적 가치 또는 문학의 내용은 문학의 실용적 가치이다. 이 가치는 사회의 지식과 그 사회의 문화, 그리고 도덕가치, 종교가치, 정치가치, 사회가치 등과 같은 이상적인 가치들로 구성된다. 하나의 작품은 그 내재적 가치로 인해 문학이라고 불리 우는 반면, 외재적 가치는 사회내의 문학의 위치를 결정한다.

내재 · 외재적 가치는 그 둘이 하나의 완벽한 형태로 이루어져 있어서 분리할 수 없다. "형식"이란 "내용"이고, 그 "내용"은 "형식"에서 발견된다. 그 차이는 형식이 내용을 제대로 담지 못했을 때, 혹은 형식이 내용을 능가했을 때 보여진다. "이 작품은 훌륭하지만 내용이 없어"라는 것은 "내용"과 "형식"이 일치하지 않는다는 표현이다. 그리고 "그 생각은 뛰어나지만, 유감스럽게도 이야기 전개의 짜임새가 없어"라고 말한다면, 이는 "내용"이 "형식"을 능가한다는 것이다. 성공한 문학작품은 사람들이 내용과 형식의 차이를 알지 못하는 경우이다. 형식과 내용의 두 측면은 통일되고 완전하고 견고한 일치를 형성하게 된다.

그것이 "살아있는 형식"의 문학이다. 이러한 작품은 그 이야기 속에 여러 가지 구조의 가능성을 지니고 있다. 그리고 각각의 구조는 외부의 가치를 해석하기 위한 특정한 의미를 제공해 준다. 비평가와 같은 문학 전문가는 작품내의 외재적 가치들을 볼 수 있으며, 그것은 적어도 하나의 문학 작품을 선정할 수 있는 요인이 된다.

의미가 풍부한 문학작품은 명백한 하나의 의미를 가진 문학작품보다 더 높게 평가된다. 이런 문학은 "살아있는 형식"이 아니다. 이것은 "문학의 의미는 쓰여진 어떤 것에 있는 것이 아니라 쓰여 지지 않은 어떤 것"이라고 사람들이 종종 말하는 이유이다. "쓰여 지지 않은" 어떤 것이 의도하는 것은 구조가 제공하는 "살아있는 형식"으로서의 작품이 독자에게 제공하는 부분이다. 각 독자마다 다른 구조에 따른 다른 의미를 발견할 수 있다. 시간과 장소의 한계를 초월한 가치가 작품 속에 존재할 때 이것이 바로 영원하고 보편적인 작품으로 평가받게 되는 것이다.

어느 측면에서 문학작품을 "사회의 거울"이라고 말할 수 있을까? 물론 문학의 내용적인 측면에서 보면 그렇다고 말할 수 있다. 문학은 사람들이 단지 그들의 삶에서 벗어나기 위한 사물이 아니다. 또한 문학은 심리적인 현실도피가 아니며, 영혼을 조정하는 것은 더욱 아니다, 비록 그런 기능을 가지고 있다손 치더라도 말이다.

건전한 사회에서 문학은 윤택한 삶을 일구기 위한 기술이나 괭이와 같은 것이다. 문학은 인간의 삶과 연관성이 있기 때문에 필요한 것이다.

사실, 문학은 미적 방법으로 개인의 경험과 이상을 표현하는 것이다. 쓰는 것은 단지 서랍에 보관하기 위한 것일 수 있다. 그러나 문학가는 독자에게 읽히기 위해 작품을 쓴다. 작가가 그의 글을 읽게 하기 위한 대상은 누구일까? 그 대상은 적어도 언어를 이해하는 사람들에게 가설법으로 존재한다. 하지만 더 특별하고 더 명백한 대상은 사회계층에 있다. 이 사회계층은 문학의 내재적 가치든 외재적 가치든 동일한 연관성을 가지고 있다고 추정할 수 있다. 작가는 문학의 내재적 측면을 이해하는 이들을 위해 글을 쓸 뿐만 아니라, 지식의 외재적 가치를 위해서도 글을 쓴다.

문학가는 격리된 섬이 아니다. 그는 사회를 위해, 사회에 의해, 사회로부터 살고 있는 것이다. 거대한 인류의 공동체로서 그는 인간의 운명에 주의를 기울인다. 사회의 구성원으로서 그는 사회의 운명에 대해 신경을 쓴다.

바로 그것을 위해 문학가는 말할 필요가 있다. 그는 말하는 방식으로 문학의 형식을 선택한다. 문학의 외재적 측면에서 그가 이야기하는 것은 인간과 사회의 운명에 관한 그의 생각이다. 이 생각은 도덕과의 관계, 사회 전통관습과의 관계, 정의, 정부의 정책, 그리고 이외의 수많은 다른 문제들과의 관계의 결실이다. 문학은 이미지 형식을 통한 생각의 표현이다. 그와 같은 특징으로 인해 문학은 어떤 시대의 사회와 인간의 문제들에 대한 모든 작가들의 생각을 기록할 수 있었다. 작가들은 의식이 있든 없든 삶의 영역에서 경험된 생각을 명백히 기록할 것이다. 그리고 그 "기록"은 삶의 영역에 대한 통찰력과 경험, 지식의 넓이, 진실에 대한 외면, 변질, 그리고 수용으로써 보여지게 될 것이다.

소설은 내재적 측면에서 미학의 기술을 필요로 한다. 내재적 요소들로 구성된 소설 형식은 어떤 체계 속에서 자신들만의 고유 기능을 가지고 있다. 작가는 자신이 원하는 체계 내에서 형식을 창조하는 것에 자유롭다. 작가는 내용에 의해 요구된 하나의 유형 속에서 그 요소들의 연결을 자유롭게 결정한다. 플롯, 배경, 인물, 분위기 등의 요소들은 삶의 환경에 대한 견해와 사회로부터 얻어진 경험과 지식으로 구성된 "재료"로서 필요한 것이다. 원하든 원하지 않던 그는 삶의 경험과 지식에 기초하여 활동한다. 그는 그것을 그대로 묘사하는 것이 아니라, 변형시키거나 다른 각도로 돌리거나 또는 전적으로 새로운 상상력을 발휘하여 만들어 낸다. 하지만 그 기초에는 사회의 경험과 지식이 자리 잡고 있다. 이것이 바로 문학이 "사회의 거울" 이라고 말할 수 있는 것이다.

내재적 측면에서 사회의 지식과 경험을 "재료"로 이용하는 주요 목적은 그 스스로 사회적 진실에 대한 가치판단에 도달하기 위해서이다. 그가 추구하는 이상적인 가치들은 사회 내에서 발생한 가치들과 대립되기도 한다. 작가의 이상적인 가치는 주변의 삶을 바라보는 시각에 기초한 것이다. 이 시각은 "사회의 거울" 형태를 띠고 있으며, 적어도 사회 현실에 대한 묘사와 작가의 이상적인 가치를 묘사하고 있는 것이다. 여기에는 현재 유효한 사회의 가치들 중에 작가의 이상적 가치뿐만 아니라 작가의 지적 경험인 외재적 가치에서 보여 지는 "사회의 거울" 이 산발적으로 분석될 것이다.

2. 식민사회 거울로서의 소설

화란식민시대에 인도네시아 사회는 정치구조를 바탕으로 다양한 계층으로 나누어졌다. 사회구조의 최상층을 차지한 화란과 화란 혼혈인(Indo-Belanda) 사회계층이 있었고, 중류층을 형성한 화교 사회계층, 그리고 하류층을 차지한 원주민 사회계층이 있었다. 각각의 사회계층들은 자신들의 사회구조를 가지고 있었고 또한 자신들의 문학을 가지고 있었다. 화란사회에서는 화란 혼혈인 문학을, 화교사회는 저급 멀라유 문학을, 그리고 멀라유 사회, 자바 사회, 순다 사회, 바딱 사회, 마두라 사회, 발리 사회 등의 원주민 사회는 각자의 지방어로 된 문학을 가지고 있었다.

화란 문학은 인도네시아 원주민 사회의 부정적인 측면을 바라본 화란인 집단과 긍정적인 측면을 바라본 화란인 집단, 즉 이들 두 집단에 의해서 쓰여졌다. 원주민 사회를 긍정적으로 바라본 화란인 집단의 문학은 인도네시아에 대한 화란의 정치 · 사회의 정책 실행에 관해 날카로운 비난도 마다하지 않았다. 더욱이 그들의 문학작품은 화란에서 출판되었다. 물따뚤리(Multatuli, 본명 에드워드 드워스 데커 Eduard Douwes Dekker)와 같은 작가는 인도네시아 서민의 운명에 고통을 주었던 화란 식민정부의 통치를 용감하게 지적하였다.

19세기 화란의 자유주의 분위기는 비록 화란 정부에 혹독한 비평을 가했을지언정 이 같은 문학작품을 받아들였다.

그리고 이러한 소설의 영향은 매우 컸다. 왜냐하면 화란과 인도네시아에 있는 화란사회가 그 소설을 읽음으로써 인도네시아에서 그들의 정치행위를 반성하고 수정할 수 있었기 때문이다. 식민정책의 변화를 엿볼 수 있는 소설의 예로서는 막스 하버(Max Haveler)의 출판사건에서 엿볼 수 있다.

다른 화란 소설들의 사회적 성향은 식민시대의 인도네시아 사회와 인권에 관한 측면을 보기 위해 더 깊이 연구할 필요가 있다.

19세기 후반에 등장한 저급 멀라유어 소설들은 화란인, 화교(중국계 혼혈인), 그리고 원주민 자신들에 의해 쓰여졌다. 장편이든 단편이든 소설들의 출판은 이익에 바탕을 둔 개인 출판업자에 의해 자유롭게 이루어졌다. 저급 멀라유어 소설의 플롯, 인물, 배경은 잔인하고 사악한 사건을 묘사하는 풍조가 강했다. 하지만 이 소설들은 "싸구려 소설(cerita picisan)"에 반하여 작가의 이상적 가치를 보여주지 못했다.

1900년대 몇 편의 저급 멀라유어 소설은 식민정부에게 있어 위험한 가치를 담고 있는 것도 있었다. 코머르(H. Kommer)의 소설 『냐이 빠이나(Nyi Paina)』는 화란에 대한 반항의 태도를 묘사하고 있다. 이야기의 주인공인 빠이나(Paina)는 아름다운 10대 소녀로 화란인 브리옷(Briot) 공장장의 첩으로 자신을 기꺼이 희생한다. 브리옷(Briot) 공장에서 일하는 아버지를 구하기 위해서였다. 빠이나(Paina)의 행동은 사실 영웅의 이야기를 담고 있는 듯하다. 그녀는 사나운 브리옷(Briot)의 첩이되기 이전에 이웃 마을에서 유행 중인 천연두 환자들과 일부러 어울린다. 결국 브리옷(Briot)은 빠이나(Paina)로부터 천연두가 전염되어 죽게 된 반면, 빠이나는 아름다움을 잃었을 뿐 그 병에서 살아남는다는 이야기이다.

이런 종류의 소설은 "불량소설"이나 "도색소설"로서 식민정부의 잔인한 취급을 받았다. 반대로 그러한 종류의 소설은 작품을 읽은 원주민에게 영향을 끼칠까봐 화란 식민정부의 두려움도 나타났다. 원주민인 빠이나(Paina)가 화란 주인에게 재치 있게 복수하는 이야기는, 물론 화란식민정부를 자극하려는 생각이나 태도는 아니었다. 이런 이유 때문에 화란인에게 충성하는 내용이나 화란인에게 저항하는 종류의 문학은 읽을거리로서 피해야할 것들이었다. 화란 식민정부는 화란에게 해가 되는 서적들을 통제할 필요성이 있었기 때문에 막대한 재정을 지원하는 프로젝트를 진행하였는데, 그것이 바로 국민독서위원회(Volkslectuur)이자 「발레이 뿌스따까」였다.

왜 어렵게 막으려고 했을까? 그러면 왜 그 같은 출판물이 금지되지 않았을까? 그 이유는 화란인 스스로가 그와 같은 소설을 썼기 때문이고, 더욱이, 그 시대의 사회 · 정치적 상황이 "개인의 자유" 와 "자유주의 열병" 의 한 가운데에 놓여있었기 때문이었다.

위험한 소설의 예는 단지 화란 작가에게만 있었던 것이 아니다. 원주민 작가에게도 있었다. 빵으만안(F.D.J Pangemanan, 1903)의 소설 『로시나 이야기(Cerita Rossina)』는 비록 악한 이야기에 고정되어 있지만 반식민지 사상을 담고 있었다. 이 소설은 로시나(Rossina)라는 이름의 아름다운 원주민 소녀가 화란인 부인에게 질투와 시기를 받는 불행한 운명을 묘사했다. 이 소녀는 자주 학대당했고 늙은 고용주의 하인과 강제로 결혼하게 되었지만 그 남편을 사랑했다. 로시나(Rossina)가 행방불명 되었을 때 그의 남편은 화란인 주인을 위협하며 그 화란인 가족을 모두 살해하게 된다.

화란인 가족을 대담히 살해한 것은 분명 저급 멀라유어를 잘 이해하는 원주민 독자에 의해 높은 지지를 받을 수 있는 가치를 담고 있는 것이었다.

화란 혼혈계인 하지 묵띠(Haji Mukti)의 작품 『시띠 마리아 이야기(Hikayat Siti Mariah)』라는 장편소설 역시 화란의 상류집단(Kaum gula)의 정신적 타락과 시띠 마리아(Siti Mariah)라는 원주민 여성의 충절의 가치를 높게 사고 있는 모습을 묘사하고 있다. 시띠 마리아(Siti Mariah) 가족의 파괴는 한 화란인 가족의 나쁜 행위의 결과로 일어난 것이다. 비록 그 소설 속에서 그들은 당시 화란의 팽창주의(Pax-Neerlandica)시대에 화란인들의 마음에 들지 않으면 처벌을 받을 수 있고 또한 위험에 빠질 수 있음을 묘사하고 있다.

최근 원주민 계층의 저급 멀라유어 소설은 1924년 출판된 막스-사회주의에 바탕을 둔 마르꼬 까르또디끄로모(Marco Kartodikromo)와 스마운(Semaun)으로부터 나왔다. 이 소설들은 적나라하게 식민 자본주의 체제의 약점을 꼬집고 있다.

『히죠 학생(Student Hidjo, 1919)』은 화란의 남성과 여성이 원주민 남성과 여성과의 사랑을 거부하는 내용을 담고 있다. 결국 원주민은 원주민과 화란인은 화란인과 결혼하게 된다.

마스 마르코(Mas Marco)의 『독립심(Rasa Merdeka, 1924)』은 화란인에게 복종하는 원주민 공무원이 자신의 부하직원인 동족에게는 억압과 탄압을 일삼는 심리를 묘사하고 있다. 무산계급 대 자본계급의 측면에서 식민정부체제의 약점을 드러내고 있다.

인도네시아의 "저널리스트" 집단이 그들의 신문을 통해 저급 멀라유어로 쓴 소설이었다. 이 소설작품들은 「발레이 뿌스따까」에 의해 "불법 문학"으로 규정되었다. 이런 이유로 인해 이 유형의 소설들이 크게 발전하지 못했다. 이 소설은 출판이 허용되었지만, 사전에 작가는 출판을 허가받기 위한 구실을 찾아야만 했고, 대개 "신문의 요구(persdelict)"를 통과해야만 했다.

물론 원주민의 저급 멀라유어 소설만이 그런 것이 아니었고, 화란인도 같은 태도를 가지고 있었다. 띠르또 아디수르요(Tirto Adisuryo)의 『라트나 냐이 이야기(Cerita Nyi Ratna)』에서 남편의 돈을 훔치고 또한 총각과 눈 맞아 도망을 치는 원주민 여인의 나쁜 성격에 대해 묘사하고 있다. 이 소설 역시 도색의 범주에 속했다.

화교(중국 혼혈인) 작가들에 의해 쓰여진 저급 멀라유어 문학은 이 계층이 추종한 가치들을 묘사하였다. 화교 소설들에는 인도네시아 원주민, 화교 자신들의 환경, 그리고 화란인의 생활 배경이 주로 묘사되었다. 화교 작가의 이데올로기는 매우 달랐다. 예컨데, 화란에 바탕을 둔 이데올로기도 있었고, 조국에 대한 이데올로기도 있었고, 그리고 인도네시아 원주민에 바탕을 둔 이데올로기도 있었다. 이 문제에 대한 더 깊고 넓은 연구가 시행될 필요성이 있다.

원주민 사회와 화교사회의 통합 문제는 소설 속에서 2가지 태도로 나타난다. 띠오 친 분(Thio Tjin Boen, 1903)의 소설 『우이 세(Oey See)』에는 빼깔롱안(Pekalongan)의 섭정군주와 결혼한 화교소녀가 묘사되고 있다. 이 소설은 비록 중국 부모가 자식으로 인정하지 않을지라도, 성공적인 결혼으로 묘사되고 있다. 중국인과 원주민과의 결혼은 행복을 가져왔고, 중국인 부인은 빼깔롱안(Pekalongan)의 화교 계층에 이슬람을 전파하게 되었다. 띠오 친 분(Thio Tjin Boen)의 다른 소설 중에 하나인 『냐이 수미라(Nyai Sumirah)』에서 작가는 여전히 결혼을 통해 두 사회 계층이 통합될 수 있다는 태도를 확실히 견지하고 있다. 비 리앙(Bi Liang) 젊은이는 솔로(Solo)의 후예인 수메당(Sumedang)의 소녀인 수미라(Sumirah)를 사랑했다. 그들은 서로 사랑하는 사이였다. 하지만, 원주민 사회뿐만 아니라 화교사회로부터 혹독한 반대에 부딪쳤다. 소설에서는 사내아이를 얻고 나서야 그들의 결혼이 성공하였다. 이 소설에서 "중국인의 원주민화"를 위한 이상이 나타난다.

퀴 텍 호아이(Kwee Tek Hoay)의 많은 소설에서 보여주는 태도는 『찌끔방의 루스 꽃(Bunga Roos dari Cikembang, 1927)』이라는 소설에서도 같은 모습을 보여준다. 예컨대, 첩 아이의 무덤을 중국인 묘소로 이전하기 위한 화교가족의 포용력을 보여주고 있다. 『보벤 디굴(Boven Digoel, 1932)』에서는 인도네시아 여성과 중국 소녀와의 진실한 우정이 묘사되어 있다.

반면, 화교와의 통합을 거부하는 태도는 작가미상의 『탄 바 시아(Tan Bah Sia, 1903)』라는 소설에서 등장한다. "신객(singkek)"[8]과의 결혼에서 행복하지 못했던 원주민 소녀의 아버지는 그 소녀를 섭정군

8 신객(singkek)-최근 중국에서 인도네시아로 이민 온 중국인을 가리키는 말임.

주에게 팔아넘긴다. 그 후 소녀를 팔아 넘긴 아버지의 태도는 비난을 받는다.

식민시대 원주민 계층에 관한 화교사회의 다양한 태도는 수 십여 편의 화교 소설을 통하여 관찰되고 있으며, 이에 대한 연구의 필요성이 제기되고 있다.

결혼을 통한 민족 통합에 관한 모든 화교 작가들의 이상적인 가치들은 연구가 이루어진 이후에나 정확히 알 수 있을 것이다.

화란 계층에 대한 화교사회의 태도는 어떤가? 몇 편의 소설에서 중국인들은 저급 멀라유어로 소설을 쓰던 인도네시아 작가들처럼 화란사회의 상황을 묘사하는데 좀 더 자유로웠던 것처럼 보인다. 『피엔체 더 페눅 아가씨(Nona Fientje de Fenuks, 1917)』와 『브링크만의 복수(Pembalasan Brinkman, 1918)』의 소설에서는 화란인을 "악한"으로 표현했다.

그와 같이 탄 분 킴(Tan Boen Kim, 1917)의 소설 『시 리붓(Si Ribut)』 역시 화란인 장교의 성적 타락을 묘사하고 있다. 비록 이 소설의 중심주제가 띠르또 아디수르요(Tirto Adisuryo)의 『냐이 라드나(Nyai Ratna)』에서 나타난 현지 첩의 문제처럼 극단의 여주인공인 시 리붓(Si Ribut)이 화란인 장교를 먼저 "유혹하는" 행실일지라도 화란인의 부도덕적인 삶을 묘사하고 있다.

그 사회에 대한 화교 소설이 언급한 가치들은 매우 풍부하다. 이 소설들은 일반적으로 그 내용과 형태가 다양하다. 가정주부로써 집에 있는 화교 여자조차도 사회에서 어떤 역할을 담당해야 하는지에 대한 교훈을 주는 것이 있었다.

식민시대에 번영한 이 화교 문학은 식민정부가 권력을 잃은 지 오래지 않아 감소했다. 즉 식민정부의 태도가 화교 문학을 발전할 수 있게 만든 힘이었다. 식민정부는 이 화교 문학계층이 스스로 발전할 수 있도록 작품 활동을 묵인해 주었고 또한 보호해 주었다.

「발레이 뿌스따까」 시대의 소설들을 보자. 이 소설들이 인도네시아 사회의 "사고방식"을 반영하고 있는가? 이 출판의 목적은 식민정부에 충성하기 위한 원주민 중·하위 계층을 교육하기 위한 것이고 또한 저급 멀라유어 문학의 이데올로기에 침식되지 않게 보호하기 위한 것이다. 그 때문에 이전에는 식민정부가 모든 작가들의 태도와 사고방식을 검열하였다. 그래서 「발레이 뿌스따까」 소설들의 태도와 사고방식이 식민 정부의 이상적 가치에 더 어울리게 서술되어졌다.

이상적 가치는 화란계층에 대한 존경과 충성이었기 때문에 「발레이 뿌스따까」의 소설들에서는 화란인에 대한 좋지 않은 묘사나 부정적인 묘사는 거의 나타나지 않았다. 일반적으로 그 「발레이 뿌스따까」 소설에서는 거의 모든 화란인들이 선한 사람이고 원주민을 돕고 후원하기를 좋아하는 사람으로 그리고 있음을 알 수 있다. 아디네고로(Adinegoro)의 소설인 『사랑의 승리(Asmara Jaya, 1928)』에서 순다의 처녀 디르시나(Dirsina)는 미낭(Minang)의 청년 루스땀(Rustam)에게 사랑받고 또한 결혼하기로 마음 먹었을 때 반둥에서 루스땀(Rustam)의 부인이 찾아 온 것을 알고 기절하게 된다. 그 후 디르시나는 이웃인 미에르만(Ny. Meerman) 부인의 충고와 보살핌으로 충격으로부터 회복되어진다.

『그릇된 교육(Salah Asuhan)』에서는 원주민에 대한 코리(Corrie)의 불신보다 코리와의 사랑을 통해 화란인이 되고자 했던 하나피(Hanafi)의 잘못이 더 크다는 점을 부각하고 있다.

아스마위낭운(Asmawinangun)의 소설작품 『함정에 빠진 공작새(Merak Kena Jebak)』에서도 역시 신발공장을 시작한 화란의 옛 군인 더 하안(de Haan)은 와르시아(Warsiah)를 첩으로 얻었다. 모든 첩에 대한 화란인들의 나쁜 행위에 대한 묘사는 그의 첩을 진정으로 사랑하는 더 하안(de Haan)의 태도로 지워졌다. 더 하안(De Haan)은 휴머니즘(Humanisme)을 지닌 착한 화란인이었다.

저급 멀라유어 문학뿐만 아니라 화란 혼혈인(Hindia-Belanda) 소설에서도 찾아볼 수 있는 것처럼 부패, 거만, 도덕적 타락 등으로 화란인을 표현한 적이 없는 몇몇 소설의 예는 「발레이 뿌스따까」가 원주민의 보호자로서의 화란인 상을 제공해 주길 원했다는 것이 입증된다. 화란 계층과 관련된 소설에서 높게 평가된 가치는 화란 정부의 훌륭한 정책과 그 정부에 대한 충성이었다. 정부의 세금 징수에 용감히 반대했던 다뚝 마링기(Datuk Maringih)와 같은 인물은 반동인물로 표현하게 되었다.

『소가 되길 바라는 개구리(Katak Hendak Menjadi Lembu)』에 등장하는 수리아(Suria)라는 인물은 선하고 충직한 공무원이었지만 보다 지위가 높은 공무원이 되고 싶은 야망 때문에 결국 재판을 받는다.

「발레이 뿌스따까」의 소설들은 화란 계층, 인종, 종교, 정치 등을 언급하지 않는 한 원주민의 창작 정신을 문제 삼지 않았다. 그러므로 「발레이 뿌스따까」의 소설에서 표현의 자유는 단지 중 · 하위 계층의 정신과 관습에 대한 문제로만 국한되었다.

「뿌장가 바루」세대에서는 중 · 상위 교육을 받은 계층에 의해 쓰여진 「발레이 뿌스따까」 문학과는 성격이 달랐다. 중 · 상위 교육을 받은 계층은 하나의 민족으로서 인도네시아의 미래를 논의하는 것과 같은 정치적인 문제는 언급하지 않았다. 여기에 민족주의의 상징을 미학을 통해 전하는 것은 자유롭지 못했다. 화란의 문화와 그들이 친숙했기 때문에 그 일을 수행할 수 있었던 것이다.

식민시대의 「발레이 뿌스따까」 출판기관은 마르코(Marco)에 의한 비난처럼 "복종심"을 발전시킨 화란교육기관이었다. 인도네시아 작가들은 사회의 "거울"로서 역할을 할 수 없었다. 그 거울은 「뿌장가 바루」 문학에서도 역시 보여주지 못했다. 이것은 「발레이 뿌스따까」의 모든 작가가 "식민지 공무원"으로서의 정신을 가지고 있었다는 것을 의미하지는 않는다. 즉 화란식민정부에 협력한 계층이라는 것은 아니다. 『그릇된 교육(Salah Asuhan)』과 함께 압둘 무이스(Abdul Muis) 사건을 통하여 이 문제를 설명할 수 있다. 저급 멀라유어 문학시대 이래로 등장한 작가들이 그들의 문학작품을 출간하기 위해서는 「발레이 뿌스따까」의 등장 이전에 쓰여진 작품들은 검열에 걸리지 않도록 다시 써야만 했다.

그 모든 작가들은 대부분 교사 자격증이 있었고, 후에 신문이나 잡지사의 편집자로서 일했다. 그들의 관심 분야는 교육이었고, 정치 분야는 운동권의 일이었다. 반면, 따만 시스와(Taman Siswa)로 대변되는 끼 하자르 드완따라(Ki Hajar Dewantara)같이 정치 분야에서 교육 분야로 옮긴 운동권 인사도 있었다.

물론, 이것이 오점은 아니다. 단지 「발레이 뿌스따까」의 소설 속에서 민족주의와 정치의 이상적 가치가 등장하기를 기다렸던 것이다.

3. 인도네시아 거울로서의 소설

1945년 독립 이후에는 모든 인도네시아 문인에 의해 자유로운 가치 표현이 가능해졌다. 문학의 미학뿐만 아니라 문화의 가치판단은 마치 화란 전체를 부정하는 행동이었다. 이것은 혁명전쟁(독립전쟁) 동안 더 강하게 인도네시아를 통치하고자 했던 화란에 대한 저항이었고 또한 불타오르는 민족주의 정신이 지속된 것이었다. 반화란 정신은 혁명전쟁기간을 거쳐 1950년대 말까지 강하게 분출되었다. 세계문학의 흐름은 특히 미국과 유럽에서 번역문학을 선택하는 현상이 나타났다. 화란문학은 잊혀 졌지만 모든 작가들은 여전히 식민교육을 경험한 1920

넌대 출신이었다.

화란과의 독립문제는 이미 종결된 것처럼 여겨졌다. 작가들의 사고(생각)는 혁명의 의미를 찾는데 집중되었다. 혁명시대에 발생한 큰 사건과 민중의 희생, 그리고 사회 혼란은 민족의 존속을 위하여 무슨 의미가 있는가?

쁘라무디아 아난따 뚜르(Pramudya Ananta Toer), 목타르 루비스(Mochtar Lubis), 이드루스(Idrus), 발파스(Balfas) 등의 작품들은 인도네시아 혁명에 관한 이야기와 비평의 목소리를 동시에 담고 있다. 이 소설 작품들은 무법시대와 영웅주의에 대해 날카롭게 비평하였다. 그 혁명 투쟁과 희생의 의미는 무엇인가? 범죄 행위에 있어서 그 경계는 어디까지인가? 이러한 비평은 장차 나아갈 문학의 방향에 대해 스스로를 노출시키는 성숙함을 보여주었다. 어떤 시대 어느 곳에서나 위대한 문학가는 탄생할 수 있을 것이다. 동시기에는 그들이 사색가들이 되기 위해 훈련된 시대였다. 고통스러웠던 일제 식민시대의 경험과 혼란으로 민족 위기에 처했던 혁명시대, 그리고 규범이 돌아선 시대 등 그 모든 것이 커다란 의문점을 던져 주었으며, 그렇게 빠르게 변화하는 가치에 대한 기초를 마련해 주었다.

이 시기에는 하이릴 안와르(Chairil Anwar), 아스룰 사니(Asrul Sani), 우스마르 이스마일(Usmar Ismail), 뿌라무디아(Promoedya), 이드루스(Idrus), 발파스(Balfas), 트리스노 수마르조(Trisno Sumardjo), 아흐디앗 까르따미하르자(Achdiat Kartamihardja), 운니 따땅 손따니아(Utny Tatang Sontania), 에스 루끼아(S. Rukiah), 목타르 루비스(Mochtar Lubis), 시또르 시뚜모랑(Sitor Situmorang) 등이 출현했다. 그들은 남아 있던 낡은 가치와의 갈등의 중심부에 존재하고 있었던 반면, 새로운 가치를 불확실하게 수용해야만 했다. 그렇지만 그들의 새로운 가치에 대한 지침서는 보편적 인간애, 바로 인본주의였다.

식민시대의 가치와 봉건주의 가치의 소멸, 식민시대의 다양한 계층의 통합, 가치 없는 혁명의 공포 등 이 모든 것은 큰 문제, 시대의 교체기에 있을 수밖에 없었던 문제점이었다. 국가의 특성을 발견하기 위해 단지 5년의 시간이 주어졌을 뿐이다.

그 때문에 인간의 보편적인 가치에 대한 믿음은 그것이 무슨 내용이든 밝은 빛이 될 것이다. 그것이 지침서이었다.

문학가의 사고방식은 사회적인 면보다는 개인적인 면이 두드러지는데, 그 이유는 이제 막 독립한 사회에서 사고방식에 대한 평가라는 것이 아직은 명확하지 않았기 때문이다. 「발레이 뿌스따까」와 「뿌장가 바루」 시대처럼 태도와 사고의 "획일"적인 모습이 아직 유형화되지는 않았다. 「발레이 뿌스따까」 문학에서처럼 식민시대의 공무원과 학교 선생님의 사고방식과 「뿌장가 바루」 문학에서 처럼 새로운 민족문화에 관한 거시적 견해를 갖고 있는 지식인 집단의 사고방식을 1940~1950년대에도 아직 중류층이 인식하지 못했다. 따라서 그 시대의 소설들은 뚜렷한 사고방식에 의한 태도를 취하기보다는 더 많은 의문을 쏟아 내었다.

『끝없는 길(Jalan Tak Ada Ujung)』은 전쟁의 참상에 직면한 인간의 두려운 감정의 변화를 문제시 하였고, 『게릴야 가족(Keluarga Gerilya)』은 혁명의 당위성을 지키기 위한 잔인한 행위가 무슨 의미가 있는지 되묻고 있으며, 『무신론자(Atheis)』는 민족의 전통적 태도에 관한 현대주의와 이성주의의 결과에 대하여 묻고 있으며, 『수라바야 이야기(Cerita Surabaya)』는 무장 혁명의 공포 속에서 "새로운 신"에 대해 묻고 있다.

앞서 언급한 질문들은 지적인 영역에서 등장했으며 또한 지적인 답변들을 필요로 하였다. 「뿌장가 바루」에서와 비슷한 질문들은 거시적인 성격을 지녔고, 1950년대에는 미시적이고, 구체적이고, 급진적인 성격을 띠었다.

사회계급은 아직 형성되지 못했다. 무엇이든지 가능성은 열려 있었다. 수디르만(Soedirman) 장군은 피신하면서 베짝 꾼이 먹고 남은 음식을 먹었다. 목타르 루비스(Mochtar Lubis)는 소설 『내일은 없다(Tidak Ada Esok)』에서 대통령과 모든 장교에 대해 자유롭게 비판하였다. 그 시대에 존재한 것은 단지 대통령부터 보헤미안 유격대원(gerilyasan bohemean)까지 가난에 찌들려 살고 있는 "민중" 뿐이었다. 가난은 자부심이었고, 부는 숨겨야 되었다. 사회계급, 지위, 부 등에 대한 위신은 사라졌다. 단지 인간은 인간 자체로서 가치가 있었다. 이것이 보편적 인류애였다. 이런 가치들은 1970년대까지 인도네시아 현대 예술의 영역에 깊게 내재되었고 계속 살아 숨쉬고 있었다.

1953년에는 1930년대에 출생한 세대에 의해 새로운 목소리를 실은 「끼사(Kisah)」라는 문학잡지가 출판되었다. 그들은 중학교 학생으로써 혁명에 참여했거나 적어도 혁명에 대한 경험을 가지고 있었다.

그들의 사고방식은 이미 혁명시대에 성인이었던 '45세대(Angkatan 45)들과 차이가 있었다. 그들은 중 · 상위 수준의 식민교육을 경험하지 못했고, 대부분 혁명의 낙오자였다. 그들은 선배세대로부터 문학을 배웠다. 그들의 방침은 화란문학 혹은 세계문학이 아니었고, 인도네시아 문학과 번역된 세계문학이었다. 따스림 알리(Taslim Ali)가 1953년에 편찬한 『시 세계(Puisi Dunia)』와 같은 책이 매우 높은 가치를 지녔다는 것은 놀랄 일이 아니었다. 이유는 당시 방침으로서는 그만한 문학적 가치가 요구되었기 때문이었다. 「끼사(Kisah)」잡지와 다른 문화잡지들이 1957년에 그 수적인 면에서 최고조에 달했다. 이 잡지들은 늘 세계 문학의 유산인 시, 단편소설, 에세이 등을 번역하여 게재하였다.

새로운 작가들의 가장 좋은 자산은 그들의 생생한 경험이었다. 그 당시 "단편소설 문학" 은 작가들의 삶의 이야기로 채워져 있었다. 그들의 이상적 가치는 여전히 45세대의 이상적 가치를 추구했는데, 즉 보편적인 휴머니즘이었다. 그것은 원래 집단적 의식으로 이상적 가치가 생겨난 것이 아니었다. 이상적 가치는 명백하게 1950년 이래로 이미 존재했던 레끄라(Lekra) 예술가 집단에서 태동한 것이었다. 45세대의 신조(Kredo)에 대항한 레끄라의 "현실주의-사회주의" 태도는 보편적 휴머니즘이었다.

허구의 창작 세계는 현실세계의 경험과 큰 차이가 없었다. 피에르 라브로세(Pierre Labrousse)가 말한 것처럼 그들은 "옛날의 모든 것" 에 관심을 갖고 있는데, 즉 일상적인 삶과 어린 시절의 기억을 회상하는 것 이었다. 자밀 수헤르만(Djamil Suherman)은 동부 자바의 회교기숙학교(pesantren)에서의 생활에 대해 이야기했고, 누그로호 노또수산또(Nugroho Notosusanto)와 뜨리스노우워노(Trisnoyuwono)는 군대생활과 혁명시기의 학도군 생활에 대해 이야기했다. 부르 라수안토(Bur Rasuanto)는 빨렘방 공장에서의 경험을 이야기했고, 아집 로시디(Ajip Rosidi)는 자띠왕이(Jatiwangi) 시골에서의 어린 시절과 가족 대해 이야기 했고, 유사흐 아난다(Yusach Ananda)는 서부 깔리만딴의 "고요한 농촌 마을" 에 대해 이야기 했다. 그들은 다양한 방법으로 그들이 교육받은 범위 내에서 중 · 하위층 사회의 삶을 반영시키고자 하였다.

1970년대(원래 1966년부터 시작되었음)에 「수평선(Horison, 1966)」 문학 잡지에 그들의 중요한 작품들을 발표했던 1940년대에 출생한 새로운 문학 세대들이 등장했다. 그들은 혁명시대에 아직 어린아이였거나 문학 · 문화 잡지와 학교에서 문학을 공부하고 있었다. 그들은 성장하면서 문화예술분야에서 수면위로 떠올랐던 1960년대 이데올로기의 혼란을 경험하였다. 그러나 그들 대부분 대학 교육을 경험하였다. 더 넓은 의미에서 이상적인 가치들을 알게 되었다. 이 부분에서 1970년대 문학세대들은 「뿌장가 바루」 세대나 '45세대(Angkatan 45)들의 지적 분위기와 더 가까웠다. 창조적인 문학 개념이나 문화 개념은 더욱 중요해졌다. "문화 논쟁", "보편적 휴머니즘", "사회 현실주의" 등의 「뿌장가 바루」 세대 개념들은 이 세대에서 다시 연구되고 또한 논의되었다. 시 문제, 극장 개념, 소설의 전통적 사실주의 배경 등은 논쟁거리가 되었다. 문학은 진정 지식의 문제가 되었다. 『족쇄(Belenggu)』, 『무신론자(Atheis)』 그리고 『막스 하버(Max Havelaar)』 등의 소설에 대한 재논의는 1970년대 문학의 방향을 제시하게 되었다. 1970년대 문학에서 회귀된 사회의 거울은 사회의 거시적인 문제들을 반영하였다. 문학의 철학과 이론은 창조의 기반이 되었다. 독립 이후 10년 동안 반자서전 형식의 경험들은 거의 나오지 않았다. 진정한 문학은 이미지 형태로 구체화된 사상이라고 말할 수 있었다.

『전보(Telegram)』, 『정거장(Stasiun)』, 『순례자(Ziarah)』, 『짙은 빨강(Merahnya Merah)』 등의 소설들은 문학 토론의 중심이 되었다. 이 일은 새로운 문학의 현상을 파악하기 위해 대학의 학자층을 움직이게 만들었다. 그 때문에 문학의 지식인 계층을 "~에 의해, ~을 위한, ~로부터" 의 문학은 "상아탑" 으로 완성되었다. 이 현상은 1980년대 중반에 반작용을 불러 일으켰다. 즉, "문학의 전후관계" 에 대한 문제점이 나타났다. 그러나 이 역시 단지 개념 놀음에 불과했고, 그 성격이 아직 지적인 논쟁에 머물렀고, 작품으로 구체화하는 움직임이 형성되지 않았다.

이미지 형태 속에 철학, 이론, 사상 등의 표현으로서의 문학세계는 여전히 진행되고 있었다. 엘리트 문학에 대한 강한 반작용은 사실 1970년대에 등장한 적이 있었는데, 그 예가 바로 엠블링(Mbeling) 시 운동이었다. 그들은 고상함, 복잡함, 상징, 심각함, 머리 위에 있는 문학을 추종하거나, 노리개로 시를 쓰거나, 신문에 나온 어휘들을 인용하거나, 쉽게 이해할 수 있거나 하는 일체의 모든 것을 거부했다. 이들의 신조(Kredo)는 레미 실라도(Remy Sylado)의 『오레사스(Orexas)』나 유디스티라 아엔엠 마싸르디(Yudhistira ANM Massardi)의 『사랑을 찾는 아르주나(Arjuna Mencari Cinta)』에서 보여 주는 것처럼 소설 속으로 들어간 것이다.

그와 같은 사회 문학의 지적인 상황은 보편적 휴머니즘이나 사회 리얼리즘이 주류를 이루던 시대에 뿌라무디아(Pramudya)의 소설 『인간의 대지(Bumi Manusia)』가 출판되었을 때 최고조에 이르렀다. 이 같은 소설의 탄생은 1980년대 미적인 문제뿐만 아니라 사회 · 정치적인 문제를 불러일으켰다. 그 소설이 출판됨으로써 그 소설에 대한 찬반 논쟁이 등장하였다.

인도네시아 사회의 거울로서의 소설은 그 의미가 사회의 문제들에 대한 사회 구성원의 사고방식을 반영한 것이라고 볼 수 있으며, 사회의 이상적 가치들이 어떤 것이며, 어디에서 유래되고 있는지를 모든 작가들에 의해 관찰되어져야한다. 인도네시아의 각 시대로부터 작가 사회의 상황 변경이 반영되었다고 해서 같은 사회 계층을 대표한다고 가정할 수는 없다.

「발레이 뿌스따까」의 소설은 교육수준이 그다지 높지 않은 중 · 하위층의 태도와 사고방식, 그리고 사회 상황을 반영하고 있다. 「뿌장가 바루」세대의 소설은 교육수준이 조금 더 높은 "대중화" 된 다양한 사회계층의 삶을 반영하고 있다. 1950년대와 60년대의 소설은 중등교육 수준의 사람들을 반영하고 있는 한편, 1970년대 소설들은 교육수준이 높은 지식인층의 삶을 반영하고 있다.

이 모든 가설들은 몇몇 소설에 대한 인상과 한정된 자료들에 기반을 두고 있다. 따라서 더 상세하고 깊이 있는 연구가 여전히 필요한 상황이다.

제 4 장

인도네시아 소설의 사회적 향방

몇 가지의 쟁점

1. 문학의 독자 혹은 청취자

인도네시아 현대 문학에서 독자에 대한 문제는 종종 현대 문학의 신봉자와 문학가 사이에서 논쟁이 분분하다. 인도네시아 사회가 문학을 좋아하지 않는다는 것은 의미를 담고 있는 상상력이 풍부한 작품들을 좋아하지 않는다는 것일까? 인도네시아 사회가 더 이상 문학이 필요하지 않는다고 설명할 수 있을까? 아마도 이 문제는 사회학적으로 접근했을 때 명백하게 설명할 수 있을 것이다.

문학은 미적 가치, 삶의 가치, 그리고 지식 가치들이 상호 연계 되어 있기 때문에 텍스트로서의 문학은 배경(전후관계) 속에서 관찰되어져야 한다. 물론 인도네시아에는 다양한 사회배경이 존재한다. 기본적으로 인도네시아는 적어도 75%의 인구가 농촌지역에 거주하고 있고 또한 농업에 종사하는 농경 국가이다. 약 25%내외의 인구만이 크고 작은 도시에서 삶을 영위해 살아가고 있다.

농경문화는 가장 오래된 문화이자 가장 큰 지지층을 가진 문화이다. 이 사회는 집단문화에 바탕을 두고 있으며 구전 문화유산을 가지고 있다. 그들이 가지고 있는 문학은 읽는 것으로서가 아니라 공동으로 들으면서 전달된다. 인도네시아 거의 전 종족에서 발달한 "이야기 극장"이 이를 증명해 준다. 순다 지역에 빤뚠(pantun-순다지역의 전통 4행시) 예술이 있고, 미낭까바우 지역에 바까바(bakaba-미낭까바우 전통시) 예술이 있고, 자바지역에 마짜빳(macapat-자바 시) 예술이 있고, 동부 자바에 달랑 끈뜨룽(dalang kentrung-그림자 극) 예술이 있고, 남부 술라웨시에 신릴리(sinrilli-시 낭송)예술이 있고, 그리고 기타 등등의 예술이 있다. 이 전통예술은 보통 전통 노래나 음악이 수반되는 동시에 한 명의 "연사"가 대중에게 이야기를 설명해 주는 형식이다.

이 같은 종류의 구전문화는 점차 사라져가고 있지만 실은 그 형태가 변형된 것이다. 현대 문화가 들어왔을 때 문학(이야기)을 듣는 취미는 라디오의 "책 읽기" 프로그램을 통해 유지되었는데, 그런 프로는 특히 지방어로 진행이 되었다. 또한 「발레이 뿌스따까」에서 출판된 그림 중에는 한 학생 아이가 나무그늘에 앉아 책을 읽고, 그 주위를 어른들이 둘러서서 그 내용을 열심히 듣고 있는 사진도 있다.

비록 인도네시아에 텔레비전이 1962년에 있었지만 그 보고 듣는 물건은 1970년대에 새로운 "보고 듣는 문화"가 되었다. 그리고 1980년에 마을 주민들은 이미 텔레비전에 익숙해져 있었다. 이 새로운 매체로 인해 그들의 구전문화는 사라졌다. 그리고 작품에 대한 그들의 취미는 영화나 드라마 등으로 옮겨졌다. 비록 그럴지언정 라디오 청취자들은 아직 남아 있고, 그들은 잡지나 책 형태의 소설을 취함으로써 "책 읽기"를 여전히 좋아한다.

이 문제에 대한 자료는 아직 정확치 않다. 구전문학의 많은 추종자들은 여전히 어디서든지, 무엇이든지, 누구든지 그들이 좋아하는 문학을 가지고 살아가고 있을 것이다. 어떤 경우이든 이 문학 청취자의 문화자료는 바로 나이, 교육, 직업, 취미 등에 관한 것이다. 사실 구전문학 사회는 문학 독자를 관찰하고 계산해 본적이 없었다. 그들은 문학을 알지 못하는 사회로서 분류되었다.

물론 그들이 들은 것은 그들의 사회과학과 일치하는 것이다. 이 "책 읽기"의 청취자들은 인도네시아어뿐만 아니라 지방어로 된 '라디오 연극" 프로를 좋아했을 것이라고 추측된다. 예컨대, 반둥에서는 공포물의 연극이 유행하였다.

현대 구전문학의 실제 사회구성원은 누구일까? 그리고 인도네시아에 그들의 수는 얼마나 많을까? 또한 지방에 있는 와양(wayang) 인형극 같이 전통적인 극을 좋아하는 사람들이 누구일까? 1970년 캐시 폴레이(Kathy Folley)의 연구에 따르면, 서부 자바 지역의 순다(Sunda) 그림자 극(wayang golek)은 1년에 14,000번 공연기록을 가지고 있었다고 한다. 이 와양 애호가들은 빠자자란(Pajajaran)과 마자빠힛(Majapahit) 시대를 역사적 배경으로 한 "사우르 스뿌(Saur Sepuh-라디오 드라마)" 와 "뚜뚜르 띠눌라르(Tutur Tinular-라디오 드라마)" 연극도 라디오 극으로 역시 청취했을까? 그리고 라디오에서 나오는 애정소설을 듣는 사람은 누구였을까? 이 모든 것은 아직 대답할 수 없다.

반면, 교육과 기술을 바탕으로 자신의 재능을 팔아 살고 있는 도시인들은 그들의 문학이 무엇이라고 생각할까? 그들 중에 구전문학을 추종하는 사람이 아직 있을까? 그들 중에 개개인의 방식으로 이루어지는 독서 문학사회가 있을까? 대중적이고, 개방적이며, 순간적인 구전문학과는 달리, 문자문학(기록문학)은 작품과 독자 간의 대화이며, 폐쇄적이며 개인적인 특성을 가지고 있으며(책이 그 소유자에 의해 일시적으로 제공 되었을 때 그 책의 제목을 항상 숨겼던 인도네시아 독자들의 반응을 보라), 그리고 매우 계획적이다(반복하여 쓰여 졌고 편집되었다).

이 낭송문학(sastra baca)은 이미 오래전부터 인도네시아에 존재하고 있었다. 이 문학서들은 이미 기원 800~900년대 마따람(Mataram) 시대부터 있었다. 그러나 인쇄술이 아직 발달하지 못했음으로, 왕실에서의 문자문학은 구전문학을 위한 하나의 도구였다. 19세기 아쩨(Aceh)에서 일어난 성스러운 전쟁의 시 혹은 이야기 낭독을 기억해보자.

이 기록문학은 현대 문화 속에 인쇄술이 유입됨에 따라 새로운 현상이 나타났는데, 즉 1850~1860년도에 인쇄업과 서양교육, 그리고 선교사 등이 들어온 것이다. 인도네시아에 새로운 기록문학이 들어온 지 약 100년쯤 되었다. 만약 강한 수용이 없었다면, 구전문학에서 기록문학으로 변화된 1세기의 의미는 무엇일까? 엄밀히 말하면, 그 "수용"은 「발레이 뿌스따까」 시대에 일어났다. 그들은 이미 선택된 책들을 출판했고, 그 주변의 주민들을 위해 세워진 공공도서관(Taman Pustaka)들에 배포되었다. 비록 화란식민정부가 정치적인 의도에서 시행한 것이었지만, 문학교육은 이미 「발레이 뿌스따까」에 의해 효과적으로 수행되어졌다.

그 같은 "수용"은 독립 이후에 더 이상 나타나지 않았다. 식민정부가 지출한 문학작품 출판비용은 독립 이후에 전적으로 중지되었다. 문학출판은 사립출판에 있어서 상업 활동의 일부가 되었다. 사립출판사의 출판 목적이 이윤에 있었기 때문에 판매 대상인 책이 최고의 목적이 되었다. 문학작품은 도시의 상거래 상품이 되었다. 만일 서점(소매상)을 통해 판매한다면, 그 판매는 수익에 효과적이지 못할 것이다. 이와 같이 문학작품의 판매는 신문 판매상이나 잡지 판매상, 역, 음식점, 카페 등을 통해 가능했다. 그 목적은 이윤에 있었기 때문에 배포 역시 개개인이 관리하는 임대 도서관을 경유하여 판매되었다. 소비자들에게 문학작품은 상품으로서 "가벼운 위안" 정도로 인식되고 있었다. 일반적으로 그들은 인간의 기본 욕망인 "성(性)과 억압" 으로 독자의 관심을 끌어당겼다. 이곳에서 위안을 제공하는 독서라는 의미는 능동적인 참여를 강요할 의사 없이 어떤 시대에 독자에게 즐거운 그 무엇을 제공하는 것이다. 독자는 비평의사가 없는 독서내용으로 진정될 수 있다.

그 같은 독서의 역사는 인도네시아에 인쇄술이 들어온 시기만큼이나 오래되었다. 가장 오래된 번역 소설인 『붉은 거미(Lawah-lawah Merah, 1875)』는 절반 탐정 형식의 악한 이야기이며, 그 후에 뒤따라 출간된 『냐이 다시마(Nyai Dasima)』, 『땀 바 시아(Tam Bah Sia)』, 『시 죠낫(Si Tjonat)』, 『피엔체 드 페닉(Fientje de Feniks,1917)』 등의 소설들은 비열한 살인에 관한 내용을 담고 있다. 1925년 출간된 "월간 소설" 은 무협소설을 많이 출판한 화교 출판업자들에 의해 많이 출판되었다. 이 월간 출판은 1939년 "메단 소설" 을 쓴 멀라유 작가들에게 많은 영감을 제공해 주었다. 그때부터 지금까지 대중소설은 인도네시아에서 그 출판이 멈춘 적이 한 번도 없었다.

"살아 있는 문학" 은 큰 도시(또는 작은 도시)에 있는 문학 종류라고 볼 수 있다. 그들의 주제는 식민시대처럼 "범죄와 도색" 또는 "억압과 성(性)" 에서 멀리 벗어난 적이 없었다. 이 부류의 문학은 도덕적인 이유 때문에 선생, 작가, 종교 지도자들에 의해 비난을 받았지만 이것이 "독자 위기" 를 경험한 적은 한 번도 없었다.

그 이유는 소비 기준이 독자들에 의해 좌지우지되기 때문이다. 그들은 교육기관에서 좋은 교육을 받을 수 있었지만 교육의 의미는 지위와 수입, 그리고 명예에 도달하기 위한 도구에 지나지 않았다. 그들에게 교육은 배움에 대한 호기심을 증진시키는 것보다는 높은 소득에 도달하기 위한 것이었다. 재료와 소비(잘 읽히는가)의 가치는 반드시 그와 같은 기능을 충족시켜야하는 예술작품을 평가하는 기준이 되었다. 그들에게 문학작품은 한번 읽어보는 작품에 불과하다. 그들이 항상 인기 있는 한 종류의 소설만을 좋아하는 한 그 같은 종류가 바로 희생될 수 있다. 그 가치의 크기는 욕망이다. 그런 욕망이 없는 소설 종류는 읽히지 않을 것이다. 사랑을 담은 로맨스 소설 애호가들은 아마 무협소설을 좋아하지 않을 것이다. 그리고 이 같은 "독자의 욕망"의 역사 역시 아직 연구되지 않았다. 구전 문학과의 차이는 무엇일까? 그리고 유사성은 무엇일까?

한편 인도네시아의 상/모습을 대표하는 문학은 엘리트 문학이다. 이 엘리트 문학의 특징은 단지 많지 않은 독자의 수에 있는 것이 아니라 감상할 수 있는 능력에 있다. 이것이 바로 교육의 가치에 기초한 문학이다. 분명히 이 문학 독자들은 이미 교육기관에서 공부한 적이 있는 사람들이다. 문학에 대한 그들의 관심은 공부를 위해, 지식 확충을 위해, 삶의 견해를 넓히기 위한 것에 있다. 그들이 추구하는 수준 높은 삶의 가치는 형식적인 교육이 끝난 후에도 역시 교양인, 지식인이 되기 위한 것이다. 기본적으로 그들은 평생을 공부하는 "독학자" 집단이다. 그리고 만일 그들이 문학작품에서 무엇인가를 찾고자한다면, 그 같은 독학 방법으로 찾아낼 것이다. 그들은 욕망을(내가 무엇을 원하는지) 알지 못한다. 왜냐하면 그들은 지식과 객관적인 가치를 원하기 때문이다. "도전", "문제 제기", "창조성을 일깨움" 등을 제공하는 문학작품은 내재적 가치 뿐만 아니라 외재적 가치를 지닌 문학작품이다.

이러한 특징 때문에 이 문학은 독자를 많이 가져본 적이 없다. 그 이유는 지식인 집단이나 창작인 집단이 그리 많지 않기 때문이다. 그리 많지 않은 수 중에서도 모두가 문학에 관심을 갖고 있는지도 확실치 않다.

2. 문학과 중류층

인도네시아에서는 중류층의 의미가 무엇인지에 대한 사회, 정치 분야의 국내외 학자들의 논쟁거리가 되고 있다. 인도네시아에서 중류층에 대한 이해는 유럽의 중류층과는 엄연히 다르다. 유럽의 중류층은 권력층(왕과 귀족)과 피지배 계층인 농민층이 등장했을 때 부르주아 계급에서 나왔다. 이 부르주아 계층은 자본과 생산도구를 지배했다.

비록 경제적으로 동아시아인(중국, 아랍, 인도)에 의해 독점된 식민시대 이래로 사업가와 무역종사계층이 등장했음에도 불구하고, 인도네시아에서 유럽형태의 중간층은 등장하지 않았다. 유럽 부르주아 계층과는 달리 그들은 정치권력을 쥐고 있지 않았다. 비록 높은 교육 기회와 재산을 소유했지만 권력에 대한 부분에서는 무시되어졌다. 이 문제는 식민시대에 정치적 문제와 연루된 것이 확인된 몇몇의 내국인 사업가 계층과는 구별된다. 그러나 이 계층은 하나의 사회계층으로 형성되기 위한 충분한 능력을 갖추지 못했다.

"중간계층"을 언급한 다니엘 에스 레브(Daniel S. Lev)에 따르면, 나라의 엘리트 계층(권력층)과 농민계층인 2개의 계층 사이의 대척점에서 활기찬 통합으로 성장하려는 중간계층이 하나의 사회계층으로는 형성되지 못했다고 한다. 이들은 경제분야에서 전문가, 금융가, 사업가, 무역가 등의 집단이었다. 반면, 도시노동자(공무원)계층은 농부 집단의 일부를 포함시키는 경향이 있고 또한 지배엘리트 계층의 조직에 포함시키는 경향이 있다.

자료에서 알 수 있는 것처럼, 모든 문학가는 도시 노동자 계층 출신, 즉, 선생님이나 교 · 강사 출신이다. 그리고 다른 측면에서 경제적으로 중류층에 속하는 언론계층 출신이 있다. 선생님, 교 · 강사, 국가공무원들은 엘리트 계층과 경제적으로 긴밀히 연관되어 있었다. 이들은 식민통치시대뿐만 아니라 독립 후에도 상류층에게 충성하였다.

반면, 언론계층 출신 문학가들은 권력을 가진 엘리트 계층으로부터 경제적으로 좀 더 자유로웠다. 레브(Lev)에 따르면, 이 중간계층은 "사실상 인도네시아와 화란의 권력에 대한 거의 반동인물 성격을 지닌 유일한 계층이다" 이라고 한다. 경제적으로 독립된 이 중간 계층에 의해 수행된 엘리트 계층에 대한 반동인물은 식민시대부터 나타났다. 식민시대에 잡지나 신문의 기자나 편집자로 일했던 원주민 문학가들은 「발레이 뿌스따까」를 통하여 작품을 출판해 본적이 없었다. 그들은 「발레이 뿌스따까」에서 "불법 문학" 으로 정한 저급 멀라유어를 사용하여 글을 썼다. 이들 작가들은 빵으마난(F. D. J. Pangemanan), 띠르또 아디수르요(Tirto Adisuryo), 압둘 무이스(Abdul Muis), 마르코 까르또디끄로모(Marco Kartodikromo), 하지 묵띠(Haji Mukti) 등이다. 그들의 소설 작품들은 식민정부에 대한 "대항" 하는 경향이 있었다. 기자인 압둘 무이스가 「발레이 뿌스따까」에 『그릇된 교육(Salah asuhan)』 원고를 투고했을 때, 그 당시 「발레이 뿌스따까」의 투고규정에 맞게 원고 내용을 바꾸어야만했다. 그 밖에 다른 소설들인 『수라빠띠(Surapati)』와 『수라빠띠의 아들 로버트(Robert Anak Surapati)』는 독립 이후에 「발레이 뿌스따까」에서 출판되었다.

더 자유를 원하는 「발레이 뿌스따까」의 작가 집단은 언론계로 뛰어들어야 했다. 예컨대, 수딴 딱딜 알리샤바나가 대표적인 인물이다. 식민시대부터 독립을 이루었을 때까지 사립출판사의 편집인이나 기자로서 일한 문학가와 선생으로서 일했던 문학가들의 역할에 대해 훨씬 더 철저하게 연구될 필요성이 있다. 중간계층의 출신 문학가가 긴 역사 속에서 권력층에 대해 더 반동인물로 활동했다는 것이 사실인지 아닌지 말이다.

독립 이후에 교육계뿐만 아니라 언론계 출신의 문학가의 역할이 지배 엘리트계급에 대한 반동적인 경향을 보였다. 그럼에도 불구하고, 문학가들의 반동주의는 전혀 정치적인 성격을 지니지 못했고 오히려 도덕적인 성격이 더 많았다. 물론 레끄라(Lekra)집단처럼 정치적 성격을 지닌 집단이 있었지만 이것은 국가 정치 상황의 결과로써 예외적인 경우였다. 대개 문학가들은 정치 '알레르기' 가 있었다. 그들은 완전한 자유와 독립, 지적 건강, 그리고 많은 문학가들의 출신 계층인 하류층의 편에 서기를 원했다. 비록 문학가들이 권력을 가진 엘리트 계층에 대한 반동심이 있었을지언정, 그들 모두는 개인이나 집단의 중요성에 따라 행동하지 않았고, 또한 그들의 작품들도 집단의 편파적인 충성심을 보여준 적이 없었다. 게다가, 그들은 이따금 같은 계층으로서 생각했던 어떤 것에 대해 비평했다. 독립 이후에 등장한 보편적 휴머니즘은 의식적이든 무의식적이든 인도네시아 문학의 전반에 영향을 주었고, 문학 속에서 이해되고 있었다.

상류계층에 의한 문학작품의 이탈은 많은 문학가들의 분노를 일으킨 이유였다. 이 태도는 정치적 중요성과는 무관하였는데, 왜냐하면 모든 문학가는 과거의 유럽의 부르주아 계급과는 달리 권력을 소유하지 못한 사회집단으로 여겨졌기 때문이다. "도시 노동자" 출신인 문학가들은 노동자에 의해 경제적으로 속박되었다. 기자나 편집자로 일하는 동안에도 역시 권력을 위한 자본력을 소유하지 못했다. 비록 정치를 위해 이용되는 제3자의 존재 가능성이 차단되지 않았음에도 불구하고, "정치적 도구" 로서 문학작품을 간주하기 위한 이유는 충분치 않았다. 만약 이와 같은 일이 발생한다면, 비난을 받아야 할 사람은 문학가가 아니라 그것을(문학을 정치의 도구로) 이용한 측이다.

모든 결점에 대한 문학가들의 민감함은 그들의 사회적 기원으로부터 이해될 수 있다. 상류계층에서 출신의 문학가는 드물고, 대부분 중류층과 도시 노동자, 농부 계층의 출신 문학가였다. 소설자료에 의하면, 소설 주인공의 60%는 중간계층 출신이었고, 소설 주인공의 23%는 하위계층 출신이었으며, 상류계층의 출신은 단지 17%였다. 조사된 180편의 소설에 사용된 사회 배경을 보면 역시 59%가 중간계층에서 발생했고, 하위 계층은 23%였다. 인도네시아 사회소설은 중 · 하위계층을 반영하였고 또한 작가들의 사회의 기원도 동일한 계층임을 알 수 있다. 이 계층의 모든 문학가는 그 작품을 쓴 사람이 누구인지 바로 알 수 있었다.

3. 작가와 지역

한 사회가 문학을 갖지 못한 일이 발생할 수는 있지만, 문학은 사회 없이 발생할 가능성이 없다고 아놀드 하우저(Arnold Hauser)가 말했다. 사회는 예술과 문학 탄생의 원천이다. 이미 앞서 설명된 것처럼, 인도네시아 작가들의 출신지역은 대부분 자바(Jawa), 수마트라(Sumatra), 술라웨시(Sulawesi) 등이고, 그 뒤를 이어 발리(Bali), 마두라(Madura), 말루꾸(Maluku), 누사 뜽가라 띠무르(Nusa Tenggara Timur) 그리고 깔리만딴(Kalimantan) 등이었다. 크라츠(Kratz)의 자료에 의하면, 인도네시아에는 총 653명의 등록된 작가들이 존재했는데, 그들 중 자바 섬의 출신 작가가 344명으로 약 52%를 차지하였다. 그들을 다시 지역별로 세분화하여 살펴보면, 중부 자바(114명), 동부 자바(86명), 서부 자바(82명), 자카르타(34명), 욕야까르따(28명) 등의 순으로 나타났다. 반면 수마트라 섬의 출신 작가는 198명으로 약 30%를 차지하였으며, 술라웨시 섬의 출신 작가는 32명으로 16%를 차지하였다.

문학가의 활동이 활발했던 수마트라 지역들에는 북부 수마트라(Sumatra Utara, 79명), 서부 수마트라(Sumatra Barat, 76명), 뒤이어서 아쩨(Aceh, 16명), 남부 수마트라(Sumatra Selatan, 12명), 리아우(Riau,

8명), 붕꿀루(Bengkulu, 2명), 잠비(Jambi, 2명) 그리고 람뿡(Lampung, 2명) 등이었다. 술라웨시(Sulawesi) 지역에는 남부 술라웨시(Sulawesi Selatan)와 중부 술라웨시(Sulawesi Tengah)가 19명으로 가장 많았고, 북부 술라웨시(Sulawesi Utara)는 9명이었다.

작가 출신 지역의 지도는 중요한 4개 지역에서 대부분의 작품들이 집필되었다는 사실이다. 즉, 자바 출신 작가가 31명, 서부 수마트라 출신이 22명, 북부 수마트라 출신이 11명, 순다 출신이 10명, 리아우 출신이 5명, 남부 수마트라 출신이 3명, 남부 술라웨시 출신이 3명이다.

작가를 많이 배출한 지역들은 문학세계에서 뿐만 아니라 다른 예술 부문에서도 고대 문학과 전통예술이 강한 지역이었으며, 예술가들은 일반적으로 이들 지역에서 출생하였고, 여전히 그 사회에서 살고 있다. 예로서 서부 자바를 들 수 있다. 찌레본(Cirebon-찌레본 궁궐전통), 가룻(Garut-바띡 예술), 수메당(Sumedang-전 중앙정부), 반뗀(Banten-술탄 영지) 그리고 반둥(Bandung)에서 출생한 서부 자바 출신의 예술가들이 많았다. 중부 자바의 수라까르타(Surakarta) 지역은 가장 많은 예술가를 배출하였다. 그 이외에도 족자카르타(Yogyakarta)와 북부 해안 지역이 있었다.

예술 교육은 아마도 건강하게 살아 있는 지방 예술과 문화 환경에 의해 길러졌을 것이다. 유년 시절에 성장한 호기심으로부터 예술가들은 현대 예술이나 전통 예술에 자신의 관심을 넓혔을 것이다. 예술과 문학을 좋아하는 사회 분위기에 의해 등장한 문학가들과 이 전통예술이 번영한 사회에는 어떤 관계가 있는지를 증명시킬 필요성이 있다.

앞에서 언급된 지역들은 작가들의 출신지로서 예술 전통과 역사가 깊은 고대 문학을 배출한 지역들이었다. 전통 예술과 문학은 아직도 그 사회에 여전히 살아있다. 그리고 대부분의 중 · 하위 작가 사회계층 출신으로 인해 전통문학과 그들의 관계는 매우 견고했다. 그들의 문학과 예술에 대한 관심은 전통문학과 예술의 진실에 의해 많이 발전되었다. 그 후 그들은 그들의 출신지역이나 대도시에서 문학가가 되기 위한 "공부"를 하고 있다.

이 문제는 자카르타 출신 작가의 자료를 보면 알 수 있다. 수도인 자카르타는 인도네시아의 현대 예술의 중심지이지만 대부분은 문학과 예술이 번영한 지역들로부터 온 방문자들로 이루어져 있다. 자카르타 지역 출신으로 등록된 작가들은 34명이었다. 이 숫자는 아쩨 지역의 2배이며, 족자카르타(28)보다는 조금 많은 편이었다.

인도네시아 문학에서 자카르타의 역할은 작가들을 "육성"하는 데에 최고였다. 자카르타에 본적을 둔 인도네시아 예술가는 60%가 넘는다. 그들의 유명한 작품들이 자카르타에서 배출되었다. 이 일은 인도네시아 아방가르드(avantgarde) 문학을 이야기할 때에 매우 관련이 깊다. 아르민 빠네(족쇄), 하이릴 안와르(시), 이완 시마뚜빵("신" 소설), 수따르지 짤조움 바흐리(시), 뿌뚜 위자야(희곡과 소설)와 같은 작가들은 자카르타에서 "반란"의 작품들을 쓴 인도네시아의 아방가르디스트였다. 그리고 그 작가들이 거의 대부분 자바 외부지역 출신이라는 것은 매우 분명하다. 뿌뚜 위자야가 발리 출신이라는 것을 제외하고 그들 대부분은 수마트라 출신이었다. 이 아방가르드 집단은 작가의 수에 가장 큰 기여를 담당한 문화지역들의 출신이었다. 즉, 자바 섬이다. 만약 이 아방가르드 집단 중에 한명인 부디 다르마(Budi Darma)를 언급한다면, 그는 전통이 강한 자바 문화의 주변부인 북부 자바 해안지역 출신이다.

거대 도시인 자카르타와 상대적으로 전통문화가 약한 지역의 출신 문학가와의 관계는 인도네시아 문학 창작에 새로운 사고의 태도를 결정하는 요소들이 되었다. 또는 이완 시마뚜빵에 의해 언급된 것과 같이 그들이 문화의 "방랑자" 성향을 갖고 있는 것인가? 아직도 강한 전통문화를 간직하고 있는 사회는 당연히 그 사회에서 자리 잡고 있는 전통 "관습"을 지닌 작가들을 많이 배출했다.

1960년대 이완 시마뚜빵 소설들과 1930년대 『족쇄(Belenggu)』와 같은 개혁 소설들은 이 문화의 추종자들에 의해 쓰여진 소설이었다. 발리의 강한 전통 예술 지역의 출신인 뿌뚜 위자야는 예외적이다. 그러나 뿌뚜 위자야도 기본적으로는 과거 문화의 족쇄로부터 벗어나 있던 자카르타와 족자카르타에서 그의 문화적 "방랑자의 이력"을 엿볼 수 있다. 자카르타 대도시의 분위기는 그들을 쉽게 아방가르드 창조자로 도약하도록 만들 수 있는가?

문화에서 문학이 탄생하고 발전하는 것은 언급된 작가들의 출신 자료로부터 주의를 기울일 필요가 있다. 문학 전통을 가진 지역사회는 현대 작가가 탄생할 가능성이 매우 높은 징후를 보여준다. 그 "문학 전통" 지역과 멀리 떨어진 정도에 따라 문학가의 형성이 어떻게 변화되는지를 연구할 필요성이 있다. 이외에도 그들이 기존의 전통 문학을 고수하는지 혹은 그것을 거부하는지도 연구의 대상이 될 수 있다.

이것은 "도시 문화"가 사실 작가 예비자를 "교육"하는 데에 그다지 큰 기여를 하지 못한다는 것을 보여준다. 독학 또는 스스로 공부한 대부분의 작가들은 세계 문학으로부터 문학 철학과 문학 지식, 문학 작품들을 많이 읽음으로써 작가가 되었다. 도시 문학의 문화는 학교들의 문화이다. 그리고 그들의 선생님들로부터 문학을 공부했다고 인정하는 인도네시아 작가는 많지 않다. 그들의 문학 선생님들은 아마도 와양 연출자들, 빤뚠 전문가들, 와양 제작자들과 대중극장, 연극(중부 및 동부 자바), 탈 등의 종사자들이라고 볼 수 있다. 왜냐하면 시골에서 어린 시절의 문학 지망생들 앞에서 그들은 높은 예술 작품을 제공하였고 또한 높은 수준의 예술 정신을 보여주었기 때문이다.

물론, 작가의 "모집"은 행정이나 군대 분야처럼 철저하거나 명료하지 않다. "예술가 학교"나 문학가를 위한 학교는 존재하지 않는다. 학교는 사회 그 자체이다. 그 예술이 발전한 지역에서 태어난 작가들은 더 운이 좋았을 뿐이다. 왜냐하면 뛰어난 예술 "선생님"이 풍부한 학교에서 교육을 받을 수 있는 기회를 얻을 수 있었기 때문이다.

부록

부 록

소설 출판 목록

I. 1920년대

1. 『Student Hidjo』, oleh Marco kartodikromo, Masman & Stroink, Semarang, 1919.
2 『 Si Jamin dan Si Johan』, oleh Merari Siregar, Balai Pustaka, 1919.
3. 『Azab dan Sengsara Seorang Gadis』, oleh Merari Siregar, Balai Pustaka, Jkt. 1920.
4. 『Muda Teruna』, oleh Mohamad Kasim, Balai Pustaka, 1922.
5. 『Apa Dayaku Karena Aku Perempuan, oleh Nur Sutan Iskandar, Indonesche Drukkerij, Jkt. 1922.
6. 『Sitti Nurbaya』, oleh Marah Rusli, Balai Pustaka, 1922.
7. 『Rasa Merdika』, oleh Marco Kartodikromo, Masman & Stroink, Semarang, 1924.
8. 『Anak dan Kemenakan』, oleh Marah Rusli, T.B. Abbas, Bandung, 1926.
9. 『Darah Muda』, oleh Adinegoro, Balai Pustaka, 1927.
10. 『Salah Asuhan』, oleh Abdul Muis, Balai Pustaka, 1928.
11. 『Emas Disangka Loyang』, oleh E.Joram, Balai Pustaka, 1928.

12.『Asmara Jaya』, oleh Adinegoro, Balai Pustaka, 1928.
13.『Sengsara Membawa Nikmat』, oleh Tulis Sutan Sati, Balai Pustaka, 1929.
14.『Jeumpa Aceh』, oleh Zainuddin, Balai Pustaka, 1928.
15.『Tak Putus Dirundung Malang』, oleh Sutan Takdir Alisjahbana, Balai Pustaka, 1929.

Ⅱ. 1930년대

1. 『Kasih Tak Terterai』, oleh Suman Hs, Balai Pustaka, 1930.
2. 『Tebusan Darah』, oleh Suman Hs, Dunia Pengalaman, Medan, 1930.
3. 『Merak Kena Jebak』, oleh M.W. Asmawinangun, Balai Pustaka, 1930.
4. 『Pangeran Kornel』, oleh Memed Sastrahadiprawira/Abdul Muis, Balai Pustaka, 1931.
5. 『Percobaan Setia』, oleh Suman Hs., Balai Pustaka, 1931.
6. 『Memutuskan Pertalian』, oleh Sutan Sati, Balai Pustaka, 1932.
7. 『Kintamani』, oleh Imam Supardi, 1932.
8. 『Kasih Ibu』, oleh Paulus Supit, Balai Pustaka, 1932.
9. 『Karena Mertua』, oleh Nur Sutan Iskandar, Balai Pustaka, 1932.
10. 『Pertemuan Jodoh』, oleh Abdul Muis, Balai Pustaka, 1932.
11. 『Dian Yang Tak Kunjung Padam』, oleh St. Takdir Alisjahbana, Balai Pustaka, 1932.
12. 『Kalau Tak Untung』, oleh Selasih, Balai Pustaka, 1933.
13. 『Mencari Pencuri Anak Perawan』, oleh Suman Hs. Balai Pustaka, 1934.

14. 『Hulubalang』, oleh Nur Sutan Iskandar, Balai Pustaka, 1934.
15. 『Si Cebol Rindukan Bulan』, oleh Aman Dt. Majoindo, Balai Pustaka, 1934.
16. 『Tidak Membalas Guna』, oleh Tulis Sutan Sati, 1932.
17. 『Mencari Jodoh』, oleh A. Damhuri, Balai Pustaka, 1935.
18. 『Kehilangan Mestika』, oleh Hamidah, Balai Pustaka, 1935.
19. 『Katak Hendak Menjadi Lembu』, oleh Nur Sutan Iskandar, 1935.
20. 『Ni Rawit Ceti Penjual Orang』, oleh IGN Panji Tisna, Balai Pustaka, 1935.
21. 『Menebus Dosa』, oleh Aman Dt. Majoindo, Balai Pustaka, 1935.
22. 『Sukreni Gadis Bali』, oleh IGN Panji Tisna, Balai Pustaka, 1936.
23. 『Layar Terkembang』, oleh St. Takdir Alisjahbana, Balai Pustaka, 1937.
24. 『Nereka Dunia』, oleh Nur Sutan Iskandar, Balai Pustaka, 1937.
25. 『Tenggelamnya Kapal v.d. Wijck』, oleh Hamka, Pedoman Masyarakat, Medan, 1938.
26. 『Di Bawah Lindungan Kabah』, oleh Hamka, Balai Pustaka, 1938.
27. 『I Swasta Setahun di Bedahulu』, oleh IGN Panji Tisna, Balai Pustaka, 1938.
28. 『Pengaruh Keadaan』, oleh Selasih, Balai Pustaka, 1937.
29. 『Pahlawan Minahasa』, oleh M.R. Dayoh, de Brug, Amsterdam, 1934.
30. 『Cincin Stempel』, oleh Ardisoma, Balai Pustaka, 1939.
31. 『Rusmala Dewi』, oleh Aman Dt. Majoindo, Balai Pustaka, 1939.
32. 『Kasih Tak Putus』, oleh Abas Hassan, segera, Medan, ------.
33. 『Menanti Kekasih Dari Mekah』, oleh Merayu Sukma, Saiful, Medan, 1939.

34. 『Kandas』, oleh Sutomo Jauhar Arifin, Grafika, Jakarta, ------.
35. 『Sampaikan Salamku Padanya』, oleh Aman Dt. Majoindo, Balai Pustaka, 1935.
36. 『Zaman Gemilang』, oleh Matu Mona, ------, Medan, ------.
37. 『Karam Di tengah Samodra』, oleh Supomo, ------, Medan, ------.
38. 『Sapu Tangan Fantasi』, oleh M. Nazir, Balai Pustaka, 1937.

Ⅲ. 1940년대

1. 『Belenggu』, oleh Armijn Pane, Pustaka Rakyat, Jakarta, 1940.
2. 『Di Pinggir Krueng Sampoynit』, oleh JoesoefSoe'yb, Pustaka Aida, Medan, 1941.
3. 『Putera Budiman』, oleh M.R. Dayoh, Balai Pustaka, 1941.
4. 『Cinta dan Kewajiban』, oleh L.Wairata, Balai Pustaka, 1941.
5. 『Anak Perawan Di Sarang Penyamun』, oleh St. Takdir Alisjahbana, Balai Pustaka, 1941.
6. 『Andang Taruna』, oleh Sutomo Jauhar Arifin, Balai Pustaka, 1944.
7. 『Surapati』, oleh Abdul Muis, Balai Pustaka, 1943.
8. 『Cinta Tanah Air』, oleh Nur Sutan Iskandar, Balai Pustaka, 1944.
9. 『Palawija』, oleh Karim Halim, Balai Pustaka, 1945.
10. 『Mutiara』, oleh Nur Sutan Iskandar, Balai Pustaka, 1946.
11. 『Atheis』, oleh Achdiat Kartamihardja, Balai Pustaka, 1949.
12. 『Aki』, oleh Idrus, Balai Pustaka, 1949.
13. 『Tambera』, oleh Utuy Tantang Sontani, Balai Pustaka, 1949.
14. 『Nusa Penida』, oleh Anjar Asmara, 1949.
15. 『Merantau ke Deli』, oleh Hamka, Cerdas, Medan, 1941.

Ⅳ. 1950년대

1. 『Tidak Ada Esok』, oleh Mochtar Lubis, Gapura, Jakarta, 1950.
2. 『Dokter Haslinda』, oleh Rivai Marlaut, Gapura, Jakarta, 1950.
3. 『Kejatuhan dan Hati』, oleh S. Rukiah, Pustaka Rakyat, Jkt. 1950.
4. 『Dia Yang Menyerah』, oleh Pramudya Ananta Toer, Pustaka Rakyat, 1950.
5. 『Akibat Perang』, oleh Matu Mona, Gapura, 1950.
6. 『Keluarga Gerilya』, oleh Pramudya Ananta Toer, Yayasan Pembangunan, Jakarta, 1950.
7. 『Perburuan』, oleh Pramudya Ananta Toer, Balai Pustaka, 1950.
8. 『Yogya Diduduki』, oleh Mohamad Dimyati, Gapura, 1950.
9. 『Bengawan Solo』, oleh Kotot Sukardi, Gapura, 1950.
10. 『Sorotan Mata Perawan Luwu』, oleh M.Jassin arief, S.S. Pulishing House, Makassar, 1950.
11. 『Di Tepi Kali Bekasi』, oleh Pramudya Ananta Toer, Gapura, 1951.
12. 『Kenang-kenangan Hidup』, oleh Hamka, Gapura, 1951.
13. 『Bukan Pasar Malam』, oleh Pramudya Ananta Toer, Balai Pustaka, 1951.
14. 『Pujani』, oleh Waluyati Supangkat, Gapura, 1951.
15. 『La Hami』, oleh Marah Rusli, Balai Pustaka, 1952.
16. 『Mereka yang Dilumpuhkan』, oleh Pramudya Ananta Toer, Balai Pustaka, 1951.
17. 『Jaya Wijaya』, oleh Mundingsari, Balai Pustaka, 1952.
18. 『Jalan Tak Ada Ujung』, oleh Mochtar Lubis, Balai Pustaka, 1952.
19. 『Dokter Rimbu』, oleh El Hakim, Balai buku Indonesia, Jakarta, 1952.

20. 『Gulat di Jakarta』, oleh Pramudya Ananta Toer, M.P.Duta, Jkt. 1953.
21. 『Robert Anak Surapati』, oleh Abdul Muis, Balai Pustaka, 1953.
22. 『Korupsi』, oleh Pramudya Ananta Toer, majalah Indonesia, 1954.
23. 『Midah Si Manis Bergigi Emas』, oleh Pramudya Ananta Toer, Nusantara, 1954.
24. 『Kubur Tak Bertanda』, oleh Muhamad Ali, Garuda, Surabaya, 1955.
25. 『Nafsu Durjana』, oleh Gubalo S.A, Bintang Roman, Medan, 1955.
26. 『Telaga Darah』, oleh A.Damhuri, Tagore, Medan, 1956.
27. 『Dukun Mistik』, oleh A.Damhuri, Analisa, Jakarta, 1956.
28. 『Sekali Peristiwa di Banten Selatan』, oleh Pramudya Ananta Toer, 1958.
29. 『Perjalanan Pengantin』 Ajip Rosidi, P.T. Pembangunan, Jakarta, 1958.
30. 『Pulang』, oleh Toha Mochtar, P.T.Pembangunan, Jakarta, 1958.
31. 『Nasib』, oleh Habib St. Magaradjo, Balai Pustaka, 1958.
32. 『Tanah Gersang』, oleh Mochtar Lubis, P.T. Pembangunan, 1959.
33. 『Mekar Karena Memar』, oleh Alexander L.Tobing, Balai Pustaka, 1959.

V. 1960년대

1. 『Hati yang Damai』, oleh Nh. Dini, Nusantara, Bukttinggi, Jakarta, 1959.
2. 『Pagar Kawat Berduri』, oleh Trisnoyuwono, Djambatan, Jakarta, 1963.
3. 『Kamboja』, oleh D.Suradji, Haruman Hidup, Jakarta, 1962.

4. 『Tidak Menyerah』, oleh Motinggo Busye, Megabookstore, Jakarta, 1862.
5. 『Bulan madu』, oleh Trisnoyuwono, Nusantara(?), 1962.
6. 『Santeri Muda dan Penari』, oleh Saiful U.A., Saiful, Medan, 1962.
7. 『Mabuk Sake』, oleh Purnawan Tjondronegoro, Nusantara, 1963.
8. 『Cinta yang Kudus』, oleh L.M. Isa, Cerdas(?), Medan, 1963.
9. 『Hilanglah Si Anak Hilang』, oleh Nasjah Djamin, Nusantara, 1963.
10. 『Bibi Marsiti』, oleh Motinggo Busje, Lokajaya, 1963.
11. 『Tante Maryati』, oleh Motinggo Busye, Lokajaya, Jakarta, 1963.
12. 『Perjalanan ke Akherat』, oleh Djamil Suherman, Nusantara, 1963.
13. 『Darah dan Nasib』, oleh Rivai Ali, -----, 1963.
14. 『Daerah Tak Bertuan』, oleh Toha Mohtar, (Budaya?), 1964.
15. 『Titisan Dosa Di Atasnya』, oleh Motinggo Busje, (Megabookstore?), 1964.
16. 『Tanpa Nama』, oleh B.Sularto, Nusantara, 1964.
17. 『Sepasang Suami Isteri』, oleh Satyagraha Hoerip, 1964년
18. 『Maryati Wanita Ajaib』, oleh Merayu Sukma, 1964.
19. 『Penakluk Ujung Dunia』, oleh Bokor Hutasuhut, P.T. Pembangunan, Jakarta, 1965.
20. 『Dari Puncak Bukti Talang』, oleh Suwardi Idris, Wilendra, Jakarta, 1964.
21. 『Tanah Kesayangan』, oleh Bokor Hutasuhut, Pembangunan, 1965.
22. 『Retak』, oleh Balfas, Kuala Lumpur, Malaysia, 1965.
23. 『Hati Nurani Manusia』, oleh Idrus, Kuala Lumpur, Malaysia, 1965.
24. 『Kemarau』, oleh A. A. Navis, 1967.
25. 『Di Pintumu Aku mengetuk』, oleh Motinggo Busje, 1967.

26. 『Dik Narti』, oleh Motinggo Busje, Lokajaya, Jakarta, 1967.
27. 『Raja Kecil』, oleh Rosihan Anwar, (Malaysia?), 1967.
28. 『Merahnya Merah』, oleh Iwan Simatupang, Gunung Agung, 1968.
29. 『Cross Mama』, oleh Motinggo Busje, Lokajaya, 1968.
30. 『Ziarah』, oleh Iwan Simatupang, Djambatan, Jakarta, 1968.
31. 『Gairah Untuk Hidup dan Gairah Untuk Mati』, oleh Nasjah Djamin, Budayata, Jakarta, 1968.
32. 『Malam Kuala Lumpur』, oleh Nasjah Djamin, Budayata, Jakarta, 1968.
33. 『Kawin Paksa Abad 20』, oleh Darmo Ario, Nina, Bandung, 1968.
34. 『Senja di Jakarta』, oleh Mochtar Lubis, Indonesia Raya, 1968.
35. 『Kabut Rendah』, oleh Toha Mohtar, Budayata, 1968.
36. 『Di saat Rambutnya Terurai』, oleh Kirdjomuljo, Budayata, 1968.
37. 『Bukan Karena Kau』, oleh Toha Mohtar, Budayata, 1968.
38. 『Sekeping Hati Perempuan』, oleh Enny Sumargo, Budayata, 1968.
39. 『Dokter Chandra』, oleh Darmo Ario, Nina, Bandung, 1968.
40. 『Mercedes 220S』, oleh Darmo Ario, Nina, Bandung, 1968.
41. 『Lelaki Binal』, oleh Asbari Nurpatria Krisna, Binasastra, Jakarta, 1968.
42. 『Kota Palopo yang Terbakar』, oleh Mohays Abukomar, Pelita Mas, Bandung, 1969.
43. 『Mimi』, oleh Azrul Azwar,------, 1969.

Ⅵ. 1970년대

1. 『Orang Buangan』, oleh Harjadi S. Hartowardojo, Pustaka Jaya, Jakarta, 1971.
2. 『Grotta Azzura』, oleh Takdir Alisjahbana, Dian Rakyat, Jakarta, 1971.

3. 『Royan Revolusi』, oleh Ramadhan K.H., Gunung Agung, Jakarta, 1971.
4. 『Jalan Terbuka』, oleh Ali Audah, Litera, Jakarta, 1971.
5. 『Kering』, oleh Iwan Simatupang, Gunung Agung, Jakarta, 1972.
6. 『Karmila』, oleh Marga T., Gramedia, Jakarta, 1973.
7. 『Telegram』, oleh Putu Wijaya, Pustaka Jaya, 1973.
8. 『Debu Cinta Bertebaran』, oleh Achdiat Kartamihardja, Pustaka Nasional, Singapura, 1973.
9. 『Sang Guru』, oleh Gerson Poyk, Pustaka Jaya, 1973.
10. 『Hikayat Puteri Penelope』, oleh Idrus, Balai Pustaka, 1973.
11. 『Pada Sebuah Kapal』, oleh Nh.Dini, Pustaka Jaya, 1973.
12. 『Cintaku di Kampus Biru』, oleh Ashadi Siregar, Gramedia, 1974.
13. 『Pergolakan』, oleh Wildam Yatim, Pustaka Jaya, 1974.
14. 『Kugapai Cintamu』, oleh Ashadi Siregar, Gramedia, 1974.
15. 『Harimau! Harimau!』, oleh Mochtar Lubis, Pustaka Jaya, 1975.
16. 『La Barka』, oleh Nh.Dini, Pustaka Jaya, 1975.
17. 『Manusia Bebas』, oleh Suwarsih Djojopuspito, Djambatan, Jakarta, 1975.
18. 『Siklus』, oleh Mohamad Diponegoro, Pustaka Jaya, 1975.
19. 『Wajah-wajah Cinta』, oleh La Rose, P.T. Variasi Jaya-Kartini Group, Jakarta, 1975.
20. 『Gema Sebuah Hati』, oleh Marga T. Gramedia, 1975.
21. 『Pabrik』, oleh Putu Wijaya, Pustaka Jaya, 1975.
22. 『Karina』, oleh Naniheru, Gramedia, 1975.
23. 『Sri Sumarah dan Bawuk』, oleh Umar Kayam, Pustaka Jaya, 1975.
24. 『Dari Hari ke Hari』, oleh Mahbub Djunaidi, Pustaka Jaya, 1975.

25. 『Asititi Rahayu』, oleh Iskandar Sumarto, Pustaka Jaya, 1975.

26. 『Incognito』, oleh Naniheru, Gramedia, 1976.

27. 『Khobah Di Atas Bukit』, oleh Kuntowijoyo, Pustaka Jaya, 1976.

28. 『Sirkuit Kemelut』, oleh Ashadi Siregar, Gramedia, 1976.

29. 『Penghuni Hutan Parigi』, oleh Abdullah Harahap, Pelangi, Bandung, 1976.

30. 『Koong』, oleh Iwan Simatupang, Pustaka Jaya, 1976.

31. 『terminal Cinta Terakhir』, oleh Ashadi Siregar, Gramedia, 1976.

32. 『Perjanjian dengan Maut』, oleh Harjadi S Hartowardojo, Pustaka Jaya, 1976.

33. 『Arus』, oleh Aspar, Bhakti Baru, Ujung Pandang, 1976.

34. 『Kemelut Hidup』, oleh Ramadhan K.H., Pustaka Jaya, 1977.

35. 『Keberangkatan』, oleh Nh.Dini, Pustaka Jaya, 1977.

36. 『Pulau』, oleh Aspar, Bhakti Baru, Ujung Pandang, 1977.

부 록

참고 문헌

Abdullah Mustapa, Karno Kartadibrata, Duduh Durahman, *Sawidak Carita Pondok*, P.T. Mangle, Bandung 1986.

Ahmad Adam, *The vernacular Press and The Rise of Indonesia Nationalism*, Unversitas National, Malaysia, tahun(?).

Ajip Rosidi, *Ngalanglang Kasusatran Sunda*, Pustaka Jaya, 1983.

———, *Kasusatran Sunda Dewasa Ini*, Tjupumanik, Bandung, 1966.

———, *Ichtisar Sedjarah Sastra Indonesia*, Binatjipta, Bandung, 1964.

Albrecht, Milton C, James H. Barnetts, Mason Griff, *The Sosiciology of Art and Literature*, Gerald Duckworth & Co Ltd. London 1976.

Arief Budiman, Budaja Djaja, "*Sedikit Tentang Kritik Sastra di Indonesia*" September 1970.

Armijn Pane, *Belunggu*, Dian Rakyat, Jkt. 1977.

Brondgeest, B. Th., *Bureau Voor de Volkslectuur*, Volkslectuur, Java, t. th.

Dick Hartoko, *Bianglala Sastra*, Djambatan Jkt. 1979.

Djojosantoso, *Taman Sastrawan*, Aneka Ilmu, Semarang, 1990.

Frans M Parera, "*Pengadaan Naskah Buku: Suatu Sketsa Sosiologis*", OPTIMIS No. 56, 30 Maret 1985.

Gouw Loen An, "*Jeritan Pengarang Keturunan Tionghoa*", Pantjawarna no. 155, 16 Januari 1959.

Hauser, Arnold, *The Sociology of Art, University of Chicago,* Press, 1982.

Hooykaas, Dr.C, *Zakelijk Proza in Bahasa Indonesia,* J. B. Wolters, Groningen, Jkt. 1949.

H.B. Jassin, *Pudjangga Baru*, Gunung Agung, 1963.

——, *Kesusastraan Indonesia Modern Dalam Kritik dan Essay,* Gunung Agung, 1955.

——, *Kesusastraan Indonesia Modern Dalam Kritik dan Essay III,* Gunung Agung, 1967.

——, *Kesusastraan Indonesia Modern Dalam Kritik dan Essay IV,* Gunung Agung, 1967.

Joesoef Soe'yb, "*Sejarah Perkembangan Roman/Novel Bernafas Keagamaan yang Terbit di Medan Sekitar 1930-1950*" Dialog Utara, Medan, Oktober 1984.

K. St. Pamoentjak, *Balai Pustaka Sewajarnya*, Balai Pustaka,——.

Khouw Sin Eng, "*Penerbitan oleh Orang Tionghoa*", Pantjawarna No.4, Januari 1949.

Kratz, E. U, "*Data Statistik tentang Daerah Asal Para Pengarang Indonesia*", H.B. Jassin 70 tahun (ed. Sapardi Djoko Damono), Gramedia, 1987.

Labrousse, Pierre, "*68 Cerpen Indonesia Di Mata Seorang Perancis*", Budaya Djaja 28, September 1970.

Niel, Robert van, *Munculnya Elit Modern Indonesia,* (ter. Ny. Zahara Deliar Noer), Pustaka Jaya, 1984.

OPI(Organisasi Pengarang Indonesia), *Apakah Bacaan Cabul?*, Balai Pustaka, 1957.

Pamusuk Eneste, *Leksikon Kesusastraan Indonesia Modern*, Gramedia, Jkt. 1981.

———, "*Menerbitkan Buku yang Laku*", Buku Panduan BUKU IKAPI'88, 1988.

Salmon, Claudine, *Literature in Malay by the Chinese of Indonesia*, editions de la Maison des Sciences de l'Homme, Paris, 1981.

Sapardi Djoko Damono, *Novel Sastra Indonesia Sebelum Perang*, Pusat Pembinaan dan Pengembangan Bahasa, Jakarta, 1979.

———, *Sosiologi Sastra, sebuah pengantar ringkas*, Pusat Pembinaan dan Pengembangan Bahasa, Jakarta, 1979.

Subagio Sastrowardoyo, *Sastra Hindia - Belanda dan Kita*, Balai Pustaka, 1983.

Suripan Sadi Hutomo, *Telaah Kesusastraan Jawa Modern*, Pusat Pembinaan dan Pengembangan Bahasa, Jakarta, Tanpa tahun.

Syahrazad, *Renungan Indonesia* (terj. H.B. Jassin), Pustaka Rakyat, Jakarta, 1951.

Tamar Djaja, "*Roman Picisan*", Buku Kita No. 5, Mei 1955.

Tanter, Richard and Kenneth Young, *Politik Kelas Menengah Indonesia*, LP3ES Jakarta, 1993.

Teeuw, A, *Sastra Baru Indonesia I*, Nusa Indah, Endeh, 1980.

Tickell, Paul, *Three Early Indonesian Short Stroies by Mas Marco Kartodikomo c. 1890~1932*, Monash University, Melbourne, 1981.

Wellek, Rene, Austin Warren, *Teori Kesusastraan*, (terj. Melani Budianta), Gramedia, 1989.

Yahya Ismail, *Pertumbuhan Perkembangan dan Kejatuhan Lekra di Indonesia*, Dewan Bahasa dan Pustaka, Kuala Lumpur, 1972.

Zuber Usman, *Kesusastraan Baru Indonesia*, Gunung Agung, 1964.

Zuber Usman, "*Riwayat dan Pengharapan Kepada Balai Pustaka*", Buku Kita (hal. 256-264).

———, "*Perlombaan Mengarang*", 1937.

———, "*Menumbuhkan Perasaan Keindahan*", maj. Pembimbing Pembatja, 1938.

———, "*Usaha dan Haluan Balai Pustaka*", Pembimbing Pembatja, No. 9. 1938.

———, *Kian Kemari: Indonesia dan Belanda dalam Sastra Djambatan*, Jkt. 1973.

———, *Daftar Buku 1975*. Ikapi Jakarta, ———.

잡지

Bundel majalah Kisah Juli-Desember 1953.

Bundel majalah Horison tahun 1966-1967.

자료

Daftar buku terbitan Balai Pustaka (fotokopi naskah ketik)

Daftar Data Penelitian Novel Indonesia tahun 1976 (90 hal).

Salinan Surat Bupati Limbangan, Garut, 1864.

부 록

찾아보기

ㄱ

ㄴ

ㄷ

ㄹ

ㅁ

ㅂ

ㅇ

인도네시아 소설의 이해

초판 인쇄 2009년 5월 20일
초판 발행 2009년 5월 30일
지은이 야콥 수마르죠
옮김이 김 장 겸
펴낸이 박 철
펴낸곳 한국외국어대학교 출판부
130-791 서울특별시 동대문구 이문동 270
전화 : 02-2173-2495~6
팩스 : 02-2173-3363
홈페이지 : http://press.hufs.ac.kr
전자우편 : press@hufs.ac.kr
출판등록 제6-6호(1969. 4. 30)
편집 · 디자인 (주)이환디앤비 02)2254-4301
인쇄 (주)동화인쇄공사 02)719-7181

ISBN 978-89-7464-540-3 93890 정가 13,000원

※ 잘못된 책은 교환하여 드립니다.
